POETES ET ROMANCIERS

OUVRAGES DU MÊME AUTEUR

A LA MÊME LIBRAIRIE

Études morales sur le temps présent; 4e édition. 1 vol. . . . 3 fr. 50

Nouvelles Études morales sur le temps présent, 2e édit. 1 vol. 3 fr. 50

L'Idée de Dieu et ses nouveaux Critiques; 7e édition. 1 vol. 3 fr. 50

Ouvrage couronné par l'Académie française

Le Matérialisme et la Science; 4e édition. 1 vol. . . . . . 3 fr. 50

La Philosophie de Gœthe, 2e édition. 1 vol. . . . . . . 3 fr. 50

Ouvrage couronné par l'Académie française

Les Jours d'épreuve (1870-1871). 1 vol. . . . . . . 3 fr. 50

Le Pessimisme au XIXe siècle; 2e édition. . . . . 3 fr. 50

La Fin du dix-huitième siècle : Études et Portraits, 2e édition. 2 vol. . . . . 7 fr. »

M. Littré et le Positivisme. 1 vol. . . . . 3 fr. 50

Problèmes de morale sociale, 2e édition. 1 vol. . . . 3 fr. 50

Mélanges et Portraits. 2 vol. . . . . 7 fr. »

17504 — Imprimerie A. Lahure, rue de Fleurus, 9, à Paris.

E. CARO

DE L'ACADÉMIE FRANÇAISE

POÈTES ET ROMANCIERS

DE VIGNY — VICTOR DE LAPRADE — VICTOR HUGO
BÉRANGER — EUGÈNE MANUEL.
SULLY PRUDHOMME — OCTAVE FEUILLET — PAUL ET VIRGINIE
GUSTAVE FLAUBERT — DE BALZAC.

PARIS
LIBRAIRIE HACHETTE ET Cie
79, BOULEVARD SAINT-GERMAIN, 79

1888

Droits de propriété et de traduction réservés

POÈTES ET ROMANCIERS

DE VIGNY

Quand M. de Vigny mourut au mois de septembre 1863, aucun discours ne fut prononcé sur sa tombe; c'était sa volonté expresse. Il avait voulu conserver jusque dans la mort cette réserve silencieuse dont s'était entourée avec un soin jaloux la dernière moitié de sa vie. Fierté froissée, pudeur exquise, facilement inquiétée et souffrante, tristesse et lassitude, il y avait de tout cela dans ce dernier sentiment. L'écho des louanges officielles autour de sa tombe lui faisait peur; il y voyait une sorte d'indiscrétion posthume. La seule et innocente vanité dont il ait laissé trace après lui, c'est le désir qu'on rendît les honneurs militaires à son cercueil. Il était fidèle en cela à l'un des goûts les plus vifs et à l'une des préoccupations constantes de sa vie. L'écrivain illustre, l'académicien gentilhomme a demandé que ses jeunes camarades de l'armée suivissent au cimetière le vieux capitaine d'infanterie. Le seul bruit qu'il ait permis autour de son cercueil, c'est la voix sourde des tambours voilés de crêpe.

Nous n'irons pas faire, au lendemain de sa mort, le discours qu'il n'a pas voulu qu'on prononçât sur sa tombe: nous nous contenterons de recueillir quelques impressions familières sur l'homme et ses œuvres; une étude littéraire, impartiale et complète, ne peut avoir sa place que plus tard.

Il y avait longtemps que le noble poète n'était plus en communication avec le public. Les vingt-huit dernières années de sa vie s'étaient écoulées dans un silence méditatif à peine interrompu, en 1853, par des fragments de *Poèmes philosophiques*, publiés dans la *Revue des Deux Mondes : la Mort du Loup, la Flûte*, etc., etc ; en 1846, par son discours de réception à l'Académie française, où il remplaça M. Étienne. La dernière année vraiment féconde de sa vie littéraire a été l'année 1835, qui vit, presque en même temps, paraître *Chatterton* et *Servitude et grandeur militaires*. Depuis cette date mémorable, il s'était tenu à l'écart de la foule, loin du bruit, dans une attitude difficile à définir, qui n'était peut-être ni du découragement, ni de la hauteur, mais qui tenait quelque chose de ces deux sentiments. Dès lors, il pensa et rêva pour lui, presque seul, n'admettant dans son intimité que de rares élus, sortant rarement de ses calmes retraites, n'en sortant guère que pour aller porter à l'Académie des votes libres de toute influence de secte ou de parti; pour aller y défendre ce qui lui paraissait être l'Art vrai, l'Art desintéressé, indépendant. Un des clients dont il gagna vaillamment la cause devant l'illustre assemblée, c'était précisément un écrivain de sa race intellectuelle, celui-là même que, par une touchante adoption, il a désigné pour être le mandataire et l'exécuteur de ses volontés littéraires.

Dans ce jour de bataille, le chantre d'*Eloa* obtint les suffrages, toujours très disputés, de la Compagnie, en faveur du traducteur de Dante, poète lui-même. Ce fut une de ses dernières victoires académiques. Elles étaient rares. Il n'aspira jamais à conquérir, sur ses confrères de l'Institut, cette influence qui n'est pas toujours le signe et le prix de la supériorité et qui, d'ailleurs, demande, pour s'accroître ou seulement se maintenir, plus de peines et de soins qu'il n'en faudrait pour faire un bon ouvrage.

Je le vis, un soir dans ses derniers temps, avant les derniers coups qui vinrent frapper et abattre sa vie déjà languissante. C'était dans une de ces maisons amies, où M. de Vigny se plaisait à venir et, comme rassuré sur les affections qui l'entouraient, à se montrer dans le charme original de son naturel. Ce fut, ce soir-là, pour ceux qui l'entendirent, une véritable fête d'esprit. Non pas que sa conversation ressemblât le moins du monde à ces improvisations étincelantes, éblouissantes, comme celles de quelques-uns de nos écrivains à la mode. Il y portait beaucoup de réserve, un grand scrupule d'idées et de mots, une justesse ingénieuse et élégante, une mesure surtout et un tact qui se conciliaient parfaitement avec l'air de toute sa personne. Il était homme du monde, comme on l'était il y a trente ans, sachant écouter, se donnant la peine de répondre, discutant peu, prenant de tout sujet, de toute idée, l'essentiel seulement, indiquant tout, n'épuisant rien, hardi dans l'anecdote sans être jamais risqué, gentilhomme dans toute la force du terme.

Avec de tels dons pour la vie du monde, où son nom d'ailleurs et la supériorité de ses talents lui faisaient une si belle place, comment comprendre cet isolement volontaire, ces retraites profondes, qui dérobèrent les trente dernières années du poète aux sympathies publiques et firent presque de lui un inconnu pour les générations nouvelles? Quel caprice ou quelle influence l'amenèrent à ce genre de vie extraordinaire ? Est-ce le soin jaloux de la Muse et de la passion secrète du travail? Mais le poète ne fut jamais plus prodigue de ses chants (si ce mot *prodigue* peut être employé jamais à propos de M. de Vigny), qu'à l'époque brillante et mondaine de sa vie, depuis 1826, qui marque la date de son plus grand succès, *Cinq-Mars*, jusqu'en 1835, qui marqua la date de son dernier succès, *Chatterton*. Comment donc comprendre cette fuite obstinée au désert, en plein Paris?

Il y a à cela des causes diverses, dont quelques-unes ne se laissent qu'entrevoir dans la pénombre de sa vie intime. Sans doute ceux qui l'ont le mieux connu ne manqueront pas à ce pieux devoir de nous révéler ce qui peut nous intéresser dans le détail de son existence et de son caractère. Mais, en dehors de ces particularités biographiques que l'on nous donnera, je le sais, dans la mesure convenable, ne reste-t-il pas encore, pour le critique, bien des explications très plausibles et très naturelles de ce genre de vie, puisées dans la connaissance des œuvres de M. de Vigny, et dans cette habitude de l'analyse qui interprète l'homme par l'écrivain?

Ce qui semblait dominer chez lui, c'était l'horreur du trivial, du convenu; c'était l'amour de l'exquis, du singulier, du rare. Il y eut, de très bonne heure, dans M. de Vigny, un fond toujours agité d'idées et de sentiments chevaleresques qui ne trouvèrent pas leur emploi. Ce goût des grandes aventures ne rencontra dans sa vie que les plus cruelles déceptions. Cette disproportion choquante entre la passion de l'idéal qui exaltait cette âme, et la réalité terne et médiocre des évènements au milieu desquels il vécut, devint un vrai supplice.

Quelques pages très rares, disséminées dans ses œuvres, nous révèlent ces souffrances intimes et rappellent, par le ton discret et fier, les confidences de Vauvenargues. C'est dans le chapitre premier de *Servitude et grandeur militaires* que l'on peut recueillir les traits principaux de cette histoire morale : « J'appartiens à cette génération née avec le siècle qui, nourrie de bulletins par l'Empereur, avait toujours devant les yeux une épée nue, et vint la prendre au moment même où la France la remettait dans le fourreau des Bourbons.... Les événements que je cherchais ne vinrent pas aussi grands qu'il me les eût fallu. Qu'y faire? » Il y a là un cri de douleur, un vrai désespoir d'être resté quatorze ans de sa vie *entre l'écho et le rêve des batailles*. Ces âmes à la Vauvenargues, amoureuses de l'action, sont inconsolables des heures perdues à attendre inutilement l'occasion de la gloire. Elles se dévorent dans l'ombre.

Élevé par un père qui amusait son enfance déjà pensive avec les récits de la guerre de Sept Ans, lui-même contemporain, par les premières impressions de sa vie, des luttes héroïques de la France impériale contre l'Europe coalisée, il devint de bonne heure la proie de ce rêve de gloire. Il crut saisir ce rêve en se faisant soldat.

Il n'en saisit qu'une ombre misérable et vide. Une paix inaltérable faisait régner sur l'Europe, lassée de la grande guerre, son ironique sérénité. A la place des champs de bataille où l'empire du monde devait être l'enjeu, ce n'étaient que des champs de parades. L'ennui, l'inexorable ennui des longues journées militaires saisit bientôt ce cœur trop haut pour se satisfaire à si bas prix. Il fut cependant plus longtemps qu'on ne l'aurait cru à vouloir reconnaître sa méprise. Il donna enfin sa démission vers l'âge de trente ans; mais il avait égaré et brisé dans cette tentative stérile ses plus beaux rêves; il rentra dans la vie privée, navré.

C'est là ce qui nous aide à comprendre l'amertume extraordinaire avec laquelle ce soldat amoureux de la guerre parle, en plusieurs endroits, de l'armée, et surtout des armées permanentes, de celles qui survivent au besoin que la nation a d'elles et que les gouvernements séparent du pays, *en leur faisant une servitude oisive et grossière, en isolant le soldat du citoyen, en le rendant malheureux et féroce, parce que la condition qu'on lui fait est mauvaise et absurde.* Et l'écrivain, ne se consolant pas encore d'avoir été un soldat désœuvré, s'en venge par l'utopie, en hâtant de ses vœux l'époque où les Armées seront identifiées à la Nation, où les armées et la guerre ne seront plus, où le globe ne portera plus qu'une nation unanime, enfin, sur ses formes sociales. Mais tout cela n'est que rancune d'une âme ulcérée par le souvenir de sa longue inutilité sous les armes. Il écrivit un livre sous ce titre : *Servitude et grandeur militaires*; mais l'impression définitive du livre est toute favorable à l'idée qui a charmé sa jeunesse. Lui-même avoue qu'au fond, il prend plaisir à la caresser et qu'il ne serait pas éloigné d'une rechute. Il parle de la guerre comme un amant malheureux parle d'une maîtresse adorée qui l'a repoussé. Dans ces déclamations, il y a bien de l'amour encore.

De la carrière des armes, qui prit quatorze ans de sa vie, il emporta autre chose que l'incurable blessure d'une passion trompée. Il emporta le sentiment vif et puissant qui s'imposa à toute son existence, qui en devint comme l'infaillible régulateur : le culte de l'Honneur. Par bien des côtés, M. de Vigny était du dix-huitième siècle; il était singulièrement indépendant (malgré quelques apparences et même en dépit de quelques inspirations contraires) sur la plupart des questions philosophiques et religieuses. Bien que certaines de ses poésies révèlent un commerce intime avec la Bible, c'est là, nous assure-t-on, jeu de poète et sa vraie pensée était ailleurs. Mais, dans cette incertitude philosophique, dans cet affranchissement à peu près complet de tout dogme positif de religion ou même de métaphysique, un point resta fixe pour lui : l'Honneur. Nous ne perdrons pas de temps à faire remarquer que réduit à lui-même, séparé de tout point d'appui, ce sentiment est obscur, souvent vague, mobile même suivant les impressions des temps et des pays, que tout-puissant comme sentiment, il a besoin de se définir par la double idée du Devoir et de la Dignité humaine dont il est l'expression abrégée et comme la formule pratique, la révélation permanente dans l'instinct des civilisés. L'Honneur, voilà donc sa religion. Il y rapporte son existence entière; il veut en faire dépendre la vie morale du siècle et la civilisation de l'avenir. Il le célèbre en plusieurs endroits de ses livres avec une magnificence de parole qui révèle la puissance du sentiment.

« Ce n'est point une idole, disait-il, c'est pour la plupart des hommes un dieu et un dieu autour duquel bien des dieux supérieurs sont tombés.... Une vitalité indéfinissable anime cette vertu bizarre, orgueilleuse, qui se tient debout au milieu de tous nos vices, s'accordant même avec eux au point de s'accroître de leur énergie : c'est une vertu tout humaine, que l'on peut croire née de la terre, sans patrie céleste après la mort; c'est la vertu de la vie.... Religion mâle, sans symboles et sans images.... les hommes de l'heure où j'écris sont sceptiques et ironiques pour toute chose hors pour elle. Chacun devient grave lorsque son nom est prononcé. — L'honneur, c'est la conscience, mais la conscience exaltée. C'est le respect de soi-même et de la beauté de sa vie porté jusqu'à la plus pure élévation et jusqu'à la passion la plus ardente. L'honneur, c'est la pudeur virile. La honte de manquer de cela est tout pour nous. C'est donc la chose sacrée que cette chose inexprimable? »

Il y a donc eu trois pages écrites dans cette note et qui sont de la plus grande beauté. Elles expriment une conscience, une âme, une vie. Elles en sont comme la vibration poétique.

Ce sentiment exalté de l'Honneur qu'il porta dans sa

vie, se transforme, sans changer au fond, quand il s'applique aux œuvres de l'esprit et devient le sentiment passionné de l'Idéal. L'Honneur, règle de la vie, l'Idéal, règle souveraine de ses inspirations, voilà bien, je crois, la double formule qui explique dans M. de Vigny l'homme et l'écrivain.

Dans toutes ses œuvres, il est un pur poursuivant de l'Idéal. Comme la gloire des armes était son rêve dans la vie active, l'art le plus pur, le plus élevé, voilà son rêve dans sa carrière d'écrivain. Je peux dire avec une conviction affirmée par la lecture renouvelée de ses œuvres que le caractère principal qui s'y marque, c'est le souci de l'idée et de la forme qui l'exprime, c'est le respect de la pensée humaine ; il a donné à ses contemporains un bel exemple d'élégante sobriété, de tempérance, d'harmonie et de mesure, bien digne d'être médité dans un temps d'improvisation prodigue, d'abandon immodéré, d'indiscrétion fanfaronne, de sans-façon aussi irrespectueux pour l'art que pour le public. Chez lui, le talent se relève et se décore de tout ce que les mœurs littéraires peuvent donner au talent de plus délicat et de plus distingué. Aimable et rare esprit que celui qui se respecte ainsi dans le choix des sujets, dans la conscience avec laquelle il les médite et enfin dans cette poursuite de la perfection du détail où se révèle le vrai artiste! Cet enthousiasme pour l'idée, cette curiosité du bien dire, cet instinct, ce goût des belles élégances de la pensée et du style, tout cela n'est-ce pas la foi dans l'art? n'est-ce pas le culte même de l'Idéal? N'est-ce pas le sentiment de l'Honneur appliqué aux Lettres? et n'est-ce pas là comme l'unité retrouvée de cette noble vie littéraire?

Cette tendance à l'idéal, présente à toutes les parties de ses œuvres, y imprime un double caractère ; l'art y est impersonnel ; de plus, il est partout subordonné à une idée.

M. de Vigny est, parmi les poètes de ce temps-ci, le moins préoccupé de se mettre en scène lui-même. Il repousse avec une sorte de pudeur virile la tentation d'amuser les désœuvrés des secrets de sa vie ou des mystères de son cœur. Il a quelque part une page d'une douce ironie contre ces écrivains, ses contemporains, qui se sont plu à faire pénétrer tous les regards dans l'intérieur de leur vie et même de leur conscience, l'ouvrant et le laissant surprendre à la lumière, tout en désordre et encore encombré de familiers souvenirs et des fautes les plus chéries. Il ne se juge ni assez illustre, ni assez repentant pour faire ses confessions à voix haute et pour intéresser toute une nation à ses péchés. Si parfois on peut surprendre quelque cri que lui arrache la vie et qui semble sortir de sa poitrine, ce n'est qu'à travers un autre cœur que ce cri a retenti. C'est dans des créations idéales qu'il a mis quelque chose de sa passion et de sa douleur. Et si son âme passe dans quelque vers ému et palpitant, c'est sous un voile qu'elle s'émeut et qu'elle palpite.

Enfin l'art est toujours chez lui, en un sens, philosophique. Parcourez ses plus délicieux récits : ils ne sont jamais écrits au hasard, ils se relient entre eux par une conception générale; ils expriment quelque chose et portent en eux, avec eux, la lumière d'une idée. Chaque livre de ses poèmes exprime une forme spéciale des civilisations antiques ou modernes. Chacun de ses poèmes, *Moïse*, *Eloa*, n'est, si l'on veut bien le prendre, qu'un admirable symbole. L'idée dominante de *Cinq-Mars*, c'est la fin de la monarchie préparée par le grand révolutionnaire Richelieu ; *Stello* est la revendication de la vraie mission du Poëte ou de l'artiste qui doit s'affranchir de tout lien avec la vie pratique ou politique, en ayant toujours présentes à la pensée les images de Gilbert, de Chatterton et d'André Chénier.

Et maintenant, si nous revenons à la question que nous posions au commencement de cette étude, comprend-on pourquoi M. de Vigny a condamné les trente dernières années de sa vie à une sorte d'exil du monde et s'est confiné dans sa Thébaïde, peuplée de quelques rares amis? Dans cette nature de poète, fine, exquise, passionnée, nerveuse, ardente à la poursuite de l'idéal et de la gloire, mais vulnérable par ses qualités mêmes, faite d'une essence subtile et rare, il n'y avait guère que des motifs de souffrir dans un combat prolongé avec le public. Cela est delicat peut-être à dire, mais, disons-le, certaines qualités isolent un écrivain de la foule humaine comme certains défauts l'en rapprochent. Toutes ces qualités abondaient chez M. de Vigny; il lui manquait tous ces heureux défauts. La popularité, cette partie bruyante de la gloire, il ne put jamais l'obtenir. Et s'il obtint la gloire, ce ne fut jamais qu'une gloire discrète, voilée, comme le reflet de la lumière dans une lampe d'albâtre. Ce ne fut jamais le rayon direct et plein du soleil sur une tête radieuse de poète, montre à la foule et salué par elle dans le triomphe qui le porte au Capitole.

Ne blâmons pas M. de Vigny d'avoir senti cela de bonne heure, par un heureux instinct, et de ne s'être pas obstiné dans la lutte avec la popularité rebelle. Il a dû à cette fuite heureuse d'avoir sauvegardé ses meilleures et ses plus fines qualités. Il lui a dû de conserver dans sa distinction native ce rare talent qui se serait peut-être compromis et diminué par un excès de fécondité. S'il était dans sa nature de ne prendre en toute chose que la fleur, de solliciter les inspirations les plus diverses sans les épuiser, de ne se satisfaire que dans l'exquis, si c'était là sa destinée littéraire, qui peut douter qu'il ne l'ait remplie?

De Musset, de Vigny, morts tous deux! Chaque siècle,

comme chaque année, a son printemps ; avec ces chers et charmants poètes, ce printemps est parti. Les poètes ne sont-ils pas la jeunesse des générations qu'ils charment et consolent ? Ne sont-ils pas la partie enchantée de nos rêves et de nos souvenirs ? Peuvent-ils se séparer de ce que nous avons le plus aimé dans la vie ? Ne nous ont-ils pas prêté leurs chants pour nos amours, pour nos joies ? N'avons-nous pas répandu bien souvent toute notre âme dans leurs rêves mélodieux ? N'avons-nous pas tous, à vingt ans, vécu de leur vie, vécu de leurs chants ? Eux-mêmes n'ont jamais que vingt ans ! C'est notre jeunesse tout entière que nous avons ensevelie avec eux.

II

Les œuvres de M. de Vigny, depuis plus de trente années, n'ont pas cessé un seul instant d'attirer à elles l'élite du monde intelligent et d'obtenir le succès le plus enviable, le suffrage des plus hautes et des plus délicates sympathies. La fortune de ses œuvres a été du genre de son talent, éminemment aristocratique. A ce titre, nous croyons devoir recommander plus vivement que jamais cette lecture, à une époque comme la nôtre, où la brutalité insouciante, sous couleur de réalisme, envahit les lettres. Je ne connais rien de tel que la poésie de M. de Vigny pour dissiper ces influences malsaines et purifier l'atmosphère intellectuelle. Ses œuvres offrent un intérêt très vif d'actualité pour ce temps littéraire ; elles ont l'actualité du contraste.

J'ai été sous le charme en relisant ces belles histoires et ces nobles vers. Certes, il y a bien des intentions de doctrine et de parti littéraires, surtout dans les préfaces, qui manqueront aujourd'hui leur effet. Ces préfaces, par leur air belliqueux et leur provocante allure, rappellent une date lointaine déjà et des passions bien oubliées. Toute cette partie de l'œuvre du poète a perdu son intérêt pour nous, et nous lisons maintenant avec un calme parfait la *lettre* si cavalière *à lord*** sur la soirée du 24 octobre* 1829 et *sur un système dramatique*. Nous sommes même tentés de sourire de la joie presque solennelle avec laquelle le poète nous annonce l'introduction du mot vrai sur la scène. C'est en 1829, c'est grâce à Shakspeare, scrupuleusement imité par le poète français, que notre tragédie a dit enfin le grand mot, *à l'épouvante et évanouissement des faibles qui jetèrent ce jour-là des cris longs et douloureux, mais à la satisfaction du public qui, en grande majorité, a coutume de nommer un mouchoir, mouchoir*... Toutes ces allusions, ces hardiesses, ces colères et ces épigrammes ne portent plus la date et la couleur de nos idées; elles n'intéressent que l'histoire littéraire d'une autre époque, et ce sont là, il faut bien le dire, autant de traces d'une passion qui survit à son temps.

Rien, après tout, ne nous oblige à relire ces *préfaces* et ces *avant-propos*. Relisons le théâtre seulement; prenons l'art tel qu'il se révèle à nous dans les sincères et curieuses tentatives de M. de Vigny. L'art est toujours jeune, voyez au contraire comme vieillissent les systèmes! A la distance où nous sommes des mœurs et des idées de ce temps si fécond d'ailleurs en nobles émulations, si prodigue d'enthousiasme, nous nous etonnons toujours que les poètes aient cru nécessaire, pour défendre leur droit d'invention, de dresser tant de programmes et de protocoles. Une œuvre vraiment organique et vivante aurait été une démonstration plus péremptoire que toutes les préfaces d'*Othello* ou de *Cromwell*. Que de temps perdu en éloquentes apologies d'un droit que le fait eût si vite consacré, et combien toutes ces théories oratoires auraient pâli près d'un chef-d'œuvre! Le meilleur des plaidoyers eût été un beau drame. L'art se prouve comme le mouvement. Il ne se démontre pas, il se montre. Là où il existe, il a droit d'exister.

Certes, les essais n'ont pas manqué alors à la scène française. Ni la verve la plus hardie, ni l'invention la plus originale ne laissait rien à envier à M. Alexandre Dumas non plus qu'à M. Victor Hugo. Mais à l'un ce qui a fait défaut, c'est cette belle qualité de M. de Vigny, la conscience et le respect de son art; à l'autre, ce tact suprême qui avertit le génie, et qui maintient l'audace dans la mesure du beau. M. de Vigny ne s'est perdu ni par cette insouciance folle d'un talent infatué, ni par ces extravagances d'un esprit puissant que sa violence égare. Aussi, son théâtre garde-t-il encore pour nous, à travers tant d'années, un vrai charme et un vif intérêt. Les traductions ou imitations d'*Othello* et du *Marchand de Venise* sont une œuvre d'une délicate industrie et d'un art consommé. La langue s'y assouplit miraculeusement à l'âme impétueuse et inégalement sublime du drame shakspearien. Noublions pas surtout *Chatterton* et *la Maréchale d'Ancre*, deux tentatives des plus remarquables, d'un caractère particulier que je voudrais signaler, pour faire comprendre pourquoi M. de Vigny n'a jamais pu prendre définitivement possession du théâtre, malgré de si vives sympathies émues autour de son nom, et tant de curiosité autour de son œuvre. Ses tentatives sont plutôt littéraires que dramatiques; elles sont faites pour ce théâtre imaginaire que chacun se construit à sa guise dans sa pensée à la lecture d'une page émouvante bien plutôt que pour ce théâtre réel dont certaines exigences ne s'accommodent que médiocrement des qualités les plus exquises de M. de Vigny. Ce qui fait l'originalité de ces deux beaux drames, à la lecture, c'est précisément ce qui en ralentit l'effet et en suspend l'intérêt au théâtre, je veux dire la sagacité extrême se plaisant en ses propres analyses, la recherche curieuse des causes intérieures, des incidents psychologiques, la deduction savante des situations et des caractères, la science heureuse et subtile de l'observateur qui scrute les événements d'idée ou les traits de mœurs, et qui néglige trop peut-être ces deux grands mobiles de la curiosité dramatique, le mouvement et la passion. Où est la passion dans *Chatterton*? Elle n'est évidemment pas dans ce jeune mélancolique, consumé du double feu de l'orgueil et de la poésie, épuisé de veilles et de pensée et qui goûte une si âpre volupté à savourer ses blessures. Il est trop occupé de soi pour donner prise à la passion. Est-elle dans Kitty Bell? Pas davantage. Comme le fait remarquer l'auteur, cette jeune femme si réservée, religieuse, timide, tremblante devant son mari, expansive seulement dans le sentiment maternel, se garde bien d'abandonner son âme. Aime-t-elle vraiment Chatterton? Son amour ne me semble être qu'une sorte d'attendrissement, de pitié, ou tout au plus de l'amitié émue. Avec de pareils éléments, avec les ressources d'un style dont chaque nuance est soigneusement étudiée, chaque trait délicatement choisi, on écrit un beau drame psychologique, mais on doit renoncer aux grands effets et aux grands succès de la scène. L'art le plus délicat, l'observation la plus juste et la plus fine, toute la conscience et tout le talent du style ne remplaceront pas les émotions, les surprises, les luttes des événements ou des passions contraires. L'analyse ou la vie, il faut choisir. Tous les instincts littéraires de M. de Vigny le portent à l'analyse. Il excelle dans ce que je pourrais appeler l'analyse dramatique. Certes la vie n'est pas absente de ses œuvres, bien loin de là; mais elle tend toujours à se replier en soi, à s'observer elle-même, à rentrer dans l'intérieur des caractères, en abandonnant le dehors à la turbulence du hasard et à l'agitation matérielle des événements. Ce sont des caractères qui sont le fond du drame de M. de Vigny, bien plutôt que des faits et des situations dramatiques. Un instinct de distinction extrême le porte à négliger certains ressorts et moyens très nécessaires à l'effet théâtral et au jeu de la scène.

La distinction même de ce rare talent, qui nuit incontestablement à son succès sur la scène, s'oppose également à sa fécondité. En toute chose, il ne prend que la fleur. Les genres les plus variés, les sujets les plus divers excitent chez lui cette curiosité d'un artiste délicat, que chaque sensation nouvelle attire, que chaque inspiration tente tour à tour, mais qui ne se satisfait que dans l'exquis et n'épuise jamais le sujet ou le genre le plus aimé. Ouvrez ces *poèmes*, ces poèmes si chers à l'auteur, travaillés avec un art si amoureux du beau. Depuis la première page, *Moïse*, jusqu'à la dernière, *Paris*, que d'inspirations tour à tour sollicitées, que de sources diverses tentées, que de régions d'idées traversées d'un pas discret et qui ne se fixe nulle part! Le *livre mystique*, le *livre antique*, l'*antiquité biblique*, l'*antiquité homérique*, le *livre moderne*, tout cela en moins de trois cents pages! Mais c'est au *livre mystique* que l'on reviendra toujours. C'est là que ce talent tout particulier, ce talent d'âme, si je l'ose dire, s'est livré avec le plus de bonheur et qu'il a le mieux saisi cette note unique, cette note idéale, que tout vrai poète rencontre un jour, une heure, et qui n'est qu'à lui. A travers quelques inégalités, quel flot de pure et fraiche poésie dans *Moïse* et dans *Eloa*! Comme on relit avec émotion ces nobles vers qui ont été, pour chacun de nous, l'enchantement d'une heure de jeunesse!... Rappelez-vous la plainte de Moïse :

..... Il disait au Seigneur : « Ne finirai-je pas?
Où voulez-vous encor que je porte mes pas?
Je vivrai donc toujours puissant et solitaire?
Laissez-moi m'endormir du sommeil de la terre.
Que vous ai-je donc fait pour être votre élu?
. . . .
Sitôt que votre souffle a rempli le berger,
Les hommes se sont dit : Il nous est étranger.
Et leurs yeux se baissaient devant mes yeux de flamme,
Car ils venaient d'y voir, hélas! plus que mon âme.
J'ai vu l'amour s'éteindre et l'amitié tarir,
Les vierges se voilaient et craignaient de mourir!
M'enveloppant alors de la colonne noire,
J'ai marché devant vous, triste et seul dans ma gloire,
Et j'ai dit dans mon cœur : Que vouloir à présent?
Pour dormir sur un sein mon front est trop pesant,
Ma main laisse l'effroi sur la main qu'elle touche,
L'orage est dans ma voix, l'éclair est sur ma bouche;
Aussi, loin de m'aimer, voilà qu'ils tremblent tous;
Et quand j'ouvre les bras, on tombe à mes genoux.
O Seigneur! j'ai vécu puissant et solitaire,
Laissez-moi m'endormir du sommeil de la terre ».

Rappelez-vous aussi ce beau poème mystique, Eloa naissant d'une larme de Jésus, la vierge étonnée un jour d'apprendre qu'il y a des malheureux, la pitié la plus divine devenant pour ce cœur angélique un piége, le vol inquiet d'Eloa vers les régions maudites, sa rencontre avec le Réprouvé, tout le drame de sa chute, et ce dialogue sublime qui le termine :

« Où me conduisez-vous, bel ange? — Viens toujours.
— Que votre voix est triste et quel sombre discours!
N'est-ce pas Eloa qui soulève ta chaîne?
J'ai cru t'avoir sauvé. — Non, c'est moi qui t'entraîne.
— Si nous sommes unis, peu m'importe en quel lieu!
Nomme-moi donc encor ou ta sœur, ou ton Dieu!
— J'enlève mon esclave et je tiens ma victime.
— Tu paraissais si bon! Oh! Qu'ai-je fait? — Un crime.
— Seras-tu plus heureux? du moins, es-tu content?
— Plus triste que jamais. — Qui donc es-tu? — Satan. »

Qu'on me pardonne de citer ces beaux vers. Peut-être est-ce une révélation pour quelques-uns de mes plus jeunes lecteurs, trop parfaitement désabusés de la poésie elevée et chaste. Pour ceux qui les connaissent, ils ne m'en voudront pas d'en réveiller en eux le gracieux souvenir. En tout ceci d'ailleurs, je ne prétends rien faire qui ressemble à un portrait littéraire. Je parcours, la plume à la main et sans beaucoup d'ordre, l'édition nouvelle qui vient de nous rendre une des plus agréables sensations de la vingtième année, et je voudrais inviter à cette calme et saine lecture quelques-unes de ces intelligences fatiguées outre mesure ou révoltées enfin par les niaises violences du réalisme agonisant. Plaise à Dieu que le réalisme repose dans le caveau funèbre où l'a entraîné, en compagnie de trois cadavres, son dernier héros *Daniel*, un fou furieux et lubrique qui, pour notre malheur, a lu Byron!

Puis-je cependant terminer cette rapide nomenclature, sans rappeler au moins toute une partie, la plus populaire peut-être, des œuvres et de la gloire de M. de Vigny, *Cinq-Mars, Stello, Servitude et grandeur militaires*? De ces œuvres si célèbres, la seule à laquelle le temps ait ravi quelque chose de son charme, c'est *Cinq-Mars*. C'est la plus travaillée pourtant, et de toutes aussi, je n'en doute pas, la plus chère à l'auteur. Mais peut-être aussi est-ce la plus artificielle, et malgré l'effort très ingénieux des combinaisons historiques, des vraisemblances recherchées, des caractères étudiés, malgré la beauté de quelques scènes ressuscitées par la magie du poète avec le mouvement, l'éclat, le bruit de la réalité et de la vie, l'ensemble du roman trahit les procédés factices et l'inspiration laborieuse.

C'est sans doute le vice du genre plus encore que la faute de l'auteur. Mais dans quelles exagérations cet esprit si juste et si fin ne s'est-il pas laissé entraîner par le désir de mettre en relief ses personnages? Son Louis XIII est le symbole trop ridiculisé d'une royauté qui ne descendit jamais si bas, et qui sut toujours, même dans ses défaillances intellectuelles, conserver avec la conscience de sa grandeur, le signe de la souveraineté. Son Richelieu est un admirable Richelieu de théâtre: ce n'est pas le grand ministre de l'histoire. Au sortir de cette agitation turbulente de personnages et de caractères trop et trop peu historiques, comme on se repose avec bonheur dans les délicieux et touchants récits du Docteur Noir!

J'omettrais volontiers tout ce qui est théorie pure, intention philosophique, système social dans ces récits. Non pas que je ne comprenne à merveille quelle sympathie élevée, quel noble attendrissement, quelle charité de pensée se trouve au fond de la thèse sociale que défend avec tant d'énergie et d'obstination M. de Vigny. Mais ce que je n'ai jamais compris, c'est que la société fût rendue responsable de ces infortunes sublimes des poètes méconnus, mourant de faim sur le grabat de Gilbert ou buvant le poison de Chatterton. Eh quoi! nous dit éloquemment M. de Vigny, les nations manquent-elles à ce point de superflu? Ne prendrons-nous pas sur les palais et les milliards que nous donnons, une mansarde et un pain pour ceux qui tentent sans cesse d'idéaliser leur nation malgré elle? Mais à quel signe M. de Vigny veut-il que la société reconnaisse le vrai poète et le distingue de ce qui n'en est que l'ombre ou la parodie? — Quand il aura donné, nous dit-on, un seul gage du talent divin. — A qui donc appartiendra-t-il d'apprécier ce gage et de juger ce concours dont le prix sera une place au Prytanée? Qui ne voit que c'est là une de ces sympathies très légitimes et très touchantes qui deviennent de pures utopies dès qu'on les veut transformer en institutions ? La société n'a déjà que trop de tendance à empiéter sur l'activité individuelle. Elle ne peut pas faire du talent poétique une branche d'administration publique. Que M. de Vigny encourage les Gilbert et les Chatterton contemporains à compter plus sur eux-mêmes, à s'assurer l'indépendance par un libre effort. Il leur rendra, je crois, un meilleur service qu'en leur créant des droits imaginaires sur la société, sans donner à la société un moyen actif et sérieux d'exercer ses prétendus devoirs envers ces natures divines.

On peut contester la théorie sociale qui enchaîne entre eux les récits du *Docteur Noir* ; mais dans ces récits, que d'art, à la fois, et de sensibilité vraie ! C'est là que je trouve, dans la plus juste et la plus aimable mesure, le mélange si difficile de l'imagination et de l'histoire. L'*Épisode de la Terreur*, sans déclamations, sans phrases, sans images outrées, par l'impression saisissante des faits et des situations, est bien près, selon moi, de marquer la perfection de l'art, s'appliquant à transformer la réalité. J'en dirai autant de *Servitude et grandeur militaires*, particulièrement de ces deux nouvelles exquises, chacune en son genre, *Laurette* et *la Veillée de Vincennes* ; je les préfère au *Capitaine Renault*, où il me semble qu'il y a trop de système et de parti pris. Ces pages légères, touchées d'une grâce idéale, vivront plus longtemps que plusieurs grands ouvrages de ce temps auxquels l'enthousiasme des coteries décerne une banale immortalité. Elles ont pour elles l'émotion, le charme des souvenirs, le don des larmes vraies, l'attrait souverain du style. Que faut-il de plus ?

III

Un titre énigmatique, presque sibyllin; une œuvre hautaine; le legs funèbre des chants de la dernière heure; une voix pleine d'orgueil et de tristesse, venant jusqu'à nous du bord d'une tombe; le silence de vingt années rompu par ce cri superbe d'une âme violemment meurtrie par la vie et par le doute : voilà ce qui, dans l'apparition récente des *Destinées*, a saisi d'une impression presque indéfinissable l'attention du public et celle de la critique. Cette impression dure encore, et j'espère ne pas venir trop tard pour en rechercher les raisons, en examinant cette étrange poésie que M. de Vigny a confiée en mourant à la piété plus que littéraire, presque filiale, de M. Louis Ratisbonne.

Pourquoi ce titre : *les Destinées*? Il nous émeut et nous inquiète tout d'abord. Ces poèmes posthumes sont-ils un retour de la pensée du poète vers le *Fatum* antique? Est-ce le règne de la sombre *Atê* qui va recommencer sur le monde esclave et sur les dieux eux-mêmes prosternés? Est-ce l'orgueil stoïcien qui, sous l'étreinte des lois inflexibles, s'affranchit par sa sublime indifférence et contemple avec dédain les pâles effrois de la foule humaine sous les coups du Destin? Est-ce la doctrine chrétienne de la Grâce exagérée dans l'âme d'un poète janséniste et enlevant à la liberté de l'homme tout ce qu'elle peut pour faire plus grande la part de Dieu? Non, rien de tout cela ne serait rigoureusement exact; chacune de ces interprétations serait incomplète pour rendre compte de l'inspiration bizarre et complexe de ces poèmes. Pourquoi d'ailleurs y chercher une doctrine? Ils sont philosophiques par le mouvement même de la pensée, s'agitant d'un essor inquiet autour des grands problèmes du Monde, de l'Histoire et de la Vie. Mais ce serait méconnaître la nature même du poète que de lui demander des solutions précises. C'est l'absence de toute solution qui fait le caractère intime et douloureux de cette œuvre, où semble s'être épanchée une âme plus incertaine, plus troublée que ne l'a été à aucune autre époque celle du poète.

Il a donné dans de beaux vers, dont quelques-uns sont les plus beaux qu'il ait faits, la traduction de ce doute qui, dans la seconde moitié du dix-neuvième siècle, s'est abattu sur l'humanité et la désole : Y a t-il un Dieu paternel, guidant, à travers les obstacles, la liberté de l'homme, l'éclairant par les idées divines qu'il lui laisse apercevoir, le récompensant du bien réalisé par des progrès nouveaux dans la justice et dans la vérité et lui ouvrant des horizons sans limites dans l'infini de l'avenir? Ou bien n'y a-t-il qu'un ordre fatal d'existences fortuites, se succédant comme le flot succède au flot dans une nuit orageuse qui n'aura pas d'aurore? N'y a-t-il qu'une Loi mécanique, écrasant dans son évolution implacable la fragile illusion du Libre Arbitre, ramenant toujours le genre humain dans le cercle éternel que creuse, depuis des millions de siècles, l'éternelle Nécessité? Nous reveillerons-nous un jour, âmes libres et purifiées, dans le sein du Père Céleste, ou ne sommes-nous que l'apparition d'une pensée fugitive, suscitée par quelque phénomène obscur d'électricité dont nous n'avons pas encore la loi? Ce doute qui a saisi d'une angoisse immense l'âme du siècle, étreint celle du poète. L'inspiration en est sensible dans les trois pièces principales du recueil, la première, qui est comme le sombre portique de ce ténébreux monument et qui en porte le nom, *les Destinées*, *la Maison du Berger* et *le Mont des Oliviers*. Les sept autres pièces qui complètent ce volume se rattachent à la même inspiration par un lien moins visible peut-être, mais encore facile à saisir.

Les *Destinées*, tel est le sujet du premier poème solennel, d'un accent presque hiératique et qui laisse dans l'esprit une impression lugubre. Le poète nous décrit l'état du monde avant la venue du Christ ; il nous montre les hommes

Levant avec effort leurs pieds chargés d'entraves,
Suivant le doigt d'airain dans le cercle fatal,
Le doigt des Volontés inflexibles et graves.
Tristes divinités du monde oriental,
Femmes au voile blanc, immuables statues,
Elles nous écrasaient de leur pied colossal.

Le Christ vient ; la Terre se croit affranchie et bondit d'allégresse. Les destinées remontent vers Jéhovah et font entendre autour de son trône leur lamentation. Mais de ce trône descend une voix qui proclame l'arrêt nouveau. La Grâce se substitue à la Fatalité. L'homme sera plus heureux, se croyant libre ; mais peut-être n'aura t-il gagné à cela qu'une illusion :

De moi naîtra son souffle et sa force à jamais
Son mérite est le mien, sa loi perpétuelle :
Faire ce que je veux pour venir où JE SAIS.

Les pâles Destinées, les femmes inflexibles accomplissent, sous la nouvelle Loi, une œuvre nouvelle :

Oh ! dans quel désespoir nous sommes encor tous !
Vous avez élargi le collier qui nous lie
Mais qui donc tient la chaîne ? — Ah ! Dieu juste, est-ce vous ?

Cette théologie est vague, mystérieuse, étrange. C'est le dogme de la Grâce, expliqué par un prêtre d'Eleusis. Le joug semble moins pesant à l'homme moderne qu'à l'homme antique. En est-ce moins un joug, et qui le tient dans sa main? Est-ce un père? Est-ce un maître cruel? Est-ce pis qu'un maître, la Nécessité à laquelle notre orgueil oppose le libre arbitre, une chimère peut-être?

La *Maison du Berger* est un de ces poèmes qui sont le désespoir des lecteurs et le tourment des critiques, mais qui feraient la joie d'un philosophe alexandrin. L'inspiration en est subtile, bizarre, tourmentée. Le ton y change à chaque instant. Pas de suite logique dans les idées; une obscurité préméditée, une incohérence laborieuse, un symbolisme qui se mêle à l'églogue la plus tendre, à la plus fraîche idylle; un sujet qui se dérobe à chaque instant à nous et qui nous laisse dans un perpétuel embarras de savoir si nous avons affaire à un poète amoureux d'une femme, ou à un penseur épris d'une idée. Est-ce la confidence d'un rêve de volupté? Est-ce l'initiation à quelque mystère philosophique? Qui le sait? Et le poète lui-même le sait-il toujours? Béatrice, pour Dante, c'était une femme, la plus belle des femmes; c'était aussi la Théologie, la plus austère des sciences. De même pour M. de Vigny, Eva, c'est une femme aimée, espérée, ardemment désirée. A quelques traits de passion on ne peut s'y méprendre. Mais c'est la Poésie aussi, la Poésie dont l'auteur oppose l'enivrante image et les douces illusions aux effrois que lui cause l'indifférente Nature, aux colères que soulèvent dans son âme le Mensonge social et la prosaïque Industrie. Par quels beaux vers, ailés et enflammés, débute ce poème à Eva :

> Si ton cœur, gémissant du poids de notre vie,
> Se traîne et se débat comme un aigle blessé,
>
> . . . .
>
> S'il ne bat qu'en saignant par sa plaie immortelle,
> S'il ne voit plus l'amour, son étoile fidèle,
> Éclairer pour lui seul l'horizon effacé,
>
> . . . .
>
> Si ton corps frémissant des passions secrètes,

S'indigne des regards, timide et palpitant;
S'il cherche à sa beauté de profondes retraites
Pour la mieux dérober au profane insultant;
Si ta lèvre se sèche au poison des mensonges,
Si ton beau front rougit de passer dans les songes
D'un impur inconnu qui te voit et t'entend,
Pars courageusement, laisse toutes les villes;
Ne ternis plus tes pieds aux poudres du chemin
Du haut de nos pensers vois les cités serviles
Comme les rocs fatals de l'esclavage humain....

. . . .

Il est sur ma montagne une épaisse bruyère
Où les pas du chasseur ont peine à se plonger,
Qui plus haut que nos fronts lève sa tête altière
Et garde dans la nuit le pâtre et l'étranger.
Viens-y cacher l'amour et ta divine faute,
Si l'herbe est agitée ou n'est pas assez haute,
J'y roulerai pour toi la maison du berger.

Puis vient un épithalame brûlant, en l'honneur de ces fêtes de l'amour, célébrées sur les hauteurs et dans les solitudes.... Rassurez-vous, et tournez la page, il s'agit de la Poésie que le poète emmène loin des villes, sur les sommets, et dont les chastes embrassements le rassurent contre les épouvantes de la Nature, sereine, ironique, glacée. — Eva! s'écrie le poète,

Sur mon cœur déchiré viens poser ta main pure
Ne me laisse jamais seul avec la Nature,
Car je la connais trop pour n'en avoir pas peur;
Elle me dit : Je suis l'impassible théâtre
Que ne peut remuer le pied de ses acteurs. .

. . . .

Je n'entends ni vos cris ni vos soupirs; à peine
Je sens passer sur moi la comédie humaine
Qui cherche en vain au ciel ses muets spectateurs,
Je roule avec dédain, sans voir et sans entendre,
A côté des fourmis les populations;
Je ne distingue pas leur terrier de leur cendre,
J'ignore en les portant les noms des Nations.
On me dit une mère, et je suis une tombe.
Mon hiver prend vos morts comme une hécatombe,
Mon printemps ne sent pas vos adorations.

Voilà ce que dit cette voix triste et superbe. La Nature, la froide deesse du dix-neuvième siècle, la déesse qu'adorèrent Gœthe et Hegel, dédaigneuse de l'homme, humble passager qui se croit son roi, la voilà admirablement peinte dans ce beau monologue. Cette souveraine impassibilité effraye le poète. Il invoque Eva; Eva, c'est-à-dire la femme et la Poésie; Eva, la Passion et l'Idéal.

Mais allons à d'autres spectacles, à des leçons plus hautes et plus pures. Nous y trouverons sans doute ce que tant de siècles y ont trouvé : la consolation, la grâce, la paix. Allons à Jérusalem au moment où Jésus va mourir. Non, la Nature n'est pas l'implacable Déesse de l'Humanité. Au-dessus d'elle il y a Dieu qui nous regarde vivre avec la compassion d'un Père, n'en doutons pas. Il aime assez l'Humanité pour la racheter du sang de son Fils. Jésus est aujourd'hui au *Mont des Oliviers*, demain il montera sur la Croix infâme. — Cette fois au moins, pauvre et inquiet penseur, es-tu rassuré ? L'effroi que tu ressentais hier devant cet infini étoilé, que tu croyais vide de pensée et de Dieu; la tristesse qui t'accablait devant la face impassible de la grande Nature, tout cela va-t-il enfin faire place, dans ce cœur plus agité que l'Océan, à la paix divine qui descend du Calvaire? Hélas! non.

Le poéte a recueilli, dans le silence ému d'une nuit d'Orient, la prière ardente de Jésus, cette prière, qui est toute la vie d'une âme divine élancée vers le Ciel dans une parole suprême; le Ciel inexorable, sourd, le Ciel d'airain n'a pas répondu. Je ne connais pas de peinture plus navrante que celle-ci, dans sa tragique simplicité, pour exprimer le desespoir religieux. Il est nuit. Jésus marche seul parmi les oliviers que le vent incline, frissonnant comme eux, triste jusqu'à la mort, triste de la tristesse d'un dieu :

Il se courbe à genoux le front contre la terre,
Puis regarde le ciel en appelant : « Mon père ! »
Mais le ciel reste noir, et Dieu ne répond pas.

. . . .

Jésus, se rappelant ce qu'il avait souffert
Depuis trente-trois ans, devint homme, et la crainte
Serra son cœur mortel d'une invincible étreinte.
Il eut froid. Vainement il appela trois fois :
« Mon père ! » Le vent seul répondit à sa voix.
Il tomba sur le sable, assis, et, dans sa peine,
Eut sur le monde et l'homme une pensée humaine.

Et alors commence une prière hardie et magnifique de Jésus. Il demande à Dieu, pour prix de sa mission et de sa mort, de laisser détruire le Mal et dissiper le Doute :

Vous les aviez prévus, laissez-moi vous absoudre
De les avoir permis !

Il demande à Dieu que l'évidence divine se révèle enfin à cette pauvre et incertaine raison de l'homme :

Sur son tombeau désert faisant monter Lazare,
Du grand secret des morts qu'il ne soit plus avare,
Et de ce qu'il a vu donnons-lui souvenir :
Qu'il parle !

Qu'il parle et qu'il dise le mystère des choses éternelles et l'origine des choses passagères ; qu'il dise si les astres des cieux ont vu, comme notre planète, la mort d'un Juste ; si la terre est pour eux ou s'ils sont pour la terre ; pourquoi l'âme est liée à ce corps pesant et ténébreux ; pourquoi dans cette âme tant de contradictions, l'ennui du repos, le dégoût des joies paisibles, le désir inassouvi des vagues passions ; pourquoi sur la tête de chaque créature pend la menace de la Mort ; pourquoi l'Esprit du mal mène sur cette planète son insolent triomphe ; si les nations sont guidées

Par les étoiles d'or des divines idées.

ou si elles ne sont que de folles enfants errant dans la nuit de leurs pensées, dans un cercle fatal et sans issue;

> Et si, lorsque des temps l'horloge périssable
> Aura jusqu'au dernier versé ses grains de sable,
> Un regard de vos yeux, un cri de votre voix,
> Un soupir de mon cœur, un signe de ma Croix,
> Pourra faire ouvrir l'ongle aux Peines éternelles!
> Lâcher leur proie humaine et reployer leurs ailes!

Que tout cela soit d'une orthodoxie médiocre, j'y consens; mais ce sont de bien nobles et grandes pensées que le poète nous présente, comme le texte sublime de cette méditation au *mont des Oliviers!* Oui, s'il y a là une fiction humaine, elle n'est pas du moins indigne du nom divin sous lequel elle s'offre à nous. Je ne souffre pas de voir Jésus, en cette Nuit suprême, porter dans sa pensée ces grands problèmes qui sont ceux de la vie et de la mort, qui sont le problème de l'homme, depuis que l'homme a été jeté sur ce globe avec la pensée.

Ah! combien diffère t-il, ce Jésus du poète, d'un autre Jésus qu'on nous donnait, à peu près en même temps, et de qui on retraçait ainsi les suprêmes pensées : « Se rappela-t-il à ce moment les claires fontaines de la Galilée, où *il aurait pu se rafraîchir;* la vigne et le figuier sous lesquels il *avait pu s'asseoir; les jeunes filles qui auraient peut-être consenti à l'aimer?* Maudit-il son âpre destinée, qui lui avait interdit les joies concédées à toutes les autres? Regretta-t-il sa trop haute nature, et, victime de sa grandeur, *pleura-t-il de n'être pas resté un simple artisan de Nazareth?* »

Certes M. de Vigny est un libre penseur, on le voit par les vers énergiques et terribles qui terminent ce poème. C'est un penseur aussi libre et plus hardi que M. Renan. Mais au moins il conserve à Jésus une attitude qui nous laisse dans le doute jusqu'à la fin, si c'est un homme extraordinaire qui va mourir ou si c'est un Dieu. Il ne lui donne que de magnifiques pensées, dignes de l'être sublime qui remplit la scène de sa grandeur : c'est l'origine des choses, c'est le grand mystère, c'est le conflit du Bien et du Mal, c'est la destinée, c'est la vie future, c'est l'enfer.... Il n'a pas imaginé cette triste bucolique d'un jeune paysan, dont la grâce languissante ne résiste pas à l'épreuve qu'il affronte, donnant ses derniers regrets aux jeunes filles qui auraient pu l'aimer, pleurant de n'être pas resté dans l'humble échoppe de Nazareth. M. de Vigny, ce grand douteur, n'a pas avili ni affadi Jésus. Dans ses vers sceptiques, la note divine vibre encore. Comme poète, il comprend Dieu, même quand il a cessé d'y croire.

Une terreur profonde, une angoisse infinie
Redoublent sa torture et sa lente agonie.
Il regarde longtemps, longtemps cherche sans voir :
Comme un marbre de deuil, tout le ciel était noir.
La Terre, sans clartés, sans astre et sans aurore,
Et sans clartés de l'âme, ainsi qu'elle est encore,
Frémissait. — Dans le bois il entendit des pas,
Et puis il vit briller la torche de Judas.

C'est ici que se placent ces vers, devenus bien vite célèbres, dans lesquels éclate, avec une sincérité inhabile à feindre, le plus morne et le plus navrant désespoir, le désespoir résigné :

S'il est vrai qu'au jardin sacré des Écritures
Le Fils de l'Homme ait dit ce qu'on voit rapporté,
Muet, aveugle et sourd au cri des créatures,
Si le ciel nous laissa comme un monde avorté,
Le juste opposera le dédain à l'absence,
Et ne répondra plus que par un froid silence
Au silence éternel de la Divinité.

Discuter de pareils vers serait faire acte d'une naïveté que le siècle a perdue. Habitués que nous sommes à suivre l'esprit humain jusqu'aux extrémités les plus reculées de la négation et du doute, familiarisés avec l'idolâtrie humanitaire des uns, avec l'athéisme systématique des autres, avec le panthéisme géométrique de Hegel ou l'idéalisme poétique de Schelling, de quoi pourrions-nous aujourd'hui nous étonner, nous tous écrivains, critiques ou philosophes?

Dans cet abandon de Dieu, que reste-t-il à l'homme? Trois choses qui peut-être donneront encore quelque prix à sa vie : l'Amour, — la Science, — l'Orgueil. C'est à ces trois divinités, les seules qui demeurent sur ce globe désolé, que l'homme offrira ses derniers sacrifices, le poète ses derniers chants.

Mais que l'Amour va donner à ce pauvre déshérité du ciel des consolations insuffisantes! que d'amertumes effroyables mêlées à ces tristes et courtes joies! Voyez Samson tenant sur ses genoux Dalila endormie, connaissant la perfidie de sa fatale amante, et qui, tout en la méprisant, a cherché encore dans cet objet de tous ses mépris la dernière ivresse d'un plaisir dont il a déjà le dégoût! Dans quels vers s'exprime cette *colère de Samson* :

> Éternel! Dieu des forts! Vous savez que mon âme
> N'avait pour aliment que l'amour d'une femme,
> Puisant dans l'amour seul plus de sainte vigueur
> Que mes cheveux divins n'en donnaient à mon cœur.
> — Jugez-nous. La voilà sur mes pieds endormie.
> Trois fois elle a vendu mes secrets et ma vie,
> Et trois fois a versé des pleurs fallacieux
> Qui n'ont pu me cacher la rage de ses yeux;
> Honteuse qu'elle était, plus encor qu'étonnée,
> De se voir découverte ensemble et pardonnée,
> Car la bonté de l'Homme est forte, et sa douceur
> Écrase, en l'absolvant, l'être faible et menteur.
> Mais enfin je suis las.

Et il s'endort près d'elle jusqu'à l'heure où les guerriers ennemis arrivent, le chargent de chaînes, brûlent ses yeux, le font traîner sanglant par douze grands taureaux devant la statue d'or de leur dieu Dagon, pendant que Dalila couronnée préside à l'horrible fête,

> Mais tremblante et disant : *Il ne me verra pas!*

Le poète aussi semble dire comme Samson, en pensant à tant d'amours factices dans lesquelles on sent que sa vie s'est débattue jusqu'à ce que son cœur s'y soit brisé : « Moi aussi, je suis las! »

L'Orgueil lui offre un abri plus sûr. Il semble qu'il va y réfugier ce qui lui reste de courage et de vie. Il s'enhardit lui-même, par de fortes images et de virils pensers, à vaincre le Sort par le mépris, la Mort elle-même par le silence. Tomber en se taisant, c'est être plus fort que ce qui vous renverse. Telles sont les leçons stoïques qu'il se donne à lui-même.

Tout cela, remarquez-le bien, ne se produit jamais sous une forme purement philosophique et abstraite. C'est une succession de petits ou de grands drames dont chaque partie se relie par une pensée unique; mais l'artiste, nulle part, ne se sacrifie au penseur; il garde tous ses droits, nous enivre et s'enivre lui-même de poésie, orne d'une grâce infinie chaque détail. La conception nous arrive d'autant plus vive, nette, éclatante, qu'elle est comme matérialisée (ou, en un sens, idéalisée), dans une image, dans un tableau. Voyez la *Mort du loup*. Comme toutes les parties de ce tableau sont brillantes, animées, jusqu'au moment de la lutte terrible où le Loup meurt sur le cadavre du chien qu'il a étranglé, sous les coups des armes pressées, et regarde les chasseurs,

> Et sans daigner savoir comment il a péri,
> Refermant ses grands yeux, meurt sans jeter un cri.

Mais la leçon se dégage, précise et forte, le chasseur a

compris ce dernier regard du loup mourant, qui lui disait :

> Gémir, pleurer, prier est également lâche.
> Fais énergiquement ta longue et lourde tâche
> Dans la voie où le sort a voulu t'appeler.
> Puis après, comme moi, souffre et meurs sans parler. ..
> . . . .
> Seul le silence est grand; tout le reste est faiblesse.

Que l'homme cherche donc dans sa pensée la force du mépris que le loup trouve dans son instinct. Tous les efforts conjurés des tyrannies aveugles, toutes les puissances de la Nature conspirant à sa perte ne lui arracheront pas une plainte, pas un cri. Quand il sera bien convaincu de l'inutilité de son effort, qu'il se couche à terre, impassible; il est bien sûr, au moins, de ne pas mourir deux fois.

La double forme de l'orgueil digne de l'homme est de mépriser les forces brutales quand il y succombe, et de les asservir, quand il le peut, par la pensée. L'orgueil de l'esprit, de la science, est la plus haute volupté de l'homme. Voyez ce capitaine, ce savant, sur le pont de son navire qui sombre : il défie le Sort et la Mer; le secret qu'il a ravi au pôle ne périra pas avec lui.

> L'eau monte à ses genoux et frappe son épaule;
> Il peut lever au ciel l'un de ses deux bras nus :
> Son navire est coulé, sa vie est révolue.
> Il lance la bouteille à la mer et salue
> Les jours de l'avenir qui pour lui sont venus.
> Il sourit en songeant que ce fragile verre
> Portera sa pensée et son nom jusqu'au port;
> Que d'une île inconnue il agrandit la terre,
> Qu'il marque un nouvel astre et le confie au sort;
> Que Dieu peut bien permettre à des eaux insensées
> De perdre des vaisseaux, mais non pas des pensées,
> Et qu'avec un flacon il a vaincu la mort.

Mais nulle part cette foi, cette volupté de l'orgueil ne

s'est révélée avec une liberté plus ingénue, si j'ose le dire, que dans la pièce intitulée : *l'Esprit pur*. Ce sont des vers cornéliens de rythme et d'accent. Mais Corneille ne les aurait pas appliqués à lui-même. Il les aurait mis dans la bouche d'un Lucain, où ils eussent été mieux placés. M. de Vigny les prend à son compte et déclare fièrement à ses nobles aïeux que sa race datera de lui, non d'eux ;

J'ai fait illustre un nom qu'on m'a transmis sans gloire.
Qu'il soit ancien, qu'importe ? Il n'aura de mémoire
Que du jour seulement où mon front l'a porté.
Dans le caveau des miens plongeant mes pas nocturnes,
J'ai compté mes aïeux, suivant leur vieille loi.
J'ouvris leurs parchemins, je fouillai dans leurs urnes
Empreintes sur le flanc des sceaux de chaque roi.
A peine une étincelle a relui dans leur cendre.
C'est en vain que d'eux tous le sang m'a fait descendre ;
Si j'écris leur histoire, ils descendront de moi.

Puis, après avoir décrit à grands traits leur aventureuse et guerrière histoire, leurs chevauchées à travers le monde, leur vie retirée et vieillissante dans les champs de la Beauce, les nombreuses familles dont ils enrichissaient la patrie, il déclare que tout cela ne forme qu'un obscur amas de vieux noms inutiles, et sa pensée s'achève en style apocalyptique, que j'aime moins :

Ton règne est arrivé, *pur esprit*, roi du monde !
Visible Saint-Esprit !

Enfin, revenant à lui-même, le poète ajoute :

Seul et dernier anneau de deux chaînes brisées,
Je reste. Et je soutiens encor dans les hauteurs,
Parmi les maîtres purs de nos savants musées,
L'IDÉAL du poète et des graves penseurs.

Telle est cette œuvre. Il y a là des fragments d'une

poésie incomplète, à chaque instant brisée, inégale, mais toujours puissante, fière et triste. J'ai voulu en faire juges mes lecteurs, en leur citant, sans aucun commentaire, presque sans critique et sans objection, un grand nombre de ces vers. Ils y auront vu de quelle source troublée s'épanche l'inspiration de ces dernières années. Le poète a ressenti profondément l'inquiétude et l'émotion de son temps. Il s'y est abandonné sans réserve. Le Doute l'a envahi, terrassé, dominé. Mais du moins, dans cette victoire du Doute, il n'a pas perdu le sentiment de la grandeur du Dieu auquel il ne croit plus. On relira éternellement cette page du *Mont des Oliviers*, et à travers ces beaux vers et ces magnifiques pensées, on peut entendre comme le sanglot viril du poète. Pour moi, quand le désespoir s'exprime si hautement et si fièrement, je ne me reconnais pas le droit de le condamner. Ces tristesses sublimes du poète, succédant à de longs silences, ont un accent de sincérité qui ne trompe pas. Partout où la souffrance est vraie, il y a de la grandeur.

VICTOR DE LAPRADE

Psyché. — Odes et Poëmes. — Poëmes évangéliques. — Les Symphonies. — Idylles héroïques.

Il y a, dans la vie des écrivains sérieux, une heure vraiment solennelle : c'est celle où, après avoir donné la mesure variée de leur inspiration et de leur talent, ils sentent que la critique va enfin se prononcer en connaissance de cause et porter, sur la valeur de leur œuvre, une sentence peut-être définitive. Aux premiers instants de la vie littéraire, rien n'est encore déterminé avec une suffisante précision, ni le caractère dominant, ni la vraie direction, ni la fécondité du talent. Aussi la critique, livrée à de pures inductions, a-t-elle chance de pécher également par enthousiasme irréfléchi ou par dédain immérité. Les esprits sincèrement forts ne se laissent ni séduire à ces ovations trop faciles des premiers jours qui ont de si cruels lendemains, ni abattre par ces iniques mépris, par ces injustices d'opinion, dont une âme fière ne doit pas souffrir, sentant qu'elles ne sont pas durables. Mais quand l'écrivain a donné assez de preuves et de gages de lui-même, à cette heure qui marque pour chacun de nous le milieu de la vie littéraire, c'est alors qu'une véritable angoisse commence. On veut savoir si la foi qu'on avait en soi-même venait d'une juste conscience ou d'une misérable illusion. On interroge avec anxiété tous les échos de l'opinion. On presse la critique de dire son dernier mot. Quel désespoir, s'il devient évident, par un arrêt unanime, que l'on a fait route vers le chimérique et le faux! Mais y a-t-il au monde une plus vive et plus noble jouissance que de recueillir, dans l'applaudissement sincère de l'opinion, enfin éclairée, la certitude que l'on ne s'est pas trompé? On a souffert, on a lutté; les aspirations les plus courageuses ont été méconnues, les efforts calomniés, la bonne volonté travestie et injuriée. L'intelligence a son martyre aussi, souvent plus douloureux que le corps. Qu'importe? Tout est oublié maintenant; une heure radieuse a tout emporté.

Cette heure est venue pour M. de Laprade; elle lui sera propice, je n'en doute pas. J'ai pour gages de cet espoir l'intérêt vif avec lequel je viens de relire ses principaux poèmes, la curiosité élevée, l'émotion grave qu'ils ont excitées en moi. Son œuvre n'est pas achevée, grâce à Dieu; mais elle s'est organisée, et, en s'organisant, en se développant, elle s'est éclairée à nos yeux. Tel de ces poèmes qui, considéré isolément, pouvait offrir quelques exagérations de tendance, trouve son correctif et son complément dans un autre poème. Le monument poétique s'élève déjà à cette hauteur où l'œil peut saisir l'inspiration générale du plan, les proportions des parties, l'heureux instinct ou l'art qui en règle la secrète harmonie et qui la conserve. L'ensemble de l'œuvre révèle une noble et saine originalité qui devient de plus en plus rare, à cette époque de fantaisies maladives et de tristes bizarreries, l'originalité des belles pensées, des sentiments purs, et celle, non moins rare, d'une exécution sculpturale, simple et grande.

Je ne me préoccuperai pas de savoir quelles ont été les origines diverses du talent de M. de Laprade, les imitations essayées, les noviciats traversés. Il n'est guère contestable que, sur ce talent comme sur tant d'autres, on reconnaisse la victorieuse empreinte du dominateur des intelligences poétiques, de Lamartine. Mais, tout en subissant la magique influence, M. de Laprade a retenu son inspiration personnelle, sa forme. Il a mérité d'avoir sa place à part, en dehors du rayonnement de l'astre, dans sa propre lumière, moins étincelante, sans doute, mais émanant de lui-même ; le rayon qui l'éclaire est bien un rayon et n'est pas un reflet. Essayons de le saisir dans toute sa pureté.

Ce qui me frappe tout d'abord, à la lecture de ces poëmes, c'est l'élan de la pensée vers les choses supérieures, l'aspiration vers le mystère de l'infini, c'est l'idéalisme religieux, répandu dans toute l'œuvre et donnant à cette poésie je ne sais quel caractère hiératique et solennel. Il y a vraiment dans M. de Laprade quelque chose du *vates* antique, prêtre et poète à la fois, chantre et prophète. Aucun écrivain ne porte et ne soutient plus haut sa pensée et son cœur. Comme il l'a dit, c'est un perpétuel *sursum corda* qu'il s'adresse à lui-même et à l'âme de ses lecteurs. Il s'excite et il nous excite vers l'Idéal, voisin de Dieu s'il n'est Dieu même. Il excelle à donner une voix aux sollicitations, aux inquiétudes sublimes qui nous agitent d'une sorte de fureur sacrée et d'impatience du divin. Tout un poëme, d'une ampleur et d'une fécondité de lyrisme extraordinaire, *Psyche*, est la magnifique allégorie du Désir élancé vers l'Infini. C'est là le vrai sens, la vraie portée de ce poëme, si diversement interprété, si rarement compris, et qui restera parmi les tentatives les plus hardies de l'imagination moderne. Il appartient à la philosophie religieuse, bien plus qu'à aucune forme de religion positive. Ou plutôt c'est un essai de conciliation audacieuse entre deux éléments qui semblaient incompatibles, la forme antique et l'idée chrétienne ; c'est une fable païenne spiritualisée, domptée par un effort victorieux, contrainte à recevoir le souffle chrétien, à s'animer, à se féconder par lui.

Le mélange de ces deux éléments étonne d'abord. On ne sait au juste ce qu'il faut comprendre, ce qu'il faut penser. Est-ce *Psyché* qui s'éveille dans les jardins mystérieux de l'âge d'or, à qui toute la création parle d'un maître invisible et tout-puissant, de l'époux sacré; qui reçoit, dans l'ivresse même des noces mystiques, la loi d'en respecter le mystère; qui, infidèle à l'ordre suprême, allume la lampe fatale, reconnaît, avec un effroi voluptueux, l'Amour, le plus beau, le plus puissant des Dieux, verse la goutte d'huile brûlante sur son front irrité et subit en pleurant, avec la colère de l'époux, l'exil de l'hymen divin? C'est Psyché; mais c'est aussi la Psyché de la Bible, c'est Ève, et la fable antique se mêle avec l'histoire biblique dans la trame subtile du poëme. C'est Ève qui attire la malédiction de Dieu sur la terre et qui part pour le voyage aride, au milieu de la nature ennemie. Et ici commence, après les élégies amoureuses du premier livre, l'épopée grandiose de la vie terrestre, de l'expiation, des divers âges de l'histoire. Le troisième livre semble ramener dans les chants du poëte, non plus Ève, mais Psyché, épouse réconciliée d'Éros, et déesse nouvelle de l'Olympe transfiguré, qui va bientôt devenir chrétien.

Tel est le sujet complexe de cette œuvre abondante en vive, en lumineuse poésie, étincelante d'inspiration, mais étrange de pensée, discordante, insensée, si l'on veut y voir, soit la fable de la Psyché païenne, soit la tradition de l'Ève biblique. Il faut chercher autre chose sous cette puissante allégorie : c'est l'âme humaine, touchée des immortels désirs. Tout s'explique alors; toutes les discordances s'apaisent. La lumière purifiée, circule dans toutes les scènes de ce grand drame métaphysique; c'est le tourment de l'âme, sollicitée par l'Infini, s'agitant dans son ignorance, sacrifiant son bonheur à la passion de savoir, conquérant au prix de l'épreuve la conscience de sa personnalité, se distinguant de la nature, mais exaltée au-dessus de ses forces par sa victoire sur l'univers visible, brisée par la violence de son désir inassouvi et trouvant dans sa mort même le secret de l'énigme dont elle meurt. Jamais une poésie plus hardie n'avait traduit les pressentiments, les agitations mystérieuses, la fièvre divine dont souffre, sans vouloir guérir de son mal, le grand cœur de l'humanité. Quel hymne désespéré, quel cri navrant pousse Psyché vers l'invisible, lorsque, reine de l'univers dompté, ayant épuisé ses désirs dans la satiété, elle sent que, maîtresse de tout, tout lui manque encore :

> Viens, c'est le jour; plus tard, tu m'auras vu mourir.
> Verse en moi ton haleine, ou mon sang va tarir;
> Viens arracher mon âme à sa prison brûlante.
> Oh! pour un fiancé que ta venue est lente!
> Ce trône, ce pouvoir, ces trésors tant prisés,
> Toute la terre enfin, pour un de tes baisers!
> Qu'y ferais-je sans toi, d'une vie inféconde?
> C'était pour te chercher que j'ai conquis ce monde.
> J'y manque d'air, ô Dieu! viens et délivre-moi;
> Viens, Amour, il me faut ou le néant ou toi!

C'est le désir de l'Infini qui inspire *Psyché*; c'est l'idée du sacrifice qui inspire les *Poèmes évangéliques*. En ce sens, on peut dire que ces *Poèmes* continuent *Psyché* et lui donnent son véritable dénoûment. L'Amour céleste répond à l'appel désespéré de l'amour humain. Il descend sur la terre et le sanctifie de son exemple, de ses paroles, de son sang, de sa Croix. La Charité, plus forte que le Désir, va donner à l'homme la mesure du sacrifice divin. Quelques-unes des scènes évangéliques sont reproduites avec un rare bonheur, dans un ton de forte simplicité et de grandeur calme. L'ensemble nous satisfait moins complètement. Ces poèmes ont été écrits dans les temps troublés qui suivirent la révolution de 48. On y reconnaît trop souvent la marque des jours inquiets, les anathèmes contre des utopies trop voisines de nous, une inspiration moins sereine, et par conséquent moins élevée, des préoccupations de haine ou de colère actuelles venant se mêler, non sans quelque surprise pour le lecteur, au drame du Calvaire et par instants ravir l'âme à l'émotion mystique pour la rejeter dans les soucis vulgaires du carrefour ou de l'émeute. L'œuvre se complète et se consacre par une pièce très hardie, *la Cité de Dieu*, dont certains juges délicats ont sévèrement condamné la couleur ascétique, mais qui nous attire précisément par le mâle attrait de la doctrine de l'épreuve, présentée à l'homme dans son effrayante sévérité. Si l'épreuve est véritablement le mot de l'enigme terrestre, l'explication de la destinée de l'homme ici-bas, pourquoi vouloir que l'on effémine la vérite? La douleur est notre loi sur la terre, subissons-la d'un cœur viril. C'est notre loi ici-bas, loi dure, je le veux; mais c'est aussi notre droit plus tard.

Psyché, qui est le Désir de l'Infini, les *Poèmes évangéliques*, qui sont la Charite, le Sacrifice, la Douleur, expriment presque au même titre l'idéalisme religieux chez M. de Laprade. Elles l'expriment sous sa forme la plus complète et la plus achevée. Il serait inutile d'aller chercher d'ailleurs des témoignages surabondants. Partout nous trouverions le même sentiment, parlant en rhythmes graves et amples, d'un ton pénétré, qui sait être solennel sans emphase, parce qu'il s'inspire au plus profond de la conviction humaine, à ce point où le cœur touche à la raison, où la foi du chrétien se confond avec la dialectique du philosophe.

Mais ce qui est propre à certains poèmes, ce qui les marque d'un caractère à part, c'est la prédominance d'une sorte de piété attendrie, de vénération filiale pour la Nature. Il faut s'entendre ; car ce mot Nature offre des sens distincts, des interprétations au moins très différentes. Ou bien, c'est la Nature, comme l'a si bien décrite quelque part M. de Lamennais, telle qu'elle frappe les regards, sous l'éternelle sérénité du ciel de la Grèce, telle qu'elle se lie, par des rapports harmonieux et doux, à la vie de l'homme, presque son enfant, jouant sur son sein indulgent ; ou bien, c'est la Nature spiritualisée par l'idée des forces secrètes et de la force suprême, l'ensemble des puissantes énergies formatrices des êtres, la nature animée du souffle créateur et en recevant je ne sais quel flottant reflet d'infini. Et de là, on le conçoit aisément, deux formes de poésie : l'une chantant la vie naïve, ses amours faciles, ses peines et ses joies également légères, sur la mousse des grottes ou près de la fontaine que le lierre ombrage ; l'autre empreinte d'une sorte de respect mélancolique et de profonde rêverie, en face de la mer, sur les montagnes, à l'ombre des chênes antiques et dans l'horreur sacrée des forêts.

C'est à cette Nature, redoutable et mystérieuse puissance, que M. de Laprade consacre une partie de ses *Odes et Poèmes*, presque toutes ses *Symphonies*, plusieurs chants de ses *Idylles héroïques*. C'est vers elle qu'il se sent attiré d'un invisible amour. C'est dans le sein de ses âpres solitudes qu'il aime à épancher les fiertés incomprises de son âme ; c'est à ses sommets sublimes et à ses glaces éternelles qu'il vient demander les conseils qui font la raison droite, la volonté forte qui fait la vertu.

Le contraste des deux Natures et des deux poésies inspire à M. de Laprade un poème d'une beauté originale et d'une inspiration épique, *les Deux Muses*. Voyez sur ce quartier de roche le divin aveugle assis et provoquant à la lutte du chant deux pasteurs, Admète et Erwynn. L'un chante la nature souriante et la volupté d'Épicure, l'autre la Nature austère et la recherche de l'Invisible.

ADMÈTE.

Salut, printemps, salut ! c'est toi qui fais aimer ;
Salut aux champs, aux bois que tu viens ranimer,
Où, sous chaque rameau, la volupté palpite.
Je cherche les forêts, car l'amour les habite.
L'odeur des prés m'attire et leurs vives couleurs,
Car j'y trouve une enfant plus douce que les fleurs.

ERWYNN.

O nature, salut ! . . . .
Désert, nature, asile où l'être se transforme,
Dans tes chastes séjours *reçois mon cœur* lassé ;
Éloigne de mon âme, afin qu'elle s'endorme,
Et les bruits de la vie, et l'écho du passé !
La plus sainte vertu que possède ton onde,
Ce que je viens chercher dans ton sein, c'est l'oubli,
Ce doux sommeil par qui s'éveille un autre monde
Lorsqu'en ta longue paix on reste enseveli.
Parlez donc, ô désert, ô voix de l'invisible,
Bois où tout autre amour a pour moi son tombeau,
Chantez de l'infini le cantique paisible,
O Nature, et bercez en moi l'homme nouveau !

Ces strophes alternées, où se jouent le plaisir et les gracieux amours, où soupirent la tristesse grave et les hautes curiosités de l'âme, ont tour à tour un charme et une puissance d'accent dont l'effet est irrésistible. Le divin aveugle partage ses dons. Admète aura la coupe, don joyeux et digne de son chant. Erwynn recevra la lyre d'ivoire, la lyre d'Homère, cette lyre qu'il a su enrichir d'une corde, et dont les sons attendris porteront comme une âme nouvelle sous l'inspiration d'un art nouveau.

Les montagnes inaccessibles, les déserts lointains, les

ombres insondables, les retraites les plus hautes sur les sommets, les plus sombres dans les forêts gardées par la terreur, voilà ce que recherche, ce que chante avec prédilection M. de Laprade dans un poème infatigable et toujours renaissant. Il sent une vie, une âme, dans les grands arbres. Chaque coup de la cognée ne frappe pas plus profondément sur le cœur du chêne que sur le sien. La sève qui s'échappe à flots des plaies profondes, c'est le sang des divins blesses. Il faut voir jusqu'à quel point se porte cette piété végétale dans le *Poème de l'Arbre*, dans *le Bûcheron*. Ce ne sont pas là des jeux de style, des accès de sensibilité d'imagination ; ce sont de vraies douleurs qu'il ressent, de vraies larmes qu'il mêle à la sève répandue des chênes. Il porte vraiment en lui comme une profonde fraternité avec les arbres. Dans cet ordre de sentiments où l'exagération est si facile, et dont le ridicule serait si voisin, le poète réussit à garder presque toujours la mesure, et peu à peu le lecteur se sent comme gagné lui-même à la contagion de ces sentiments étranges, transmis par de nobles vers. C'est le triomphe de l'art du poète d'arriver presque à émouvoir les cœurs les plus dénués de miséricorde pour les arbres.

Ce sentiment de tendresse et de vénération pour la nature s'entremêle souvent, chez M de Laprade, avec une sorte de culte pour l'héroïsme, d'excitation aux grands efforts, aux grandes audaces, aux élans vers les morts glorieuses, à l'essor des volontés dans le dévouement ou dans la guerre. On sent dans ses *Idylles héroïques* l'élévation de l'âme, la fierté du cœur, je ne sais quoi de libre et de magnanime, d'incorruptible et de stoïquement pur, qui vibre à ces images : de terribles combats se livrent pour des causes illustres que l'on ne connaît pas ; des martyrs du droit tombent, frappés d'une balle impie; des générosités inouies, trop peu expliquées, s'accomplissent. Nous sommes transportés dans un monde, légèrement idéal, où les âmes ne respirent que l'héroisme. La vertu ne leur suffit pas. Il leur faut quelque chose de plus difficile et de plus rare. Mais cette aspiration vers la vertu, vers le courage, vers la pureté extraordinaire, ne se soutient pas toute seule, ne s'élève pas toute seule à ce niveau sublime. Le poète lui donne pour base d'élan la nature, la nature alpestre, qui, par l'élévation même de ses sommets, semble provoquer l'âme à ces ascensions glorieuses. Suivez Herman dans le poème qui porte son nom; suivez-le dans son périlleux voyage. Montez avec lui pour respirer la pureté sauvage, l'héroique vigueur. L'esprit des sommets l'appelle et l'encourage. Herman traverse les divers sites des montagnes. A mesure qu'il s'éloigne des villes, qu'il s'élève et qu'il franchit les zones diverses du climat et de la flore des hauts lieux, il sent se former en lui, il voit apparaitre divers ordres de sentiment et d'idées, une serie de cultures morales et de végétations successives. C'est la même personne. mais plus libre de ses passions, la même imagination, mais lavée, par l'air vif et pur, des souillures qui la flétrissent, dépouillée des lambeaux sordides qui la défigurent, fortifiée par les âpres parfums des solitudes.

Mais nous, ô voyageur, plus haut! montons encore
Cet escalier des monts par où descend l'aurore;
Chacun de ses degres offre au cœur agrandi
L'image et le conseil d'un travail plus hardi.

C'est le pâtre des montagnes qui parle au voyageur, puis c'est la fleur des cimes, le chasseur de chamois, le glacier; plus haut que la région des hommes, ce sont les *facultés lyriques*, les voix de la nature qui s'éveillent. Au sommet, dans un Éden idéal, c'est Léonidas, c'est Caton d'Utique, c'est Jeanne d'Arc, le chevalier Bayard, Pierre Corneille, qui trempent le cœur du pèlerin dans les mâles conseils de la raison divinisée.

Ne vous étonnez pas s'il redescend si vaillant et si pur dans les cités infimes. Il y rapporte *les senteurs de l'infini :*

Les hauts lieux m'ont ouvert leur magique arsenal,
Je m'y suis revêtu de granit et de chêne;
Leur souffle en moi s'agite et leur feu s'y déchaîne,
Et mon cœur débordant n'attend plus qu'un signal.

Je suis loin de nier l'originalité de ce lyrisme héroïque et alpestre. M. de Laprade excelle à saisir l'insaisissable, à renfermer dans des vers d'une grande beauté plastique des idées qui semblent ne pas donner prise à l'expression. Il y a là à la fois les signes d'un grand art et d'une grande âme. Mais que M. de Laprade ne s'arrête pas plus longtemps dans cette veine de sentiments exceptionnels. Sa poésie n'a déjà que trop de tendances à ce qui est extraordinaire et rare. Qu'il lutte contre cet instinct au lieu de lui donner une si libre carrière. Qu'il abandonne pour quelque temps cette forme de poèmes, trop spéciaux, trop empreints du mysticisme de la nature, et dont l'action imaginaire se passe dans une région entre ciel et terre. La curiosité excitée par un essor si nouveau d'imagination a pu le suivre jusque-là. A coup sûr, l'émotion n'a pu monter si haut. Ce qui nous touche, c'est l'humain, et M. de Laprade s'est trop attardé dans les régions surhumaines. Qu'il revienne à la passion, au vrai drame du cœur, mais pour spiritualiser la passion, en vrai poète platonicien, et il verra si notre humble conseil le trompe. Sans déchoir de la haute place qu'il s'est faite dans l'art, il doublera les sympathies qui s'attachent à son nom, il doublera sa gloire. L'Académie l'a élu ; le public l'aimera.

II

Les Voix du silence, qui ne les connaît, s'il a vécu, s'il a pensé, s'il a souffert? On les entend surtout, ces voix, aux heures tristes, quand on se retire de la foule humaine, emportant au fond de son âme ce que Lucrèce appelle énergiquement les *blessures de la vie, hæc vulnera vitæ*, rêves déçus, amitiés trahies, espoirs brisés. Tant que la lutte humaine nous occupe, ces voix sont muettes, ou plutôt leur mystique murmure se perd dans le tumulte du dehors. L'action, l'agitation, la passion étouffent la parole intérieure, qui veut être écoutée avec recueillement. Mais faites taire en vous et autour de vous le bruit de la vie, et vous serez étonné de tout ce que peut contenir d'enseignements secrets une heure de vrai silence. M. de Laprade essaye de nous donner le poëme de ce discours intime, de ces hautes et viriles pensées qui retrempent l'âme fatiguée de la lutte : il a voulu composer ses vers avec ce qu'il y a de plus élevé et de plus pur dans la pensée d'un honnête homme éprouvé par la vie, trompé par les hommes et réfugié dans la solitude de son cœur.

Quelle entreprise rare et difficile! Si le poëte y a réussi, c'est la marque d'un grand art et d'une inspiration vraie.

Qu'y a-t-il de plus difficile que de nous émouvoir avec des moyens si simples, sans rien emprunter au monde de la réalité et de la passion? Je ne prétends pas qu'un grand nombre de lecteurs doivent être attirés à une poésie si austère et si haute. Évidemment, cette poésie n'est pas faite pour la foule, et les *Voix du silence* ne peuvent avoir beaucoup d'échos sur les boulevards de Paris. Mais attendez l'instant favorable pour chacun, épiez les heures propices, et vous verrez qu'il est peu d'âmes, pourvu qu'elles aient gardé quelque goût pour la vie intérieure, qui, sous le coup de quelque douleur vive, ne soient sensibles au charme pénétrant des conseils et des consolations qui sortent de ce livre. O vous qui avez senti un jour les amertumes de quelque noble effort stérilisé par la fatalité des circonstances ou par des volontés contraires; vous qui, ayant eu les grandes ambitions de l'esprit, n'en avez connu que les grandes déceptions, et qui seriez tenté de vous laisser gagner par le découragement, prenez ce livre, ouvrez-le à cette page où le poète nous raconte un entretien qu'il eut un soir avec Corneille :

..... L'ennui, ce jour-là, mille poids étouffants,
Avaient résisté même au baiser des enfants.
L'ombre des mauvais jours, la crainte des jours pires,
Passaient entre mon cœur et ces jeunes sourires.
J'avais froid dans les os ; le brouillard de novembre
Semblait percer les murs et pleuvoir dans ma chambre.
Incapable d'effort, étendu près du feu,
Je m'écoutais souffrir sans pouvoir prier Dieu.
Sombre, amer, je songeais, cédant presque à l'envie,
A ces âpres détours du combat de la vie
Où va mon pauvre esprit, si souvent abattu
Sous le corps douloureux dont il s'est revêtu.
Tel qu'un frêle soldat qui, dans sa main trompée,
Saisirait un roseau quand il cherche une épée,
Et devant le destin, sans plus noble souci,
J'allais demander grâce et me rendre à merci.

Tout d'un coup la pauvre chambre du poète s'illumine. Le maître évoqué si souvent est là debout devant lui : simple et rude en son air, pauvre dans son costume, et plus digne, plus majestueux dans son pourpoint troué que ne le fut jamais un roi sous l'hermine. C'est Corneille, et voyez par quel fier langage il s'annonce :

A quoi bon de ma voix implorer le secours,
Si par tes actions tu mens à nos discours;

Si tu n'as su trouver, toi nourri de mon livre,
Dans l'heur de mieux penser la force de mieux vivre,
Si le mâle entretien de tant d'esprits fameux
N'a pu te faire une âme indomptable comme eux ?
Ta muse a des fiertés, tu n'as que des faiblesses.
Ose encor nous prêcher des dieux que tu délaisses
Et prétendre aux sommets, du fond de ta langueur,
Et colorer tes vers d'une fausse vigueur !
Honte au mol histrion, au poète frivole,
Dont toute la vertu se dissipe en parole,
Qui s'exalte en son livre et qui s'abaisse ailleurs,
Et qui ne vaut pas mieux que ses vers les meilleurs !..
Tu souffres et tu crains et l'avenir t'effraie,
Et bien près de ton cœur j'aperçois une plaie ;
Tu souffres dans ta chair, ta vigueur se flétrit,
L'argile de ton corps pèse sur ton esprit
Eh bien, c'est là l'épreuve où l'homme enfin s'atteste !
Tu peux vouloir encor, ta liberté te reste ;
Si, même en se courbant sous les maux entassés,
On marche et l'on suffit au devoir, c'est assez.

. . . .

. . . Il avait disparu, mais laissant après lui
Ces clartés du devoir mortelles à l'ennui.

Ces clartés du devoir mortelles à l'ennui : voilà, dans un beau vers, une grande pensée qui résume toute la pièce. Corneille, du droit de sa mâle et droite raison, vient faire la leçon à nos rêveries molles, à nos volontés énervées ; il dissipe les ombres malsaines de nos mélancolies en faisant luire à nos yeux les pures clartés. Le devoir, c'est la raison, c'est l'évidence, c'est la lumière. Ce mol ennui du poète, c'est l'imagination malade se tourmentant dans les ténèbres, s'abattant sous des maux imaginaires, abdiquant la noble fatigue de vivre.

Le poème le plus important de ce nouveau volume est la *Tour d'Ivoire*. C'est un vrai poème en cinq parties, qui révèle l'amour de l'artiste par la composition et le soin du détail. Il y a de tout dans ce poème : des dialogues, des chants d'amour, des récits, des chants lyriques, des féeries. Le sujet a de la grandeur : si je l'ai bien compris, ce n'est pas moins que la *chevalerie de l'idéal*, résumée dans une allégorie d'une forme et d'un ton épiques.

Ceux qui ont lu les *Idylles héroïques* du même poète n'ont pu oublier assurément cet Herman, qui va demander au génie des Alpes l'inspiration de l'héroïsme. On se rappelle ce périlleux voyage, raconté par le poète avec candeur, avec une sorte de foi dans la brillante et austère fiction de son esprit. Il nous faisait monter avec Herman, à travers les glaciers, pour aller chercher là-haut, bien haut, les *senteurs de l'infini*. Le poète nous excitait à le suivre et par l'élévation même de ces sommets, surmontés par l'audace de son héros, il semblait provoquer nos âmes à ces ascensions glorieuses.

Le chevalier de la *Tour d'Ivoire* est assurément frère d'Herman, s'il n'est Herman lui-même. Il a la même ambition, le même cœur. Lui aussi, peu jaloux des succès faciles, il n'aspire qu'à ceux qu'il faut payer des plus rudes efforts et des plus durs sacrifices. Il n'aspire à rien moins qu'à des amours et à des gloires parfaites. Il veut voir l'invisible, il veut boire au Saint-Graal. Pour cela, il faut qu'il gravisse jusqu'à la Tour d'Ivoire, à travers les enchantements et les détours de la forêt magique. En vain l'ermite qui veille aux abords de ces lieux terribles l'avertit des périls et des illusions auxquels le chevalier va s'offrir. « Il n'y a dans toute cette forêt que de noirs esprits et des embûches. Où donc le Saint-Graal, où la Tour d'Ivoire? — Je ne les ai vus qu'en rêve, dit l'ermite, et j'ai cessé d'y croire. »

Je ne les vis qu'en rêve, et j'y croirai toujours!

répond héroïquement le preux, et il s'avance. Ni les maléfices des nécromans, ni les monstres de toutes formes ne l'arrêtent, ni les sirènes, plus terribles que tous les démons de la forêt.

Le dernier péril, il le surmontera comme tous les autres. Une pauvre fille, admirablement belle, perdue au fond des bois, délivrée par sa valeur, il l'adore en la voyant, il la quitte en l'adorant. Il triomphe de lui-même, malgré la chanson moqueuse des gnomes et des lutins, malgré le sifflet des merles, — malgré son ivresse, et la nature entière qui conspirent, en dépit de l'heure silencieuse et enchantée et de la profondeur discrète du bois. Il a bien mérité de toucher le but sacré de son voyage, la blanche Tour. Il y entre, le fidèle, le vaillant, le chaste chevalier, et sur le trône intérieur du palais il trouve la *dernière fée*, la jeune fille du labyrinthe, dont il a gagné l'amour et qui couronne le sien par la plus pure des extases; la dernière fée, devenue chrétienne, aime son beau chevalier; mais, plus sévère que ne le comporte sa race aérienne, elle lui impose, pour la mériter, toute une vie de longs travaux et de chevauchées à travers le monde, au service des innocents et des faibles.

— Quoi! partir! disait-il, je me croyais au port!
— L'amour n'arrive au but qu'en traversant la mort!
— Attendons, dans l'extase où notre âme est ravie,
Attendons cette mort sans rentrer dans la vie!
— La vie est un devoir.
— Vivons dans ces beaux lieux.
— Vivons où Dieu nous place, au poste périlleux.
La vie est un combat, ici l'on se repose :
Sur ce Thabor d'un jour on se métamorphose,
Vers la beauté qu'on cherche on avance d'un pas;
On touche à l'idéal, on ne l'habite pas.

Et la Tour d'Ivoire referme sa porte implacable sur le chevalier, condamné au rôle si rude de grand justicier de la terre.

Ce poème abonde en beaux vers. J'indiquerai surtout

la chanson alternative des lutins et des sylphes autour de l'amant, qui a su être plus fort que son amour même. Les sylphes applaudissent, en strophes délicieuses, à ce rare triomphe. Les gnomes, en vers gais et mutins, raillent la naïveté du vertueux chevalier. Un vrai tournoi poétique sous la feuillée : c'est la pureté des premières amours, c'est la gaieté moqueuse de l'expérience; c'est l'innocence même, c'est la science de la vie qui ne veut pas être dupe : dialogue naïf et passionné, rieur et libertin, qui montre le poète dans l'inspiration plus libre de son talent, osant être plus humain, plus homme même, moins grave, moins haut et plus ému peut-être.

Ce poème de la *Tour d'Ivoire* n'est rien moins que l'histoire de l'âme à la poursuite de l'Idéal. Herman allait le chercher au sommet des Alpes, dans un Éden peuplé de héros. Le chevalier va le conquérir, à travers les épouvantes et les séductions, au fond de la mystique forêt peuplée par les Désirs et les Terreurs, dans cette blanche Tour qu'habite l'immatérielle et immortelle Beauté. Les critiques que le poème d'Herman avait provoquées déjà parmi les amis de ce noble et beau talent ne seront pas épargnées à la *Tour d'Ivoire*. On dira encore que c'est une allégorie, et une allégorie trop peu dissimulée. Nous sommes transportés dans un monde purement fictif, peuplé d'abstractions, et, malgré le sentiment sincère et profond que le poète a pour la nature, on sent qu'il l'abandonne, ou du moins qu'il la transforme en je ne sais quelle nature métaphysique qui n'a plus ni la même grâce ni les mêmes parfums. Vous me décrivez à merveille, ô poète, la forêt, ses détours, son labyrinthe, l'horreur sacrée de son obscurité et de ses profondeurs; mais comment puis-je me laisser prendre au charme quand vous-même vous vous empressez de le détruire si vite, en l'appelant une *mystique* forêt? Mystique, soit!

mais ce n'est plus la forêt que j'ai tant aimée. Vous racontez avec bien de la grâce, le repas rustique que font, sous les grands arbres, la jeune fille et le beau chevalier, tous deux *assis près de l'eau vive où se mirent leurs yeux;* puis l'adieu qu'ils s'adressent, et pendant que tous deux partent par des chemins différents, *mais d'un rêve pareil troubles et palpitants*, le printemps qui leur envoie toutes ses ivresses, l'air qui s'emplit pour eux d'harmonies.... Hélas! pourquoi tout cela n'est-il qu'un symbole, et pourquoi, cher poète, n'essayez-vous pas de me tromper davantage? Certes, aucun de vos lecteurs ne vous en voudrait de cette erreur.

La *Tour d'Ivoire* plaira, malgré tout, aux âmes fortes et tendres, éprises du beau, et qui salueront dans le poète un de leurs plus nobles frères, un des plus vaillants chevaliers de l'Idéal. Beaucoup d'autres pièces de ce recueil, *Resurrecturis*, *A des Martyrs*, *Psaume de combat*, *le Dernier druide*, mériteraient une analyse et une louange détaillées. Elles nous montrent le poète dans cette attitude de rêverie triste, de hauteur stoïque, de méditation platonicienne et chrétienne à la fois, qui sied mieux à sa muse que l'allure militante de la satire, dans la poussière et le feu des combats terrestres. Lui-même, dans la pièce qu'il appelle de ce beau nom : *la Trêve de Dieu*, a semblé renoncer aux luttes violentes où la poésie s'abaisse et s'aigrit.

Toi, libre pour un jour des assauts de la vie,
Quitte la sombre armure ou tu t'enveloppais:
Assieds toi! — la nature au repos te convie, —
Et goûte intimement ton Dieu dans cette paix.

Il faudrait citer toutes les strophes qui suivent jusqu'à ce beau vers, de race cornélienne, qui les couronne de sa royale simplicité :

Juge ton propre cœur : tu n'as droit que sur lui

Le *vieux maître*, évoqué dans les premières pages de ce volume, reconnaîtrait ainsi, parmi les vers que chantent les *Voix du silence*, plus d'un qui porte sa marque, celui-ci entre autres, qui exprime bien le stoïcisme altier du poète : « J'irai! dit le poète, j'irai! Je ne sais ni la hauteur ni le nombre des écueils. J'ai vu par delà, j'irai! »

Je ne sais si je puis, mais je sens que je veux.

C'est là un de ces mots qui relèvent une âme, quand elle le voit tout d'un coup briller devant elle, dans un livre ouvert au hasard, aux heures où la vie semble lourde, où la lumière elle-même est triste, où tout languit en nous et autour de nous. Avec un mot pareil, tout se ranime aussitôt; les *clartés du devoir*, rendues visibles dans un beau vers, dissipent les molles chimères et montrent la vérité, qui est de vouloir toujours, intrépidement sans savoir même si l'on peut.

III

Dans son livre sur *le Sentiment de la Nature avant le Christianisme*, M. de Laprade nous montre dans le même homme une variété de mérites et de talents rarement réunis : c'est le livre d'un savant, d'un poète, d'un philosophe. Peut-être cette multiplicité d'aspects que présentent successivement à nos regards des recherches sur les temps primitifs, mêlées à des inspirations poétiques et à des aperçus de métaphysique religieuse, produit-elle au premier coup d'œil quelque confusion dans l'esprit du lecteur et nuit-elle à l'unité d'impression. Nous essayerons de préciser d'abord le dessein du livre, la suite des idées qu'il développe, leur enchaînement et direction vers un but unique, afin de nous entendre nous-même avec l'auteur et d'appuyer sur un fond consistant et bien arrêté nos critiques et nos éloges.

Si j'ai bien saisi la pensée de M. de Laprade sous les riches symboles et les voiles de pourpre qui la recouvrent, l'auteur n'entreprend rien moins que de nous donner une philosophie et une histoire de l'art dans ses rapports avec le sentiment religieux et celui de la nature qui en dépend. Je ne serais pas surpris que l'inspiration de ce livre lui fût venue dans la méditation des pages célèbres de M. de Lamennais sur *l'Art et le Beau*, insérées au troisième volume de l'*Esquisse d'une philosophie*; mais c'est avec des vues toutes personnelles et sous l'influence de croyances positives que M. de Laprade a tenté à son tour ce vaste et périlleux sujet dont le plus grand péril est peut-être cette immensité même.

L'*Introduction* nous offre l'esquisse de l'œuvre future en une centaine de pages où la substance des idées s'est comme recueillie, avant de se développer abondamment dans les analyses et les tableaux du livre. L'auteur y résume à son point de vue l'histoire générale des impressions de l'âme en face de la Nature ; il nous montre les arts se succédant dans le même ordre que les opérations de l'esprit humain sur le monde extérieur. Les temps primitifs expriment leurs sentiments par la parole. Selon l'auteur, qui suit ici les grandes traditions religieuses de l'histoire, aussitôt que l'homme a paru sur ce globe, la parole humaine, inspirée d'en haut et s'égalant sans effort au premier sentiment de la Nature, a constitué la première science et la première poésie. Le savant, l'inspiré, le législateur primitif confondent et mêlent leurs personnages divers dans la même inspiration, dans la même action. L'hymne primitif, en même temps qu'il est le premier acte d'adoration, est la première encyclopédie du savoir humain. Avec la période orientale commence un art nouveau. L'homme cherche à exprimer dans un art figuratif l'idée qu'il se forme de la substance et du principe des choses. Mais il ne dépasse pas dans ses symboles l'idée du Dieu-Nature qui est le Dieu du vieil Orient; il s'inspire du monde extérieur dans son ensemble: il cherche à en exprimer la grandeur; il crée le temple. L'architecture est née; elle a trouvé dans l'Inde son berceau; mais c'est en Égypte qu'elle a rencontré sa véritable patrie, et les conditions organiques de son plus merveilleux développement.

Les temps de la civilisation grecque sont venus; l'homme s'aperçoit que parmi les formes et les êtres divers contenus dans la nature, la forme et l'être par excellence, c'est l'homme même. Il se prend ainsi pour modèle et pour but de l'art renouvelé sous l'influence de sentiments et d'idées qui se précisent en se divisant. Un morcellement s'opère dans la sagesse primitive; le roi se distingue du prêtre, le philosophe du poète, la science morale de la science physique. Comme la poésie et la science s'affranchissent de la religion, la figure de l'homme se détache du tableau de l'univers; la statuaire, qui devient l'art prédominant de la période hellénique, s'affranchit de l'architecture. Elle crée le type de Jupiter, qui n'est que l'homme idéalisé, en même temps que l'épopée crée le héros. L'homme adore Dieu dans sa propre figure divinisée; il l'adore dans des chants immortels comme dans des poèmes de marbre qui ne sont que des hymnes variés à la grandeur et à la beauté humaines.

Avec le christianisme, la distinction absolue de la chair et de l'esprit est posée; l'indépendance de l'âme est proclamée vis-à-vis de la Nature. Sous cette influence nouvelle, un art, lentement développé, arrive après de longs essais à sa perfection; c'est la peinture. L'âme, affranchie des fatalités du monde extérieur, spiritualisée par le dogme de l'épreuve, réalise son type dans les écoles des peintres qui recherchent l'expression de l'homme intérieur, de ses secrètes angoisses et de ses joies mystiques, comme la statuaire grecque recherchait l'expression de l'homme extérieur, de la vie physique dans sa noblesse, dans sa jeune vigueur et sa sérénité. Le culte du saint tend à remplacer le culte du héros. L'idéal de l'homme dans le monde chrétien, c'est l'homme-esprit, l'homme spiritualisé. C'est à exprimer ce type dans sa pureté que tendra de toutes ses forces la peinture à sa grande époque.

Nous arrivons à l'âge moderne, qui se marque par le retour de l'homme à la Nature, par la domination absolue dans l'ordre de la connaissance, des sciences physiques, dans la région des arts, de la musique. Or, la musique, avec tous ses enchantements et ses prestiges, paraît bien être, selon M. de Laprade, un art de décadence, un art inférieur, « puisque l'homme ne s'y préoccupe plus ni de sa propre personnalité, ni de la présence et de l'action de Dieu, et qu'il ne recherche dans le rhythme et la mesure que l'expression des mouvements de la sensibilité et des palpitations de la vie universelle ». Les faits qu'exprime la musique sont des faits entièrement étrangers à la conscience et à la liberté morale; ce sont des rapports nécessaires, des harmonies fatales entre notre âme et les choses, entre les choses elles-mêmes. L'humanité rentre sous l'empire de la Nature. L'art qui la ramène, par ses molles et énervantes influences, sous le joug qu'il avait secoué dans les âges précédents; l'art qui insinue dans les veines de l'homme moderne le vieux panthéisme vaincu; l'art qui se fait ainsi le complice des excès de l'esprit scientifique tourné à une véritable idolâtrie de la nature, c'est la musique, expression de la vie matérielle dans le monde; art de la sensation vague, mortel à l'idée et à l'esprit; art de la fatalité, mortel aux libres énergies de la volonté.

. Nous laissons, bien entendu, à M. de Laprade toute la responsabilité de ces éloquents anathèmes par lesquels se termine l'*Introduction*. — Les deux premières parties de cette vaste histoire de l'art sont ensuite abordées dans ce volume, qui doit bientôt être suivi d'un second. L'auteur s'applique avec un grand soin à nous révéler le rôle de l'Orient et celui de la Grèce dans cette histoire. Il nous conduit jusqu'au seuil du monde chrétien et nous y laisse. Nous devons au moins marquer d'un trait rapide les différents tableaux historiques qui sont déroulés successivement sous nos yeux. C'est l'Inde d'abord qui paraît devant nous avec les hymnes primitifs des *Védas*, puis avec ses immenses épopées, enfin avec ses drames; étrange et solennelle figure d'une race absorbée dans les vagues extases de la nature divinisée, dans la contemplation de la vie universelle, épuisant son effort intellectuel dans la création d'une grande poésie et de grands systèmes de métaphysique, rêves sublimes, divin monologue d'une âme ivre de la vie universelle. — Puis c'est l'Égypte, race active qui commence à s'élever au sentiment de la personnalité, conquérant le sol de sa patrie sur le Nil et sur la mer, marquant partout l'empreinte du travail humain sur la Nature, mais cependant gardant encore les formes mystérieuses et le symbolisme de l'art oriental dans son architecture, dont la seule traduction possible est l'idée de l'infini. — Une place à part est faite dans l'Orient au monde sémitique, où le divorce absolu de la divinité et de la Nature est funeste au développement des arts figuratifs. Dans ce monde isolé, qui se renferme dans son étroite et vigoureuse individualité, il n'y a qu'un art, la poésie, dont le principe est l'idée morale et non le sentiment de la nature. La Bible, toujours dogmatique, même dans ses récits, exclut la description et le souci de la vérité plastique. Elle énumère les objets matériels et leurs attributs, elle ne les décrit pas; pour elle la création n'est rien devant le Créateur. La mission de la race sémitique est de conserver, dans le monde livré au Dieu-Nature, l'idée du Dieu-Esprit. Cette mission éclate dans le caractère de sa poésie qui n'est qu'un hymne à la grandeur de Jehovah et la célébration de ses bienfaits. — L'Orient primitif se continue d'une certaine manière dans l'Orient moderne. M. de Laprade jugerait son œuvre incomplète, s'il ne suivait pas jusqu'au bout ce prolongement de la vie orientale dans les siècles les plus rapprochés de nous; il consacre tout un livre à l'examen des épopées de ce monde et spécialement de la poésie musulmane.

En face de l'Orient, se développe la civilisation hellénique avec sa conception originale de la Nature et de l'Art. Toute la seconde partie du livre de M. de Laprade est consacrée à cette étude. On nous montre, avec une singulière force de dessin et un vif éclat de couleurs, la Grèce (c'est-à-dire ce qu'il y a de plus grand au monde après le christianisme) détruisant le Dieu-Nature, le dieu du panthéisme oriental, dégageant par un viril effort la conscience de la liberté du sentiment vague et presque oppressif de l'infini, adorant l'intelligence et la pensée comme l'Asie avait adoré la puissance et la force, modifiant la langue dans le même sens et sous la même influence que le culte; se révélant à elle-même et au monde par cet art où elle exprime le sentiment qu'elle a de la perfection sous forme définie et arrêtée : la statuaire. En Grèce l'architecture symbolique succombe sous l'influence d'un sentiment nouveau, le sentiment précis et délicat de la beauté : le temple se subordonne à la statue, dont il devient comme le cadre; la statue y divinise l'homme. C'est toute une révolution dans l'art. La même révolution se fait dans la poésie. Comparez l'*Iliade* aux épopées immenses de l'Inde. Les dieux d'Homère ne sont plus que des hommes grandis, embellis, plus forts, plus intelligents, immortellement jeunes. Le sens propre de la forme se substitue dans la poésie homérique au sentiment vague de l'infini. La tragédie d'Eschyle et de Sophocle ne fait que consacrer cette révolution *humaine*. — Tout ce tableau vif et pressé se termine par une sorte d'hymne à la Grèce, mère de la liberté, qui a donné en indépendance, en force, en lumière à la conscience de l'homme tout ce qu'elle a retiré aux dieux de l'antique Orient et à la Nature.

Nous n'insisterons pas sur le dernier chapitre du livre, consacré à la poésie latine, et où s'achève, avec la peinture du monde ancien, l'histoire de l'art dans ses rapports avec le sentiment de la nature jusqu'au christianisme. M. de Laprade y développe cette idée que les Romains n'eurent pas de religion autochtone et, par conséquent, pas d'art vraiment original, que le seul culte vraiment romain fut celui de la cité, que le seul art de Rome, c'est le droit. L'idée générale de ce morceau est juste, mais sur beaucoup de points de détail (en particulier le jugement que l'auteur porte sur Lucrèce), nous aurions beaucoup à dire. M. de Laprade prétend que Lucrèce veut supprimer le divin dans la nature. Cela nous semble très inexact. Il nous paraît, bien au contraire, que Lucrèce substitue le *divin* de la nature aux dieux de l'Olympe; que son athéisme prétendu n'est qu'une puissante et sincère apothéose de la nature. Voilà, selon nous, la vérité; mais le développement de cette objection et de quelques autres de ce genre nous entraînerait dans le détail, qui est infini, et nous ferait perdre de vue l'unité et l'ensemble du livre, qui est le seul objet que nous ayons à considérer ici.

Certes, ce qu'il faut louer d'abord sans réserve, c'est la hardiesse de l'idée qui a inspiré cette œuvre et qui fait contraste avec l'inspiration courte et morcelée de cette littérature de fragments et de monographies dont nous sommes inondés. Ce n'est pas une ambition commune ni la marque d'un esprit médiocre que d'avoir tenté d'écrire de si haut, du point de vue d'une seule conception, ce grand chapitre de la philosophie de l'histoire, la phisophie de l'art, depuis ses origines dans les profondeurs des temps jusqu'à ses dernières révolutions, celles dont nous sommes les acteurs ou les témoins. Il y a bien de la fierté et de la force dans cette pensée qui ramène à l'unité d'un plan encyclopédique l'universalité des siècles et des races, interrogés successivement dans le sentiment qu'ils ont eu des rapports de l'humanité avec la nature et avec Dieu, et dans la manifestation qu'ils en ont laissée sur ce globe, comme une trace immortelle de leur passage. Ce n'est rien moins que le développement de l'activité humaine sous la loi du beau; c'est tout un côté de l'histoire universelle, non le moins intéressant à coup sûr et peut-être le plus difficile à saisir, le plus délicat de nuances et de contours. Un sentiment profond des beautés et des grandeurs de l'art, une intelligence vive et précise des différentes formes historiques de la civilisation, des instincts et des conditions du genie des peuples, des évolutions diverses de la conscience de l'humanité, une science étendue et variée, sinon toujours incontestable, surtout dans les questions si obscures des commencements et des origines, une élévation naturelle d'esprit qui s'égale à la hauteur du sujet, qui en prend naturellement et en garde sans effort le niveau, voilà, sans contredit, de belles et rares qualités par lesquelles l'auteur semblait marqué pour réussir dans cette grande entreprise. Il faut l'honorer et pour en avoir conçu le dessein, et pour l'avoir partiellement rempli. L'ouvrage est écrit avec un grand soin, d'une belle teneur de style, d'un ton peut-être trop continûment élevé, où l'on voudrait parfois quelque halte, quelque repos dans la simplicité des pensées familières. Cette prose brillante, ailée, on souhaiterait parfois qu'elle eût des allures plus *pédestres*, comme disaient les anciens, plus bourgeoises, comme nous dirions aujourd'hui. On y gagnerait çà et là des précisions plus particulières dans certains détails de l'histoire de l'art et dans les arguments personnels de l'auteur. Il y a dans M. de Laprade quelque chose du *vates* antique et de l'inspiré. Son sujet le possède, l'exalte, l'enivre, l'emporte sur les hauteurs, sur les cimes de l'idée où il se plaît et dont j'aimerais à le voir de temps en temps redescendre. Mais, en revanche, quelle splendeur de pinceau, quelle magnificence dans les peintures de l'homme primitif, de la vie orientale, du panthéisme indien, de l'ivresse de cette vie universelle qui se répandait parmi les races vouées à l'extase et au fatalisme, étrangères à la conscience, à la liberté! Par contraste, quelle puissante et énergique description du réveil de la personnalité en Grèce, de ce sentiment tracé en caractères éclatants dans les accidents du sol, dans les circonstances du climat, dans la configuration de son territoire, dans les influences de la lumière qui la baigne sans l'écraser, dans les instincts de la race, sensibles à travers les qualités de sa langue, dans tous les détails de son héroïque histoire! Il y a là des pages qui méritent de rester comme l'expression définitive de certaines phases de la civilisation antique, étudiées dans leurs attitudes les plus pittoresques et dans leur vivant esprit.

Et, maintenant, ne devons-nous pas au moins indiquer, en finissant, les innombrables périls du sujet lui-même? Ces périls, qui ne les pressent, qui ne les aperçoit du premier coup d'œil? L'arbitraire dans le choix de certains détails exclusivement pris au milieu de mille autres, le parti pris très sincère de ne voir que d'une certaine manière et sous un certain jour les aspects nuancés de la confuse et mobile réalité, l'abus des idées symboliques, l'à peu près des vagues formules qui embrassent des périodes entières de l'histoire, des séries de siècles, une multitude de races et de civilisations distinctes, ramenées à l'unité par un effort de généralisation qui ne s'obtient souvent qu'au prix du détail et par le sacrifice absolu des nuances, voilà les dangers à peu près inévitables dans une histoire ou une philosophie de l'art, conçue à ce point de vue métaphysique et théologique à la fois où s'était déjà placé M. de Lamennais, où se place aujourd'hui M. de Laprade et d'où il domine les âges. Ce serait flatter notre auteur que de lui dire que tous les périls ont été vaincus ou éludés par lui. Si l'ensemble de son livre a une incontestable grandeur, s'il a sa beauté et sa vérité dans la perspective, il y aurait matière assurément à bien des restrictions, à des critiques très serrées et très précises, même sur quelques-uns des points qui sont le plus en vue.

Le sujet est trop complexe; il trahit sa complexité jusque dans le titre du livre qui est obscur et qui ne correspond pas très exactement à l'idée principale. Il y a trois histoires mêlées et confondues dans ce volume: l'histoire du sentiment de la nature, les conceptions diverses que l'humanité s'est formées de ses rapports avec Dieu, et enfin le développement de l'activité humaine sous la loi du beau, ou l'histoire de l'art. C'est à ce dernier sujet que se réfère la pensée de l'auteur; c'est donc à cette question que toutes les autres auraient dû se subordonner : c'est ce sujet que le titre du livre aurait dû mettre en lumière. Il n'en est rien. On nous annonce l'histoire du sentiment de la Nature avant le Christianisme. Il y a là matière à plus d'un malentendu. Parmi les lecteurs de ce livre, combien y en a-t-il qui sauront s'orienter dans la complexité de ces trois sujets parallèlement développés et qui comprendront qu'ils ont affaire, avant tout, à une histoire de l'art, de ses évolutions et de ses manifestations variées sous l'empreinte des diverses civilisations qu'il a traversées ?

Voici un autre scrupule qui m'a saisi à la lecture de l'*Introduction*. Est-il possible, à moins de s'exposer aux plus graves critiques, de ramener ainsi chaque periode de la civilisation du monde à un seul art qui lui sert de type unique et d'expression souveraine, les civilisations primitives à la poésie, la période orientale à l'architecture, la période hellénique à la statuaire, les siècles chrétiens à la peinture, le dix-neuvième siècle à la musique? Les objections se pressent en foule devant une pareille énumération. Est-il vrai que chaque idée religieuse s'exprime dans un art spécial et determiné? Cette corrélation, marquée avec tant de précision par M. de Laprade, est-elle exacte entre les manifestations de l'art et les conceptions diverses de la Nature et de Dieu ? N'y a-t-il pas eu une peinture païenne comme il y a une peinture chrétienne? Est-il juste de dire que la musique est vouée à l'expression des sentiments confus et des palpitations rhythmées de la vie universelle et que la prédominance de cet art nous ramène sous le joug de la nature dont la peinture marque aux yeux de l'auteur l'éclatante défaite? Eh quoi! la musique (celle de Sebastien Bach, par exemple, de Haendel, de Haydn, de Mozart), n'a-t-elle pas été consacrée, ne peut-elle pas être encore consacrée aux cultes spiritualistes, comme on conçoit que la peinture puisse être abaissée à l'idolâtrie de la sensation? Ces différences tiennent moins à la spécialité de tel ou tel art, qu'à la pensée qui l'inspire. — Ces questions et mille autres semblables laissent l'esprit dans une étrange perplexité.

Chaque époque porte en elle l'humanité tout entière; elle ne se laisse pas saisir par une formule unique. Il y faut au moins, pour réussir, bien des précautions, des réserves, des explications qui étendent presque indéfiniment les limites que l'on s'efforce de tracer autour de chaque siècle, de chaque race, de chaque civilisation. Pour moi, il me semble évident que, sauf pour les périodes véritablement primitives, l'histoire des arts doit être non successive, mais simultanée. Sans doute, sous l'influence de circonstances locales, il a pu y avoir prédominance momentanée de tel ou tel art; mais dans chaque période de civilisation non ébauchée et partielle, complète et définitive en son genre, la plupart des arts ont fleuri en même temps, se sont élevés d'un commun essor, sont tombés sous l'influence des mêmes causes dans une commune décadence. C'est ce que M. de Lamennais exprime, à la fin de son livre sur *l'Art et le Beau*, en des termes qui méritent d'être recueillis : « Quelle que soit la diversité des moyens que les différents arts emploient, ils tendent tous au même but, s'aidant et se suppléant réciproquement, reposent sur les mêmes principes, se développent dans le même ordre, s'altèrent par les mêmes causes ; dans leurs phases variées, ils ne sont jamais que l'expression des croyances régnantes, ils en suivent fatalement les progrès et la décadence, naissent avec elles, s'éteignent avec elles. » Voilà, selon nous, la vérité. Ce n'est pas parce que la musique est devenue l'*art de notre temps*, que je m'associerai aux réflexions si justes et si sévères de M. de Laprade. Ce mouvement *naturiste* ou *naturaliste* que trahissent tant de symptômes, j'irai en chercher la preuve dans le caractère commun de tous les arts qui inclinent plus ou moins à flatter les sensations, tous en proie au même travail intérieur de décomposition ou de décadence. Aux époques où les anciennes croyances pâlissent ou s'éteignent, « il n'existe proprement point d'art, dit encore Lamennais, ce qu'on appelle de ce nom n'étant ou qu'une froide et stérile imitation de l'art ancien ou que d'impuissantes tentatives pour en créer un nouveau, dont le modèle, vaguement pressenti, est encore inconnu. L'artiste alors, sans autre guide, sans autre appui que sa pensée, son inspiration personnelle, est lui-même le type idéal qu'il s'efforce de reproduire, type au moins imparfait, toujours obscur, incompréhensible souvent, et qui, ne correspondant à aucune conception générale des choses, à aucune foi vivante dans les âmes, n'y remue rien de profond. » La recherche de la sensation ou la fantaisie individuelle, voilà l'alternative dans laquelle se débat l'art contemporain.

Non, ce n'est pas dans la prédominance de la musique qu'il faut voir le plus grave symptôme des excitations maladives et des énervements de la race intellectuelle au milieu de laquelle nous vivons. C'est dans l'absence de foi et dans le manque d'idéal qui se révèlent également dans toutes les œuvres d'art et de littérature que notre temps produit. — Exceptons de cet anathème, faux comme tout ce qui est trop général et sommaire, injuste en tant qu'il est exclusif, certaines œuvres qui échappent à cette loi de la décadence par la hauteur de la pensée inspiratrice, par la virilité et la délicatesse des sentiments réservés dans le sanctuaire de quelques âmes, et qui maintiennent dans l'affaissement du goût et des mœurs publiques le niveau esthétique et moral du monde. On ne pourra lire la dernière œuvre de M. de Laprade sans la placer d'emblée au rang de ces œuvres privilégiées, qui sont pour une époque littéraire un honneur et une consolation.

P. S. — Comme nous écrivions les dernières lignes de cet article, nous recevions une brochure de M. de Laprade qui, sous un titre légèrement hyperbolique : *l'Éducation homicide*, pose avec éclat la question des réformes à introduire dans le régime de l'éducation imposé indistinctement à l'enfance et à la première jeunesse dans les établissements publics ou privés, dans les colléges de l'Etat aussi bien que dans les maisons ecclésiastiques. Le plaidoyer est vif. Selon l'auteur, le collége a été fondé sur le modèle du couvent et sur le principe de la mortification. Il faut changer cela : il faut substituer le gymnase au couvent et vivifier au lieu de mortifier. Il n'est que temps, selon lui, si l'on ne veut pas éviter des décadences fatales de race et même d'esprit, de ne plus soumettre des générations aussi peu robustes, aussi nerveuses que les nôtres, à ce régime d'immobilité, d'abstinence, de compression physique et de contention intellectuelle, qui impose onze heures en moyenne d'immobilité physique au corps de l'enfant et qui le pétrifie au lieu de le développer. M. de Laprade en appelle au médecin, qui énumère les cas d'anémie, de fièvres cérébrales, de paralysies, de névroses de toute espèce, conséquences de ce régime meurtrier. — J'expose, je ne critique pas en ce moment. — Cet éloquent plaidoyer est excessif; il ne tient pas un compte suffisant des réformes déjà faites. Les couleurs sont poussées au noir. Mais de tout cela se dégage une impression vraie dont il faudra tenir compte dans une certaine mesure. Cette impression, la voici : c'est qu'il y a des vices hygiéniques dans notre système d'études; c'est qu'il y a dépression d'énergie vitale chez les classes cultivées, et qu'il n'est que temps d'y porter remède.

VICTOR HUGO

Les *Contemplations* ont été l'événement d'un jour. On a ouvert avec avidité ce livre qui nous apportait l'écho d'une grande voix. Dans cette attente universelle, il n'y avait plus d'amis ni d'ennemis, il n'y avait que des impatients. L'heureuse occasion d'oublier ce qui divise ! Croit-on qu'il y eût eu personne assez ennemi de sa jouissance pour ne pas se livrer entièrement, et sans arrière-pensée, au charme des beaux vers, si la source des beaux vers avait jailli ? Quelle Trêve de Dieu que l'apparition d'une poésie noble, calme, inspirée, au milieu des passions encore émues ! Doutez-vous qu'il n'y eût eu comme une réconciliation universelle de toutes les intelligences dans l'enthousiasme ? Un beau livre aurait été capable de ce miracle, et M. Victor Hugo pouvait faire ce livre. Pourquoi ne l'a-t-il pas fait ?

Car enfin, il faut dire tout haut ce que chacun pense, il y a eu déception. A part les enthousiasmes prémédités qui ont produit çà et là des dithyrambes vagues, à part aussi les louanges indiscrètes, mais sincères, de quelques amis du poète qui le trompent de bonne foi en l'exaltant dans ses défauts, le livre a excité de la curiosité et de l'étonnement, rien de plus. Méritait-il un autre sort ? Je ne le crois pas, au moins dans son ensemble. M. Victor Hugo nous revient plus obstiné que jamais dans une fantaisie gigantesque et systématique. J'ai bien peur que ce ne soit là désormais une incurable infirmité et que tous les conseils, toutes les supplications des amis de la vraie et grande poésie ne viennent se briser contre cet inexorable orgueil. Jamais le parti pris d'étonner le lecteur, jamais la résolution de conduire son public à travers les régions troublées du rêve, ne s'étaient plus clairement manifestés que dans cette dernière œuvre, qui semble être comme un suprême défi à la pauvre et chétive raison. Que dans ce perpétuel travail d'une imagination qui se torture et se hausse aux grands effets, il y ait de la force, cela est de toute évidence; il y a de la convulsion aussi. Que dans cet immense débordement d'une poésie fiévreuse et hallucinée, il y ait de temps à autre un vers noblement et simplement beau, quelques strophes qui emportent l'âme du lecteur dans leur vol harmonieux, quelques sentiments vrais et délicieusement exprimés, il faudrait être aveugle ou injuste pour le nier. Mais hélas! c'est là l'exception aimable, tout le reste appartient au vertige. Nous mettrons notre scrupule à signaler les rares beautés éparses dans les dix mille vers du livre; pour le reste, nous marquerons en toute franchise les défauts inouïs qui déparent l'œuvre, faussent l'inspiration, et font dévier le poète à chaque instant hors du vrai et du beau. Avons-nous besoin d'ajouter que si, dans tous les cas, la franchise littéraire est un droit de la critique, il est des circonstances qui rendent la personne plus particulièrement sacrée? C'est un devoir strict, et nous saurons l'observer, sans que notre sincérité ait à en souffrir. Nous jugerons l'écrivain librement, comme nous aurions aimé à l'admirer librement aussi. L'homme n'est pas en question ici : il ne s'agit que de poésie.

M. Victor Hugo a divisé son livre en deux parties : la première, *Autrefois* (1830-1843); la seconde, *Aujourd'hui* (1843-1856). La première partie se subdivise elle-même en trois livres dont chacun porte un nom particulier :

Aurore, l'Ame en Fleur, les Luttes et les Rêves. La seconde partie comprend également trois livres : *Pauca meæ, En marche, Au bord de l'infini.* Si de ces titres très généraux nous descendions aux titres particuliers des pièces qui composent ce recueil, il y aurait lieu de signaler déjà une singulière prétention à la bizarrerie : *Paroles dans l'ombre, Crépuscule, Melancholia? Lueur au couchant, Mugitusque boûm, Pleurs dans la Nuit, Cadaver, A celle qui est voilée, Horror, Dolor, Nomen, Numen, Lumen, Ce que dit la bouche d'ombre,* etc.... Ces titres vagues, immenses, ténébreux, ont pourtant un avantage. Ils donnent assez bien la note du livre. L'étrange pensée, pour un poëte, d'attacher tant d'importance à un titre ! C'est là du reste une habitude invétérée chez M. Victor Hugo, et ce serait une puérilité d'insister davantage. Mais nous nous rappelons, involontairement, que ces admirables poésies, qui ont la douce popularité de toutes les âmes et de toutes les mémoires, ont des titres parfaitement simples : *le Lac, Espoir en Dieu, Fantômes.*

Avant d'aborder les idées qui sont la substance philosophique du livre, et de suivre le poëte haletant à travers les abîmes et les fondrières, nous voudrions nous arrêter un instant à considérer chez M. Victor Hugo le procédé matériel qui se montre dans cette dernière œuvre à chaque page, presque à chaque vers. A tort ou à raison, j'appelle procédé matériel tout artifice de style, de langue, de prosodie destiné, dans l'intention du poëte, à saisir fortement l'âme du lecteur par la surprise de l'imagination ou des sens. J'appelle procédé toute recherche excessive ou singulière de la forme. Il y a une famille d'écrivains qui, par instinct ou par réflexion, mettent leur effort à cultiver ces singularités du détail, à préparer, par exemple, un grand effet de style, de très loin et à travers une série de phrases ou de mots artistement graduées, ou bien encore à isoler un vers magnifique au milieu de négligences préméditées, pour en mieux faire ressortir la grandeur, ou enfin à terminer une longue tirade par un de ces traits qui sont comme le coup de foudre final. Virgile et Horace ignorent ces savants artifices. Lucain et Claudien les prodiguent. Le chef-d'œuvre du genre est le début du poëme contre Rufin, où le poëte se complaît à développer longuement le lieu commun des philosophies sceptiques, le doute sur la Providence, l'incertitude sur les dieux, le tout pour arriver à ce trait fameux :

> Abstulit hunc tandem Rufini pœna tumultum,
> Absolvitque deos.

Remarquez comme le second vers s'arrête brusquement au premier hémistiche, contrairement aux habitudes de la poésie latine, pour forcer l'attention et l'applaudissement. N'est-ce pas là le type du procédé matériel, et n'est-il pas curieux de retrouver chez un vieux poëte les artifices ingénieusement puérils de nos contemporains?

Il y a d'autres procédés : il nous suffira d'indiquer les irrégularités *voulues*, les incorrections à effet, les mots étranges et rares, auxquels il faut joindre, dans notre langue, les rimes impossibles. Il serait trop long de rechercher, dans le nouveau livre de M. Victor Hugo, les innombrables exemples où peut se saisir cette continuelle prétention à étonner l'œil ou l'oreille. Citons au hasard.

Dans cette fameuse lettre où l'auteur malmène si durement un pauvre marquis, et, sous prétexte de marquis, l'ancien régime et la royauté, après un long développement qui se termine ainsi :

> « Dois-je vivre portant l'*ignorance en écharpe*,
> Cloîtré dans Loriquet et muré dans Laharpe?

Dois-je exister sans être et regarder sans voir?
Et faut-il qu'à jamais pour moi, quand vient le soir,
Au lieu de s'étoiler le ciel se fleurdelise?

Je trouve ce vers isolé à dessein, escortant le mot sublime, en vedette :

III

Car le roi masque Dieu même dans son église,
L'azur,

et la tirade recommence :

IV

— Écoutez-moi, j'ai vécu, j'ai songé.

Quel solennel enfantillage! et faut-il que le poète s'arrête et nous arrête sur un mot, comme le chanteur sur sa roulade? Ceci est le procédé typographique. Il se rencontre à chaque instant.

Je ne m'attarderai pas aux rimes impossibles qui terminent des lignes pareilles à celles-ci :

On voit, parmi leurs vers pleins d'*hydres et de stryges*....

ou bien :

Nous la sentons ramper et grandir sous nos crânes,
Lier Deutz à Judas, Nemrod à *Schinderhannes*....

Que dites-vous des stryges? Connaissiez-vous Schinderhannes?

La grande innovation poétique, que tout le monde a remarquée en ouvrant le livre, consiste à marier contre nature deux substantifs qui hurlent de cet accouplement hideux.

Ces unions, qui font rougir la langue française, donnent naissance à des vers incroyables. En voici quelques-uns pris au hasard :

> La biche illusion me mangeait dans le creux
> De la main.... »
>
> Les tombeaux sont les trous du crible cimetière....
>
> Fruit tombé de l'arbre hasard....

Nous aurions encore : la *bouche tombeau*, la *caverne vérité*, le *fossoyeur oubli*, le *monde châtiment*, le *grelot monde*, la *cendre étincelle*, l'*aurore crête du coq matin*, l'*océan pensée*, l'*océan création*, l'*hydre univers*, le *spectre providence*, le *cheval Brunehaut et le pavé Frédégonde*, le *gibet misère*; mais le chef-d'œuvre du genre est cette strophe :

> L'*arbre éternité* vit sans faîte et sans racines.
> Ses branches sont partout, proches du ver, voisines
> Du grand astre doré ;
> L'espace voit sans fin croître la *branche Nombre*,
> Et la *branche Destin*, végétation sombre,
> Emplit l'homme effaré.

La rime est d'une richesse fabuleuse chez M. Victor Hugo ; mais souvent à quel prix !

> Et nous apercevons, dans le plus noir de l'arbre,
> Les Hobbes contemplant avec des *yeux de marbre*
> Les Kant aux larges fronts....
>
> ..... Les étoiles, points d'or, percent les branches noires,
> Le flot huileux et lourd décompose ses *moires*
> Sur l'Océan blêmi....
>
> ..... Elle (la vie) plonge à travers les cieux jamais atteints,
> Sublime ascension d'échelles étoilées,
> Des démons enchaînés monte aux âmes ailées,
> Fait toucher le front sombre au *radieux orteil*,
> Rattache l'astre esprit à l'*archange soleil*....

Laborieuse bizarrerie qui fatigue l'esprit en le forçant à chaque instant à faire des tours de force pour comprendre. A la longue, on y prend une courbature.

Nous ne sommes pas au bout de ces singularités de mots. On a remarqué, depuis longtemps, le prodigieux abus que le poète fait de certaines rimes : ombre, sombre, énorme, difforme, cimes, abîmes, étoilées, ailées, les millions de lieues qui amènent infailliblement les *queues* des paons ou les légions *bleues* des anges, le voyant et le flamboyant, le fulgore et la mandragore, les avernes et les cavernes, les ténèbres et les algèbres, les alcyons et les rayons. Le retour périodique de ces mots étranges et bruyants donne à tous les vers de M. Victor Hugo un faux air de bout rimé grandiose. Comme il a ses rimes privilégiées, il a des couleurs favorites. Cette fois, c'est la couleur *fauve* qui rayonne du premier au dernier vers. Tout est fauve : l'univers, la plante, le gouffre, la nature :

> Pendant que le tombeau nourrit les vautours chauves,
> Pendant que la nature, en *ses profondeurs fauves*,
> Fait manger le chacal, l'once et le basilic,
> L'homme expire....

Il faut d'ailleurs qu'on voie tout à coup un *vers fauve sortir de l'ombre*. Hésiode est proclamé le *grand prêtre fauve* des forêts. Que de choses fauves l'œil du poète aperçoit ! Mais il en aperçoit un plus grand nombre encore qui sont *effarées*. M. Victor Hugo a vu des anges effarés, des lueurs effarées. Une belle fille effarée et sauvage lui est apparue un jour de printemps, dans les joncs. Il a vu des goules effarées; cela me semble assez naturel pour les goules. Mais grand Dieu ! qui se douterait que Racine ait été effaré comme une goule, et Abraham lui-même, ainsi que le prouvent ces vers :

A Racine *effaré* nous préférons Molière.
..... Des Zoroastres au front blême
Ou des Abrahams *effarés*.

Ailleurs, c'est l'homme qui voit, qui *adore et s'effare*. Enfin, nous entrevoyons les arches et les piles du pont monstrueux qui joint l'homme à Dieu, et l'*horreur effare nos pupilles*. C'est un effarement universel.

Les images horribles, énormes surabondent :

Je violai du vers le cadavre fumant....
Depuis quatre ans j'habite un tourbillon d'écume,
Ce livre en a jailli....

Presque à chaque page, ce sont

Des gouffres monstrueux, pleins d'énormes fumées.

Ou bien encore des mondes-spectres, allant, blêmes, dans l'immensité :

Tristes, échevelés par des souffles hagards,
Jetant à la clarté de farouches regards,
Ceux-ci, vagues, roulant dans les profondeurs mornes,
Ceux-là presque engloutis dans l'infini sans bornes,
Ténébreux, frissonnants, froids, glacés, pluvieux, etc.

Dans les brumes et les ombres, apparait le grand spectre-Providence, qui semble plutôt être un épouvantail qu'un protecteur pour tous ces mondes-spectres. On le voit, le style est funèbre, c'est le râle de l'agonie universelle. Étrange Apocalypse, moins l'Esprit-Saint.

Ce ne sont pas là des critiques de mots. Ces images violentes, sauvages, ce style *fauve, hagard, effaré*, expriment plus vivement que nous ne pourrions le faire les emportements d'une fantaisie lugubre et les hallucinations maladives d'une pensée qu'entraine dans ses profondeurs le *puits du vertige éternel*. La répétition perpétuelle des mêmes mots et des mêmes images indique assez clairement la préoccupation de l'écrivain. Plus tard, nous verrons comment ces hallucinations sont devenues, pour le poète, un système tout entier, une philosophie, une théodicée. Nous n'en sommes ici qu'à donner une idée du procédé matériel.

Le poète a eu de tout temps et a conservé, même dans les plus prodigieuses aberrations de son talent, un don singulier, un sens d'une subtilité extraordinaire pour saisir les plus secrètes analogies par lesquelles se touchent les plus lointaines extrémités des choses. Il a une étonnante perception des rapports; aussi sa langue n'a jamais été qu'une langue d'images. Mais ce qui a été l'âme même de sa poésie, le sens des rapports, menace aujourd'hui de l'entraîner, s'il n'y prend pas garde, à une suprême extravagance. On dirait parfois, en lisant ses vers, une série de logogriphes :

> L'idéal est un œil que la science crève.

Quel rapport y a-t-il entre l'idéal et un œil? La réponse est difficile à faire. Essayons pourtant. On a dit souvent que la science détruit la faculté de voir les choses avec illusion. L'idéal périt avec le mystère et le mystère disparaît à mesure que la science avance. De là à penser que la science *perçant* l'idéal agit comme un glaive qui *crève* un œil, et à dire, par une forte ellipse de pensée, que l'idéal est un œil que la science crève, je vois bien une série d'analogies lointaines, mais que ces analogies sont bizarres! On avouera qu'un commentateur est ici plus nécessaire que pour le vers le plus obscur d'Eschyle. O les amis imprudents du poète qui le précipitent dans la décadence par des flatteries insensées!

La nature, splendide dans la plupart de ses créations, semble s'être jouée, par une sorte d'ironie, à créer des monstres. Il y a là, pour M. Victor Hugo, une occasion assez naturelle de dire que la nature a deux langues : l'une admirable, altière, l'autre qui n'est qu'un bégaiement obscur. Mais voyez comme aussitôt, sur la pente périlleuse des analogies, l'idée, juste d'abord, roule, tombe, s'altère et arrive informe au bas de la tirade :

Le lion, ce grand front de l'antre, l'aigle, l'ours,
Le taureau, le cheval, le tigre au bond superbe,
Sont le langage altier et splendide, le Verbe ;
Et la chauve-souris, le crapaud, le putois,
Le crabe, le hibou, le porc sont le *patois!*

Une chouette clouée sur une porte le fait rêver. Le Christ a été cloué, lui aussi. Rapport de mots, c'est assez. Et voici la plus étrange des comparaisons qui se déroule devant nous. Notez bien que le poète est sérieux et, dans son intention, ne blasphème pas. L'âme divine arriva sur terre :

..... Elle volait, et ses prunelles
Semblaient deux lueurs éternelles
Qui passaient dans la nuit d'en bas.
..... Elle allait, parmi les ténèbres,
Poursuivant, chassant, dévorant
Les vices, ces taupes funèbres,
Le crime, ce phalène errant....

Les hommes prirent le Christ, le clouèrent,

..... Et la foule, dans sa démence,
Railla cette *chouette immense*
De la lumière et de l'amour.

Tout cela pour arriver à cette apostrophe aux hommes, qui résume l'idée de la pièce dans un rapprochement de mots :

Chasseurs sans but, bourreaux sans yeux !
Vous clouez de vos mains peu sûres
Les hiboux au seuil des masures,
Et Christ sur la porte des cieux !

On avouera que nous sommes indulgent en disant que c'est là du saugrenu gigantesque. On pourrait être plus sevère en restant juste.

Un volcan ressemble à une cheminée. L'image n'est pas belle, mais elle est exacte. C'est assez pour que le pauvre poète Moschus devienne un grillon, et le poète écrira, joyeux d'écrire une chose si neuve;

. .. La chanson que fredonna
Moschus, grillon bucolique
De la cheminée Etna

C'est un vrai rébus. Ailleurs, il arrive que le poète parlant du doute, le compare à un escarpement sur l'abîme. Jusqu'ici, c'est bien; mais attendons la fin. L'image une fois lancée ne s'arrêtera plus, et sur le doute-rocher voici les pensées-chèvres :

Le doute, roche où nos pensées
Errent loin du pré qui fleurit,
Où vont et viennent, dispersées,
Toutes ces *chèvres de l'esprit* !

Le point d'exclamation n'est pas de moi; je le copie.

Dans cet ordre de citations on n'en finirait pas. Je voudrais résumer mes impressions dans un dernier exemple, mais caractéristique.

La lune nous apparaît ronde et blanche. Elle ressemble à une hostie. Elle s'élève graduellement à l'horizon, comme l'hostie consacrée par les mains du prêtre, à l'instant suprême de l'office divin, domine les fronts penchés de la pieuse assemblée. Il y avait là tout au plus matière à un rapprochement qui aurait gagné beaucoup à être très resserré et très respectueux. Je crois même que le poète n'aurait rien perdu à le supprimer tout à fait. Pourquoi effaroucher les consciences religieuses par des images indiscrètes, qui vont chercher, dans le sanctuaire, des termes sacrés pour des comparaisons profanes? Mais ce qui n'était qu'une image, s'est agrandi démesurément et est devenu une sorte de parodie du culte catholique par le culte naturaliste. Le point de départ de toute cette pièce, prétentieusement appelée *Relligio*, c'est la ressemblance de la lune avec une hostie. C'est là l'idée, si une image est une idée, et l'auteur confond volontiers ces deux choses. Tout le reste n'est qu'un moyen de préparer majestueusement l'esprit à la grande surprise de la fin. Hermann, une grande âme dévastée, qui marche dans l'ombre du poète, l'interroge : « Quelle est ta foi, quelle est ta bible? Parle. Es-tu ton propre géant? » Je suppose qu'Hermann, sans la gêne de la rime, aurait mieux parlé? On peut être à soi-même sa divinité, on n'est pas *son propre géant*. — Le penseur se tait, sans doute parce qu'il n'a pas compris. Hermann devient plus pressant : « Quel est ton ciboire et ton eucharistie? Dans quel temple vas-tu prier? Quel est le célébrant? » En ce moment, le ciel blanchit.

La lune à l'horizon montait, hostie énorme ;
Tout avait le frisson, le pin, le cèdre et l'orme,
Le loup et l'aigle et l'alcyon ;
Lui montrant l'astre d'or sur la terre obscurcie,
Je lui dis : — Courbe-toi Dieu lui-même officie,
Et voici l'élévation.

Le poète croit avoir exprimé en termes magnifiques la religion de la nature. Il n'a fait qu'une charade sacrilège qu'il s'est donnée à lui-même, et dont le mot était : *Élévation*.

M. Victor Hugo semble avoir perdu la juste mesure des

choses. Tout ce qui le touche lui apparaît énorme, disproportionné. C'est l'ordinaire effet de l'imagination. Là où elle domine, elle absorbe tout. Elle empêche les sens de voir, la raison de juger. Elle nous crée, si je puis dire, des sens nouveaux et une fausse raison qui n'estiment plus la réalité d'après la réalité même, mais d'après sa douteuse image. L'entendement ne sort plus de lui-même pour apprécier les objets, il reste dans la caverne si bien décrite par Platon, et là, aux lueurs incertaines qui pénètrent du dehors, il n'aperçoit plus que des ombres et des reflets que l'imagination fantasque agrandit à son gré.

Un des résultats les plus tristes et les plus curieux de cette disposition d'esprit, c'est l'idée étrange que M. Victor Hugo s'est forgée du poète et de sa mission. Il y a lieu d'insister, parce qu'il y a vingt rimeurs à la suite, empressés d'admettre et de propager cette doctrine. La vanité de ces écrivains subalternes y trouve son compte. On les traitait de fous; ils montent en grade, et, de leur autorité privée, ils deviennent dieux. Il faut arrêter, à sa source la plus haute, cette épidémie de divinité.

Depuis longtemps déjà on pouvait étudier et suivre chez M. Victor Hugo la progression de cette idée. Dès la préface des *Orientales*, sans remonter plus loin, on proclamait, en des termes superbes, l'infaillibilité du poète : « L'auteur de ce recueil n'est pas de ceux qui reconnaissent à la critique le droit de questionner le poète et de lui demander pourquoi il a choisi tel sujet, broyé telle couleur, cueilli à tel arbre, puisé à telle source.... L'art n'a que faire des lisières, des menottes, des bâillons; il vous dit : Va! et vous lâche dans ce grand jardin de la poésie, où il n'y a pas de fruit défendu. » Dans la préface des *Voix intérieures*, le poète est élevé à une fonction civilisatrice. On disait alors :

Ce siècle est grand et fort ; un noble instinct le mène ;
Partout on voit marcher l'Idée en mission ;
Et le bruit du travail plein de parole humaine,
Se mêle au bruit divin de la création.

On conçoit aisément que si l'Idée marche en guerre, c'est le poète qui est le porte-étendard de l'Idée. Le poète grandit encore dans les *Rayons et les Ombres*. Il poursuit dans la société un double travail de philosophie et d'harmonie universelle. Tout poète est une encyclopédie vivante ; il doit contenir la somme des idées de son temps ; bien plus, il est révélateur, il est prophète :

Peuples ! écoutez le poète !
Écoutez le rêveur sacré !
Dans votre nuit, sans lui complète,
Lui seul a le front éclairé !
Des temps futurs perçant les ombres,
Lui seul distingue en leurs flancs sombres
Le germe qui n'est pas éclos.
Homme, il est doux comme une femme,
Dieu parle à voix basse à son âme
Comme aux forêts et comme aux flots !

C'était déjà beaucoup ; ce n'est rien, si vous comparez le *Rêveur sacré* des *Rayons et des Ombres* à ce qu'il est devenu dans les *Contemplations*. Non seulement il est, comme autrefois, infaillible ; non seulement il est le missionnaire de l'Idée ; non-seulement il marche dans la nuit universelle, le front éclairé ; il est grand prêtre, hiérophante, mage ; je le soupçonne de ne plus démêler distinctement le célébrant du culte nouveau de l'objet même de ce culte. Jamais nous n'avions pensé que l'infatuation pût se pousser si loin. Bien entendu que nous ne parlons ici que preuves en main ; de pareilles choses ne s'inventent pas. Il faut lire la pièce tout entière des *Mages* pour se faire une idée de cette apothéose.

C'est la grande revue des poètes, tous pontifes, tous

dépositaires du Verbe frémissant. — Notons, en passant, que les paroles des poètes ne peuvent être moins que des émanations du Verbe. Tout est verbe, sortant de ces bouches sacrées.

> Pourquoi donc faites vous des prêtres
> Quand vous en avez parmi vous ?
> Les esprits conducteurs des êtres
> Portent un signe sombre et doux.
> Nous naissons tous ce que nous sommes.
> Dieu de ses mains sacre des hommes
> Dans les ténèbres des berceaux ;
> Son effrayant doigt invisible
> Écrit sous leur crâne *la Bible*
> *Des arbres, des monts et des eaux.*

Je résume le reste de la pièce, ne pouvant tout citer. — Ces hommes, ce sont les poètes, âmes envahies par les grandes brumes du sort, yeux où la lumière entre, fronts d'où le rayon sort, têtes vers qui monte l'océan de l'idée. Ce sont les sévères artistes que l'aube attire à ses blancheurs, les savants, les inventeurs, les puiseurs d'ombre, les chercheurs, ceux qui ramassent dans les ténèbres les faits, les chiffres, le nombre, le doute et tous les morceaux noirs qui tombent du grand fronton de l'inconnu. Le poète *s'adosse* à l'arche. C'est David qui ouvre la procession. Nous avons déjà fait connaissance avec le grand prêtre fauve des forêts, métaphore qui s'étonne de désigner Hésiode. Il ne faut pas oublier Homère dont l'océan de l'idée lave les pieds nus avec un flot d'éternité. Dans un ordre un peu confus (mais c'est un dithyrambe) apparaissent Moïse, immense créature, Manès, Jean de Patmos, Apollonius de Tyane, Eschyle, Milton, Shakespeare. Tous ces grands noms sont salués d'apostrophes très vives et tout à fait neuves :

> Génie! ô tiare de l'ombre!
> Pontificat de l'infini!..

..... D'autres qui sonnent la diane
Dans les sommeils du genre humain....

O figures dont la prunelle
Est la vitre de l'idéal !

Puis arrivent, toujours parmi les poètes, Archimède qui rouvrirait avec sa spirale le puits de l'abîme, si Dieu le fermait, Euclide, Kopernic, Thalès, Pythagore, Aristophane, Lucrèce qui crée un poème dont l'œil luit, Jérôme, Élie, saint Paul, Orphée, Baruch, Pindare, Daniel qui chante dans la fosse et fait sortir Dieu des lions, Tacite qui sculpte l'infamie, Perse, Archiloque, Jérémie qui lancent après le crime

Les âpres chiens de la satire
Et le grand tonnerre des cieux.

A la suite, viennent les prêtres du rire, Scarron, Ésope, Cervantes, Molière,

Rabelais que nul ne comprit ;
Il berce Adam pour qu'il s'endorme,
Et son éclat de rire énorme,
Est un des gouffres de l'esprit.

Les artistes ont leur tour : Gluck, Beethoven, Mozart, Pergolèse qui rime admirablement avec Piranèse et fournaise, Bramante, Phidias, Michel-Ange.

Chacun d'eux écrit un chapitre
Du rituel universel ;
Les uns sculptent le saint pupitre,
Les autres dorent le missel ;
Chacun fait son verset du psaume ;
Lysippe, debout sur l'Ithome,
Fait sa strophe en marbre *serein*,
Rembrandt à l'ardente paupière
En toile, Primatice en pierre,
Job en fumier, Dante en airain.

Tous ces prêtres, tous ces messies regardent effarés, livrant leurs barbes au gouffre du vent. Ils sont sortis du *grand vestiaire* où l'esprit revêt la chair, et, splendides histrions, ils jouent l'énorme comédie de l'éternité. Ce sont des histrions sans doute, mais ces histrions se trouvent être, à la strophe suivante, des héros. Ils donnent aux cœurs la pâture, ils émiettent aux âmes Dieu. Grâce à eux, les ténèbres sont des visages, le problème ouvre les ténèbres, l'enigme éventre le sphinx, et une sorte de *Dieu fluide* coule aux veines du genre humain.

C'est le cas de s'écrier avec le poète, qu'en lisant de telles choses, notre chair est pénétrée du frisson de l'énormité.

De bonne foi, M. Hugo croit-il agrandir le poète à nos yeux en nous disant que son sourcil abrite un astre, qu'un ciel bleuit sous son crâne, et que, quand il sort du *problème* pour rentrer dans la foule *blême*, ayant mêlé sur la montagne son front au front de l'aurore, il a encore des rayons dans les cheveux? Quel est le naïf que ces images peuvent émouvoir? Et quand il assure que c'est une chose ineffable de se sentir immensité, quel homme sérieux peut retenir un sourire? A quoi sert-il de donner à de pauvres êtres, hommes comme nous, des proportions démesuréees, de leur prêter des attitudes et des poses gigantesques, de nous les représenter, un pied sur le fini, l'autre pied sur l'infini, avec *un mystère qui flambe à leur front*, et plongeant leur regard dans les abîmes illimités? Ce n'est plus là de la fantaisie, elle est trop triste. C'est donc une révélation, un dogme nouveau. Hélas! pour ajouter foi à des pareilles histoires, pour prendre au sérieux ces épithètes flamboyantes, prodiguées aux poètes, célébrateurs, révélateurs, mages combattants des idées, athlètes de Dieu, pontifes, penseurs, lutteurs des grands espoirs, voyants des choses inconnues, vivants sublimes, aigles, essors, raisons, il n'aurait pas fallu voir de près ces hommes, ni mesurer de l'œil ces *acteurs démesurés*. Il n'aurait pas fallu voir à l'œuvre ces gladiateurs du beau, du saint, du juste, si majestueux dans leur programme, si faibles, si humains dans la vie. Il faudrait ne pas savoir quelles ombres les passions les plus terrestres ont projetées sur ces vastes fronts, creusés par l'idée et penchés sur le gouffre de l'infini. Je ne les accuse pas, ces poètes. S'ils ont failli, ils étaient hommes et nous le savions. Mais quand je les vois oublier l'humaine nature, se faire sacrer par Dieu même, un Dieu de fantaisie complice de leur vanité, et monter orgueilleusement dans les nuages, je me souviens et je souris.

L'idée qu'il a du poète et de sa mission fait que M. Hugo ne parle de lui-même qu'avec vénération. Quand il parle de lui, c'est presque toujours à la troisième personne, ce qui est une des formes les plus augustes du respect. C'est un de ces *grands esprits* en butte aux flots du monde, c'est un *grand vaisseau* battu de l'ouragan, c'est le rêveur sacré, le penseur, c'est le *poète*. Il aime à nous donner une haute idée de sa force, à se montrer formidable. Il faut, nous dit-il, que par instants le poète fasse frissonner. Il faut qu'il soit comme ces forêts vertes, fraîches, profondes, pleines de chants,

Charmantes, où, soudain, l'on rencontre un *lion*.

Il sera lion pour les hommes, lion pour Dieu même. Il ira sans pâlir jusqu'au seuil de l'ombre que garde la *meute livide des noirs éclairs*. — J'irai, nous dit-il,

Jusqu'aux *portes visionnaires*
Du ciel sacré ;
Et si vous aboyez, tonnerres,
Je rugirai

Il est impeccable, car il est poète. Il nous dit qu'il a des pleurs à son œil *qui pense* et des trous à sa robe en lambeaux, mais qu'il n'a *rien à la conscience*. Combien peu, parmi les saints, qui pourraient en dire autant !

Il est infaillible dans ses dogmes littéraires, comme dans sa vie. Tout ce qu'il a fait, tout ce qu'il fait encore est sacré, et il lâche les *âpres chiens de la satire* contre ceux qui lui font un grief d'avoir été révolutionnaire en poésie. On se croirait au plus beau temps des grandes colères de 1829. Il faut lire la *Reponse à un acte d'accusation*. C'est une sorte de sarcasme retrospectif qui n'a plus d'intérêt qu'au point de vue du style, mais à ce point de vue, l'intérêt est vif. Ce sera pour nous une excellente occasion d'étudier une des formes les plus curieuses du génie de M. Hugo, la plaisanterie. Il nous transmet lui-même sa théorie : c'est celle que lui a enseignée un bouvreuil qui *faisait le feuilleton des bois*. Elle se réduit à dire que l'Olympe reste grand même en éclatant de rire, et que la nature, en accouplant au fond des siècles Rabelais à Dante, l'Ugolin au Grandgousier,

Pres de l'immense deuil montre le rire enorme.

Le rire énorme, c'est bien cela, et personne n'a mieux défini la plaisanterie de M. Hugo. Sa gaieté est colossalement drôle, ses éclats de rire sont monstrueux, ses sarcasmes sont des blocs de granit, sa plaisanterie est une avalanche, et je ne sais pourquoi nous restons impassibles devant ce déploiement d'une hilarité démesurée. Plus il fait d'efforts pour nous arracher un éclat de rire, plus nous devenons froids. C'est peut-être défaut d'organisation ou d'intelligence. Nous ferons le public juge entre le poète et nous.

Le fond de la satire se borne à une idée bien simple : il y avait, avant M. Victor Hugo, des mots nobles et des mots vulgaires. La poésie admettait les uns, répudiait les autres. M. Hugo a renversé les barrières, et il n'y a plus eu de castes dans la grande famille des mots. Tous les mots ont été déclarés égaux devant la loi. C'est là l'idée; voici le développement :

M. Hugo avoue ses torts avec orgueil : Oui, dit-il, je suis ce monstre énorme, ce démagogue *debordé*, cet envahisseur, ce ravageur :

> Tous ces tigres, les Huns, les Scythes et les Daces.
> N'étaient que des *toutous* auprès de mes audaces.
> Je bondis hors du cercle et brisai le compas
> Je nommai le cochon par son nom. Pourquoi pas?
> Guichardin a nommé le Borgia! Tacite
> Le Vitellius! *Fauve*, implacable, *explicite*,
> J'ôtai du cou du chien stupéfait son collier
> D'épithètes. . . . .
> Alors, l'ode, embrassant Rabelais, s'enivra;
> Sur le sommet du Pinde on dansait *Ça ira*....
> . ... On vit trembler l'athos, l'ithos et le pathos.
> Les matassins, lâchant Pourceaugnac et Cathos,
> Poursuivant Dumarsais dans leur hideux bastringue,
> Des ondes du Permesse emplirent leur seringue .
> Vous tenez le *reum confitentem*. — Tonnez!
> *J'ai dit a la narine . Eh mais! tu n'es qu'un nez!*

Près de trois cents vers de cette force! Trois cents plaisanteries de ce calibre!

Dans un de ses derniers *Entretiens*, M. de Lamartine a un mot charmant. Il nous dit que deux maîtres tendres et vénérés dont les vicissitudes de la vie et de la fugitive opinion n'ont point refroidi en lui la mémoire, lui témoignaient, au collège des Jésuites, une prédilection presque paternelle, qu'il serait ingrat d'oublier. On peut changer d'esprit, ajoute-t il, on ne doit pas changer de cœur. M. Victor Hugo n'a pas gardé pour ses maîtres cette vénération affectueuse qui honore le disciple, même quand il est déjà d'un âge mûr, même quand il est illustre Rien n'est comparable à la haine qu'il leur a vouée. — Je ne connais qu'un homme sérieux qui se soit amusé à écrire des dithyrambes contre ses professeurs, et cet homme, c'est M. Toussenel : « Je me souviens encore, comme si c'était d'hier, du jour où ils m'ont arraché à mes vertes pelouses, au grand air, au vagabondage, aux lapins et aux merles ; où ils m'ont pris tout chaud encore des larmes et des baisers de ma mère pour me livrer à des cuistres crasseux... » Suit une page d'invectives qui n'est pas une des moins amusantes de ce singulier livre, *le Monde des Oiseaux*. — Le vocabulaire de M. Hugo est beaucoup plus riche dans la satire *à propos d'Horace*. Marchands de grec, de latin, cuistres, pédagogues qui rime avec dogues, philistins, magisters, monstres aux ongles noirs de crasse,

> Grimauds hideux, qui n'ont, *tant leur tête est vidée*,
> Jamais eu de maîtresse et jamais eu d'idée !

Cancres, eunuques, tourmenteurs, crétins, cruches, sacristains, noirs tessons, vieux pots égueulés dont le *vieux viscère* est mort,

> Ils ne tolèrent pas le jour entrant dans l'âme
> Sous la forme pensée ou *sous la forme femme*

Sarcleurs d'idéal et pour terminer, culs de bouteille !

Et toute cette colère épique, savez-vous à quel propos ? C'est que le jeune écolier fut mis en retenue un jour où il avait justement

> . . . Douce idée
> Qui le faisait rêver d'Armide et d'Haydée —
> *Un rendez-vous avec la fille du portier.*
> Il devait, en parlant d'amour, extase pure !
> En l'enivrant avec le ciel et la nature,
> La mener, si le temps n'était pas trop mauvais,
> *Manger de la galette aux buttes Saint Gervais !*

On ne mangea pas de la galette, ce jour là ; mais la colère fut terrible, et quarante ans plus tard on s'en souvient encore, et on vous fouaille les cuistres devant la postérité. — Un jour, tout sera mieux, puisque l'âge d'or est devant nous. Au lieu du vieux pot égueulé, qui répand l'odeur de tous les vices, ce sera un maître, doux apôtre, qui, incliné sur l'enfant, *lui versera Dieu*. On nous dit même l'époque où cette transformation aura lieu, mais l'indication ne nous semble pas encore assez claire :

Alors tout sera vrai : lois, dogmes, droits, devoirs
Tu laisseras passer, *dans tes jambages noirs*,
Une pure lueur, de jour en jour moins sombre,
O nature, *alphabet des grandes lettres d'ombre !*

Quel style étrange !

Nous ne pouvons pas admettre la plaisanterie de M. Hugo, dans ces pages grotesquement furibondes. Il en est d'autres où son esprit veut s'égayer avec la nature, et alors la plaisanterie n'est pas assez légère. Faut-il rappeler cette étrange description où il nous représente la bruyère violette mettant un camail au vieux mont, afin qu'il puisse dire sa messe *sublime* sous sa mitre de granit? Ailleurs, dans un chant d'amour universel, les chênes répètent un quatrain fait par les quatre vents, les loups songent près des louves, l'arbre redit pour son compte les devises qu'on lui a confiées, les vieux antres pensifs clignent leurs gros sourcils et font la bouche en cœur. Le poète est dans les termes de l'intimité la plus familière avec la nature. Il est l'interlocuteur du vent, et a des conversations avec les giroflées. La forêt, basse énorme, lui adresse la parole. S'il n'était songeur, il aurait été Sylvain. Il a fini par *descendre* à ce point dans la création qu'il ne fait plus même envoler une mouche.

Le brin d'herbe, vibrant d'un éternel émoi,
S'apprivoise et devient familier avec moi,
Et sans s'apercevoir que je suis là, les roses
Font avec les bourdons toutes sortes de choses

..... Je suis pour ces beautés l'ami discret et sûr ;
Et le frais papillon, libertin de l'azur,
Qui chiffonne gaîment une fleur demi-nue,
Si je viens à passer dans l'ombre, continue,
Et si la fleur se veut cacher dans le gazon,
Il lui dit : Es tu bête ! Il est de la maison. »

Cela au moins est spirituel et galamment tourné. Et quoiqu'il y ait très peu de naturel et de simplicité dans cette plaisanterie, elle obtient un sourire. Voici qui ne mérite et n'obtient rien : Le poète songe à toutes ces missives,

... à ce tas
De lettres que *le feutre écrit au taffetas.*

(Traduisez : que les amants écrivent aux belles), à tous ces messages d'amour *qu'on reçoit en avril et qu'en mai l'on déchire*, et il suppose que les petits morceaux blancs de tous ces billets doux deviennent papillons. Est-ce que cela vous paraît plaisant?

On nous gâte la nature en la faisant trop semblable à l'homme, et l'animant d'une vie, d'une âme pareille. Les oiseaux, précepteurs de l'homme et modèles de toutes les vertus, selon MM. Toussenel et Michelet, ont pris, depuis cette belle découverte, un petit air de pédants qui m'est insupportable. Le sentiment de la nature s'exagère et perd tout son charme en s'exagérant. On répand à flots dans le monde l'âme humaine, on prête très sérieusement des pensées aux animaux, des sentiments aux plantes. On ne s'aperçoit pas qu'on ravit à la nature son prestige et son attrait, le mystère. Le beau résultat, quand vous m'aurez montré dans tous les animaux de la création et dans tous les arbres de la forêt des esprits humains, captifs dans des formes incomplètes! J'aurai horreur de cette humanité muette et prisonnière Ce bois peuplé d'hommes prendra à mes yeux l'apparence d'une geôle, je ne goûterai plus le charme de ces ombrages dans lesquels je crois entendre gémir des âmes. Ces frères, martyrs inconnus des forces aveugles, m'intéressent à peu près comme les métamorphoses d'Ovide. Si vous faites de la nature encore une autre humanité, il n'y a plus de nature et je retrouve dans les bois l'ennuyeuse société que je voulais fuir. Voilà ce que ne semble pas avoir compris M. Hugo, quand il prête une sorte d'humanité bizarre à la création muette :

> Interroges-tu l'onde? Et quand tu vois des arbres,
> Parles-tu quelquefois à *ces religieux*?

Une autre fois, il nous raconte le triomphe étrange que lui font les grands arbres, quand il paraît dans les bois. Tous les vieillards de la forêt, les ifs, les tilleuls, les érables, les saules tout ridés, l'orme couvert de mousse, courbent jusqu'à terre leurs têtes de feuillée, comme les ulémas devant le muphti,

> Contemplent de son front la sereine lueur,
> Et murmurent tout bas C'est lui! c'est le rêveur!

M. Hugo a du reste deux façons très différentes de considérer la nature. Tantôt il la rapproche de l'humanité jusqu'à la confondre avec elle. Il mêle son âme avec l'âme des animaux et des arbres, et semble se complaire dans ce jeu d'une imagination bizarre, qui répand la pensée et le sentiment dans les objets les plus inertes, ne s'apercevant pas qu'on détruit la nature en mettant l'homme partout. Tantôt il envisage la création immense sous ses aspects effrayants, abîmant sa pensée dans le vertige de l'infini matériel, et mettant tout son effort à traduire dans le langage humain les épouvantes et les visions de son âme éperdue. C'est dans la pièce qui a pour titre : *Magnitudo parvi*, qu'il faut se donner le spectacle de cette intelligence haletante aux prises avec l'impossible. Le résultat ne vaut pas l'effort. Si nous n'aimons pas que la nature devienne trop familière et qu'elle se rapproche trop de l'homme, nous n'aimons pas davantage ces hallucinations qui se complaisent si longuement dans le spectacle d'une nature disproportionnée avec l'humanité, d'une création qui broie le pauvre atome pensant sous ses roues de feu, ou qui l'absorbe dans ses insondables abîmes. Là, comme ailleurs, ce qui manque à M. Hugo, c'est la vraie mesure, la juste proportion. Si c'était de la science, nous pourrions admettre, sans nous y intéresser beaucoup, ces descriptions qui essayent de nous donner ce que M. Hugo appelle la *formule nouvelle du gouffre*. Mais ce n'est qu'une rêverie, et cette rêverie démesurée étonne et fatigue. Le poète nous emporte au delà des *bleus septentrions*, il force l'ombre où Dieu seul pénètre, et annonce qu'il va nous faire voir *dans leur antre ces énormités de la nuit.* Ici commence une énumération fantastique de pôles, d'axes, de feux, de jets de soufre, de lueurs et de tonnerres, de fournaises rouges, d'astres effarés; ce sont des flottes de soleils et des marées de constellations. Ce sont des mystères qui chantent et qui souffrent. On voit là des mondes ignorés dont la fauve *aurore* fait accourir *Pythagore* pour la rime et reculer Ézechiel pour l'effet. Dans ce monde renversé, les monts sont des hydres, les arbres des bêtes, les rocs hurlent, le feu chante, le sang coule dans les veines du marbre; d'horribles embryons d'hommes viennent à nous, nous regarder dans l'ombre, de monstre à monstre, et de sinistres dialogues s'échangent entre eux et nous — Nous rencontrons des planètes dont la livide surface étale des océans verts qui frissonnent, une comète, Candie affreuse des cieux, qui s'évade en hurlant, des globes dont les mers sanglotent et dont le flanc crache un brasier central; on entend de loin dans la brume la toux lugubre des volcans. Les soleils sont les masques, noirs ou vermeils, de l'Inconnu, le grand Voilé de l'éternité, mais on nous promet qu'un jour tous ces masques hagards s'effaceront, et qu'alors, dans les lieux bas et sur les hauteurs, la face immense apparaîtra. En attendant, le poète veut exprimer dans un seul vers l'infini de l'espace et du temps, et voici ce vers :

> A jamais! le sans fin roule dans le sans fond

Nous avons résumé cette vision, nous ne nous chargeons pas de l'expliquer. Rien n'est triste comme un cauchemar. Il est juste de reconnaître que M. Hugo avertit les lecteurs, dès le début de son poème, qu'ils sortiront d'une vision pareille avec un regard ébloui sous un front hérissé. Nous étions prévenus, la conscience du poète est en règle.

Ce monde qui nous semble étrange, où les monts sont des hydres et les arbres des bêtes, n'est pas, à le bien considérer, si différent du nôtre, tel qu'une science nouvelle va nous le révéler, et je soupçonne que M. Hugo, en plaçant cette description lugubrement fantastique à la fin du premier volume, a voulu nous préparer aux surprises renversantes que le second volume nous réserve. C'est ici que nous allons voir enfin se dévoiler le grand mystère que Dieu communique aux poètes, en les sacrant sur les hauteurs. La révélation commence. Nous en exprimerons ce que nous en avons pu comprendre. — Si les deux grandes pièces *Pleurs dans la Nuit* et *Ce que dit la Bouche d'Ombre*, n'étaient que des fictions poétiques, nous pourrions blâmer la bizarrerie du goût qui aurait fait choisir au poète un thème impossible pour sa fantaisie épuisée. Ce serait tout, et nous pourrions ne pas nous occuper plus longtemps de cette effroyable débauche d'imagination. Mais cela ne ferait pas le compte du poète. Il est facile de voir, à la gravité du ton, qu'il est pénétré de la sublimité de son sacerdoce, qu'il porte avec vénération sa pensée qui est un dogme, et que sa poésie devient un véritable apostolat. Ce n'est pas en vain que M. Hugo est un mage. Il faut bien faire son métier. Il fait le sien en conscience. Nous ne pouvons pas répondre de faire le nôtre avec le même sérieux. Ce sérieux-là n'est donné qu'à ceux qui ont reçu la *formule du gouffre*.

Le doute torture l'homme. L'homme ne voit partout que des mystères. Un mariage obscur se consomme sans cesse entre l'ombre et le jour. La prunelle de la création est trouble. L'être montre éternellement sa double face, mal et bien, glace et feu. L'homme sent à la fois, dans sa chair sombre, la morsure du ver, dans son âme pure le baiser de Dieu. Où commence l'âme, où finit la vie? Nous voudrions, c'est là une envie incurable, nous voudrions *voir par-dessus le mur*. Ailleurs, cette curiosité passionnée de l'homme pour l'inconnu inspire cette strophe à M. Hugo :

> Car la Création est devant, Dieu derrière
> L'homme du côté noir de l'obscure barrière,
> Vit, rôdeur curieux :
> Il suffit que son front se lève pour qu'il voie
> A travers la sinistre et morne *claire-voie*
> Cet œil mystérieux.

Mais il paraît que quelquefois la claire-voie est fermée. Tous les hommes ne voient pas luire dans l'ombre la prunelle divine. Il y a des athées.

> Leur âme, en agitant l'immensité profonde,
> N'y sent pas même l'être, et dans le grelot monde
> N'entend pas sonner Dieu!

Le doute est donc le supplice du songeur. Heureusement, un jour qu'il erre près du dolmen de Rozel, un spectre, qui l'attendait, le prend par les cheveux, l'emporte sur le rocher, et voici ce que lui dit la bouche d'ombre.

Tout a conscience dans la création, tout pense, tout parle ; dans tout bruit il y a un verbe, tout vit, tout est plein d'âmes.

> Mais comment ? oh ! voilà le mystère inouï,
> Puisque tu ne t'es pas en route évanoui.
> Causons.

Et alors la bouche d'ombre déclame une genèse étrange, dans laquelle, si la chose en valait la peine, on pourrait retrouver des influences diverses et inégalement combinées entre elles : des rêves cosmogoniques de la philosophie indienne, des réminiscences de Saint-Martin, l'illuminé du dernier siècle, beaucoup d'emprunts faits à M. Pierre Leroux, quelques idées qui pourraient bien avoir leur source prochaine dans *Evenor et Leucippe*, le dernier roman de Mme Sand ; l'inspiration générale vient de *Terre et ciel*. Mêlez toutes ces influences avec l'originalité personnelle du poète, se livrant à toute la liberté de ses inventions, qu'il vénère comme des oracles, vous aurez une faible idée de ce que peut être l'incommensurable excentricité de cette révélation. On croit parfois que c'est une ironie sinistre et démesurée du poète contre les fabricateurs contemporains de religions et de dogmes. On est consterné, en y regardant de plus près, de reconnaître que ce n'est pas une ironie fantasque qui déborde, mais une conviction qui s'exprime.

A l'origine, Dieu n'a créé que l'être impondérable ; Dieu fit l'univers. L'univers a fait le mal. La première faute a été le premier poids. Le poids prit une forme, et la matière fut. Le mal a donc fait la matière, comme l'univers a fait le mal.

> Le mal était fait. Puis tout alla s'aggravant,
> Et l'éther devint l'air, et l'air devint le vent ;
> L'ange devint l'esprit, et l'esprit devint l'homme.

L'âme tomba, des maux multipliant la somme,
Dans la brute, dans l'arbre, et même, au-dessous d'eux,
Dans le caillou pensif, cet *aveugle hideux.*

Dès lors, il devient assez clair que la nature est une assez vilaine chose en soi. Elle est la geôle impure des âmes déchues.

Et d'abord, sache
Que le monde où tu vis est un monde effrayant
Devant qui le songeur, sous l'infini ployant,
Lève les bras au ciel et recule terrible.
Ton soleil est lugubre et la terre est horrible.
Vous habitez le seuil du monde châtiment.

Une échelle immense relie la terre au ciel. Mais cette échelle vient de plus loin que la terre. Elle commence aux mondes des terreurs et des perditions. Elle plonge jusque dans ces abîmes où le mal dégorge une *vapeur monstrueuse qui vit.*

Donc la matière pend à l'idéal, et tire
L'esprit vers l'animal, l'ange vers le satyre.

Mais qu'est-ce que cette justice immense qui peuple la terre et les abîmes de châtiments? L'être est libre. Chaque être a ses actions pour juges. La vertu nous délivre et donne à notre âme l'aile de l'archange, le crime est notre geôlier et notre boulet.

..... Tout être est sa propre balance.
Dieu ne nous juge pas. Vivant tous à la fois,
Nous pesons, et chacun descend selon son poids....

..... Toute faute qu'on fait est un cachot qui s'ouvre.....

« ..... Tout méchant
Fait naître en expirant le monstre de sa vie,
Qui le saisit..... »

..... Phryné meurt, un crapaud saute hors de la fosse;
Ce scorpion au fond d'une pierre dormant,
C'est Clytemnestre aux bras d'Egisthe, son amant....

..... Dieu livre, choc affreux dont la plaine au loin gronde,
Au cheval Brunehaut le pavé Frédégonde....

..... Quand tombent dans la mort tous ces brigands : Macbeth,
Ezzelin, Richard III, Carrier, Ludovic Sforce,
La matière leur met la chemise de force....

Je ne comprends pas très bien par quelle bizarrerie il se fait que Messaline est mieux traitée que ses camarades,

Et qu'ayant été monstre, elle devienne fleur....

..... Claude est l'algue que l'eau traîne de havre en havre,
Xerxès est excrément, Charles neuf est cadavre;
Hérode, c'est l'osier des berceaux vagissants;
L'âme du noir Judas, depuis dix-huit cents ans,
Se disperse et renaît dans les crachats des hommes....

Nous ne poursuivrons pas dans le détail ces étranges aventures de la métempsycose universelle. D'ailleurs qui de vous est assez sourd pour n'avoir pas entendu le dur caillou dire : Je suis Octave, et le chardon crier à votre *talon* : Je suis Attila, et le ver de terre soupirer : C'est moi qui suis Cléopâtre! — Les cailloux, en particulier, ces aveugles hideux, sont tout pénétrés de crimes. Chacun d'eux renferme un tyran. — Il y a des criminels qui subissent des punitions bien bizarres. Pourquoi Phryné devient-elle un crapaud? Je ne m'explique pas bien la raison de ce monstrueux châtiment; je ne m'explique pas davantage la raison de cette grande colère de M. Hugo pour des fautes comme celles de Phryné. Je croyais qu'il y avait plus d'indulgence et moins de moralité chez un poète. Je me trompais. — Si nous regardions toute la nature avec les yeux de M. Hugo, dans quel tremblement nous passerions notre vie! Dans ce débris que vous poussez du pied il y a un remords. La flamme, esprit, brûle avec angoisse l'huile, une pensée. Les fleurs souffrent sous le ciseau. La jeune fille qui porte au bal une touffe de roses respire, sans s'en douter, un bouquet d'agonies. Il faut plaindre le prisonnier sans doute; mais il faut plaindre son cabanon, car ce cabanon est un martyr aussi; il faut plaindre le condamné qui porte sa tête sur le billot; mais plaignez le billot et la hache. La hache souffre autant que le corps, le billot autant que la tête. C'est une âme que l'eau scie dans le rocher du rivage, c'est une âme que ce jus de raisin qui jaillit sous le pressoir. O le pauvre jus! Il y a de l'épouvante même dans les berceaux; vous savez qu'Hérode est devenu berceau. Il y a un bagne dans chaque germe. Vous vous enfermez dans votre chambre pour échapper à tant d'horreurs! Peine inutile! Votre verrou ricane. Vous voulez dormir, vous tirez les rideaux de votre lit, c'est une âme qui gémit. — Vous vous chauffez — à quel prix! Vous brûlez des âmes! Et cette cendre, c'est une âme encore! Vous voyez un cloporte, vous l'écrasez avec dégoût. Malheureux! ce cloporte était femme!

Mais ces épouvantes auront un terme. Il y aura amnistie générale à l'égard de l'univers, forçat de Dieu. Déjà, quand il passe un rayon de l'éternel amour dans l'enfer, le volcan Alaric pousse un cri vers Dieu, le chat lèche l'oiseau, l'oiseau baise la mouche, le houx caresse, les cailloux récitent leur *Confiteor*, le rocher fond en pleurs, l'abîme n'est plus qu'un sanglot. A la fin des temps, Dieu dissipera le mal et fera rentrer l'univers paria parmi les univers archanges. Ici il faut textuellement citer. On croirait que nous inventons :

La clarté montera dans tout comme une sève,
On verra rayonner au front du bœuf qui rêve,
Le céleste croissant,
Le charnier chantera dans l'horreur qui l'encombre,
Et sur tous les fumiers apparaîtra dans l'ombre
Un Job resplendissant.

On verra le troupeau des hydres formidables
Sortir, monter du fond des brumes insondables
Et se transfigurer;
Des étoiles éclore aux trous noirs de leurs crânes,
Dieu juste! et, par degrés devenant diaphanes,
Les monstres s'azurer!

Ils viendront, sans pouvoir ni parler, ni répondre.
Éperdus! on verra des auréoles fondre
Les cornes de leur front;
Ils tiendront, dans leur griffe, au milieu des cieux calmes,
Des rayons frissonnants semblables à des palmes;
Les gueules baiseront!

Dans cette transfiguration universelle, où l'on voit des monstres monter au ciel avec des palmes dans les griffes, Jésus se penchera sur Bélial qui pleure, en lui disant : C'est donc toi! Et tous deux seront si beaux que Dieu, dont l'œil flamboie, ne pourra distinguer Bélial de Jésus!

Voilà, en vérité, oui, voilà ce que dit la bouche d'ombre. Insister serait absurde. Nous passons; mais on nous accordera que cette révélation a tout l'air d'avoir été écrite sous la dictée d'une table tournante.

Un révélateur doit connaître Dieu. Nous allons voir comment M. Hugo le décrit :

Dieu, triple feu, triple harmonie,
Amour, puissance, volonté,
Prunelle énorme d'insomnie,
De flamboîment et de bonté,
Vu dans toute l'épaisseur noire,
Montrant ses trois faces de gloire
A l'âme, à l'être, au firmament,
Effarant les yeux et les bouches,
Emplit les profondeurs farouches
D'un immense éblouissement.

Voilà donc Dieu : une prunelle énorme qui flamboie et qui effare les yeux et les bouches! Il y a six siècles, un autre poète, après avoir décrit avec magnificence les attributs du Souverain Être, osa réfléchir sa conception dans une grande image. Il semblait, dit un écrivain moderne, que l'image ne pouvait plus qu'appesantir la pensée. Mais le génie accepta le défi; et jamais peut-être, ni avant, ni depuis, l'expression poétique ne s'éleva à une pureté plus parfaite avec une plus audacieuse énergie. — Le ciel était ouvert; un point lumineux apparut, qui rayonnait d'une clarté insoutenable à l'œil. De toutes les étoiles, celle qui d'ici-bas nous paraît la moindre semblerait pareille à la lune, comparée à ce point indivisible. Environ à la même distance où l'auréole aux sept couleurs se forme à l'entour de l'astre dont elle réfléchit les rayons, autour de ce point immobile, un cercle de feu tournait si rapide, qu'il surpassait en vitesse la rotation des cieux. D'autres cercles concentriques entouraient celui-ci jusqu'au nombre de neuf, toujours plus vastes dans leurs dimensions, mais moins prompts dans leur course, moins purs dans leur éclat. Or, comme à ce spectacle le poète demeurait suspendu entre l'étonnement et le doute, il lui fut dit : De ce point dépend le ciel et toute la nature. — C'était Dieu. — Quand sa vue miraculeusement affermie put pénétrer le point qui l'avait éblouie d'abord, il y vit rassemblé en un seul faisceau, et réduit à l'état d'une simple lumière, tout ce qui se déploie dans l'univers, substance, mode, accident : c'étaient les idées typiques de la création[1]. Comparez maintenant la vision de Dante et celle de M. Hugo. Comparez ce point lumineux, indivisible, immobile, autour duquel tourne un cercle de feu, et qui contient, rassemblé en un faisceau de lumière, tout ce qui se déploie dans l'univers, comparez cette simple et grande image avec la prunelle énorme qui flambe dans les vers de M. Hugo, et décidez lequel des deux poètes vous donne la plus haute idée de Dieu. Dante pour-

1. *Paradiso*, XXVII, 6.

tant n'était pas un mage; ce n'était qu'un poète chrétien.

Il n'y a pour la poésie lyrique que ces trois sujets éternels dans lesquels elle puisse s'inspirer, l'homme, la nature et Dieu; l'homme avec toutes ses joies et toutes ses douleurs, tout le drame mystérieux et agité de sa vie, tout son cœur éperdu d'amour ou brisé de sanglots; la nature avec ses harmonies; Dieu avec ses splendeurs pressenties, Dieu à la fois présent et inaccessible à l'âme, invisible et révélé. Les variations sont innombrables, le thème est éternel. Nous avons vu ce que M. Victor Hugo a fait de la nature et de Dieu. Son imagination lugubre lui fait apparaître la nature comme un bagne immense, où les animaux, les arbres, les pierres nous cachent les patients de la justice éternelle, les scélérats condamnés aux galères de Dieu. Affreuse nature où l'on rencontre à chaque pas un Verrès ou un Borgia. Dieu, le *grand inconnu de l'éternité*, n'inspire à M. Hugo que des métaphores d'un goût équivoque. Nous allons voir si M. Hugo reçoit de son cœur de plus saines et de meilleures inspirations. Nous avons vu le penseur à l'œuvre, voyons l'homme.

Chaque poète recommence à son tour le poème profond et doux de l'âme humaine. C'est dans le cœur de l'homme qu'éclate surtout l'admirable variété de la nature. L'homme jouit et souffre, aime et maudit. C'est là toute sa vie, et l'on croirait que le tour de son âme est bientôt fait. Mais s'il n'y a pas dans l'immensité des forêts deux feuilles absolument semblables, s'il n'y a pas sur les grèves deux grains de sable que le hasard ait formés sur le même modèle, à plus forte raison ne trouvera-t-on pas deux âmes, douées de liberté, qui vivent de la même manière dans ce cercle si restreint des sentiments, qui aient les mêmes amours ou les mêmes haines, qui jouissent et souffrent des mêmes joies ou des mêmes douleurs, et la physionomie humaine, si limitée en apparence, ne nous offrira jamais la même expression de tristesse ou de gaieté. Le poème de l'homme est donc toujours à refaire, et les poètes n'y manquent pas. Sous prétexte de raconter et de decrire l'âme humaine, ils aiment à se raconter et à se décrire eux-mêmes. Ils pensent, et ce n'est pas tout à fait à tort, qu'ils sont les exemplaires privilégiés de l'humanité, et ils se plaisent à faire part au monde entier des découvertes qu'ils ont faites dans cette édition de luxe publiée à grands frais par la nature.

Il ne faut pas trop nous en plaindre ; les meilleurs vers des *Contemplations* viennent sans contredit de cette source d'inspirations personnelles que le poète trouve dans sa propre vie. Quand M. Hugo consent à n'être plus révélateur, il devient presque simple, il devient vrai, et à plusieurs moments la muse sourit.

Distinguons pourtant : il y a beaucoup de pièces d'amour dans les *Contemplations*, il y en a très peu qui me plaisent; pourquoi ? Je le dirai en deux mots et sans périphrases : en général, l'amour n'est pas l'amour vrai ni poétique dans les vers de M. Victor Hugo. C'est le désir qui parle plus que la passion, et le desir égrillard, éveillé par l'occasion, ce qu'il y a de moins touchant au monde. Voyez plutôt :

> Nous allions au verger cueillir des bigarreaux
> Elle montait dans l'arbre et cueillait une branche,
> Les feuilles frissonnaient au vent, sa *gorge blanche*,
> O Virgile, ondoyait dans l'ombre et le soleil

Virgile, invoqué à propos d'une *gorge blanche*, Virgile, le chaste peintre du delire de Didon !

> Je montais derrière elle, elle montrait *sa jambe*,
> Et disait Taisez-vous ! *a mes regards ardents*,
> Et chantait. Par moments, entre ses belles dents,

Pareille, aux chansons près, à Diane farouche,
Penchée, elle m'offrait la cerise à sa bouche;
Et ma bouche riait, et venait s'y poser,
Et laissait la cerise et prenait le baiser.

J'estime que M. Hugo n'a mis là *Diane farouche* que pour amener le vers suivant; car cette agréable dame ne me semble pas farouche du tout. — Mais que dire, au point de vue poétique, de cette jambe et de ces regards ardents!

On a beaucoup vanté une autre pièce. La voici :

Elle était déchaussée, elle était décoiffée,
Assise, les pieds nus, parmi les joncs penchants;
Moi qui passais par là, je crus voir une fée,
Et je lui dis : Veux-tu t'en venir dans les champs?

Elle me regarda de ce regard suprême,
Qui reste à la beauté quand nous en triomphons,
Et je lui dis : Veux-tu, c'est le mois où l'on aime;
Veux-tu nous en aller sous les arbres profonds?

Elle essuya ses pieds à l'herbe de la rive;
Elle me regarda pour la seconde fois,
Et la belle folâtre alors devint pensive.
Oh! comme les oiseaux chantaient au fond des bois!

Comme l'eau caressait doucement le rivage!
Je vis venir à moi, dans les grands roseaux verts,
La belle fille heureuse, *effarée* et sauvage,
Ses cheveux dans les yeux et riant au travers.

Jolie petite idylle, très sensuelle et agréablement rimée. C'est tendre, leste et vif. J'applaudirais, si cette pièce était signée *Parny* ou même *Béranger*. Mais il y a des convenances d'état, si je puis dire, et quoique je ne prenne pas au sérieux le sacerdoce de M. Hugo, il n'en est pas moins vrai qu'il se porte pour le pontife de l'infini. Eh bien! il me déplaît que le Penseur, sacré par Dieu sur les hauteurs, s'amuse à recommencer l'*Oaristys* dans les hautes herbes. S'il l'a fait, qu'il ne le dise pas; s'il ne l'a pas fait, qu'il ne l'invente pas. Et puis, le dirai-je? il aime trop souvent, et il y a trop de dates différentes au bas de ses chants d'amour. Je sais bien que l'art rend sacré tout ce qu'il touche; n'abusons pas de cette excuse-là.

Nos réserves faites, nous indiquerons volontiers, dans le genre des amours gracieuses et légères : *Lise*, *Vieille chanson du jeune temps*, *Mes vers fuiraient doux et frêles*, *Chansons*, *Hier au soir*, et ce petit rien, qui est plein de charme :

> Viens! une flûte invisible
> Soupire dans les vergers.
> La chanson la plus paisible
> Est la chanson des bergers.
>
> Le vent ride, sous l'yeuse,
> Le sombre miroir des eaux.
> La chanson la plus joyeuse
> Est la chanson des oiseaux.
>
> Que nul soin ne te tourmente.
> Aimons! aimons-nous toujours!
> La chanson la plus charmante
> Est la chanson des amours.

La *Coccinelle* est une gentillesse de printemps, gâtée par un jeu de mot.

J'aime beaucoup moins le *Billet du matin*, qui a de tout autres prétentions. En général, je n'ai qu'un goût médiocre pour les amours qui font appel à l'infini :

> Nous avons l'infini pour sphère et pour milieu,
> L'éternité pour âge, et notre amour, c'est Dieu.

Je me défie aussi de ces sentiments exagérés qui ressemblent à une adoration, et de ces femmes qui disent à un homme : « Voyez

> Ma prière toujours dans *vos cieux* comme un astre,
> Et mon amour toujours comme un chien à *tes pieds*.

La vraie passion est plus simple, et fait des antithèse

moins raffinées. Il y a de la passion, au contraire, un peu sensuelle, mais profonde et vive, dans la pièce qui commence ainsi : *Je respire où tu palpites.* Trois ou quatre strophes de moins, c'était un petit chef-d'œuvre. — Dans une veine de fantaisies charmantes ou attendries, il faut citer une allocution *aux arbres*, qui serait touchante si l'éloge du poète n'y revenait trop souvent; un délicieux fragment sur la bonté dans *la Vie aux champs*; quelques frais paysages comme celui-ci : *Le Firmament est plein de la vaste clarté*, et enfin *le Revenant*, dont le dernier vers, acheté par bien des longueurs, ravit à toutes les mères un cri de surprise émue.

Ce que nous préférons à tout le reste, ce sont certains accents de douleur austère et de religieuse tristesse qu'arrache à l'âme de père le souvenir de la fille adorée. Voilà le poète, le grand poète. Oublions neuf mille vers, et devant cette immense douleur, inclinons-nous. — *A celle qui est restée en France :*

Ouvre les mains et prends ce livre; il est à toi....
L'oiseau ne l'aura pas, qu'il soit aigle ou colombe;
Les nids ne l'auront pas; je le donne à la tombe....
..... O bonheurs! je vous ai durement expiés....
Hélas! J'ai fouillé tout. J'ai voulu voir le fond....
Qui donc a la science? où donc est la doctrine?
Oh! que ne suis-je encor le rêveur d'autrefois,
Qui s'égarait dans l'herbe et les prés, et les bois,
Qui marchait souriant, le soir, quand le ciel brille,
Tenant la main petite et blanche de sa fille....
Elle aimait Dieu, les fleurs, les astres, les prés verts,
Et c'était un esprit avant d'être une femme.
Son regard reflétait la clarté de son âme.
Elle me consultait sur tout à tous moments.
Oh! que de soirs d'hiver radieux et charmants,
Passés à raisonner langue, histoire, grammaire;
Mes quatre enfants groupés sur mes genoux, leur mère
Tout près, quelques amis causants au coin du feu!
J'appelais cette vie être content de peu!

On lira avec émotion : *Oh! je fus comme fou dans le pre-*

mier moment. — Quand nous habitions tous ensemble ! — Elle était pâle et pourtant rose. O souvenirs, printemps, aurore ! J'ai bien assez vécu. — A Villequier. Il y a là de vraies larmes, qui méritaient d'être recueillies dans l'urne d'or de la poésie.

On comprendra que la critique littéraire n'ait plus rien à faire ici : même dans ces chants privilégiés de la douleur, tout ne nous plaît pas également, et il arrive souvent que l'imagination égare le désespoir. Mais qui donc pourrait avoir le sang-froid de peser les rimes et de discuter une épithète quand un homme pleure, quand un père souffre ?

Arrêtons-nous ; aussi bien notre tâche est faite. Nous n'avions qu'une pensée en commençant cette étude, c'était de montrer, non par des discussions théoriques, qui sont toujours ambitieuses et vagues, mais par des citations et des faits, l'inanité du rêve des poètes qui se sont donné dans ce siècle la mission d'apôtres et de révélateurs. M. Hugo a cruellement expié cette ambition. Son talent semble l'abandonner dans une grande partie de sa dernière œuvre, et la puissance même de son imagination n'a servi qu'à projeter plus loin sa fantaisie stérile hors du bon sens et de la raison. Il ne rencontre la poésie vraie qu'au moment où il redevient homme, où il cesse d'être Dieu. Quand il sent, quand il aime, quand il souffre, il retrouve aussitôt, et comme par enchantement, des accents qui nous émeuvent. Malheureusement il *contemple* plus qu'il ne sent, et j'ai peur alors qu'il ne prenne le vide pour l'infini ; j'ai peur qu'il ne justifie trop bien ces deux vers, qu'il ne désavouera pas, et qui pourraient servir d'épigraphe à son livre :

. . Contempler les choses,
C'est finir par ne plus les voir.

BÉRANGER

Il y aurait un triste chapitre d'histoire contemporaine à écrire sur ce sujet et sous ce titre : *La destinée posthume de Béranger.* C'est à qui, maintenant, dans un certain parti, jettera la plus lourde pierre à ce pauvre et illustre cercueil. Ce parti est celui qui s'appelle lui-même, on ne sait pas trop pourquoi, le parti libéral, et dont Béranger, pendant de longues années, avait été l'idole. On parle de servilité. Allez-en chercher les plus tristes exemples dans la critique littéraire entendue et pratiquée de cette façon-là. N'est-ce pas une misère de n'oser plus déclarer ses sympathies et de refouler ses admirations, parce que, par l'effet des circonstances nouvelles, elles semblent devenues contraires à l'intérêt du parti dont on a pris la chaîne ? Le vrai libéral, en littérature comme en politique, c'est celui qui a le cœur libre dans ses admirations comme dans ses haines ; c'est celui qui, sans tout admettre, sait tout comprendre, qui n'exclut rien sans préalable examen, qui ne rejette rien avec la précipitation irritée des esprits étroits et violents, qui ne refuse de reconnaître ni la noblesse du caractère, ni la beauté du talent, ni la grandeur des vues, même dans les partis opposés.

Jamais peut-être ce prétendu libéralisme n'a été aussi outrageusement illibéral qu'à l'égard de Béranger, depuis que Béranger est mort, bien entendu. On savait que, pour n'être pas académicien, le poète n'en maniait pas moins d'une main habile l'épigramme, et l'on redoutait trop son immortelle malice pour l'affronter vivant. On a pris bien des revanches depuis, et une fois le bonhomme dûment enterré, on s'est mis en mesure d'enterrer avec lui sa réputation. C'était faire coup double, et le calcul était bon. Il y a eu comme un mot d'ordre, donné par la passion, obéi avec le zèle des sectaires; tous les écrivains du parti, depuis les plus médiocres jusqu'aux plus illustres, tous, à l'envi, ont accablé Béranger du poids de leur rancune. Ç'a été une belle et courageuse passe d'armes sur un tombeau. N'est-il pas triste de songer qu'une différence de date dans la mort du poète aurait déterminé une différence complète d'appréciation chez plusieurs de ces écrivains, si empressés à la critique, aujourd'hui, et qui l'eussent été également à l'éloge, en d'autres temps? A toutes ces petites habiletés, qu'ils relèvent avec un art perfide dans la vie de Béranger, il en a manqué une, l'habileté de mourir à propos. S'il avait eu l'esprit de mourir en 1830, il n'y aurait pas eu assez de fleurs pour sa tombe. Il meurt en 1857 : il n'y a pas assez de cruautés littéraires contre sa mémoire. — On veut faire expier au poète la trop grande popularité de ses refrains patriotiques. Est-ce juste? Béranger va-t-il être responsable des mécomptes et des illusions d'un parti? Va-t-il cesser d'être un grand poète parce qu'il y a des mécontents? Où cela nous mène, on ne le voit que trop. Si l'on n'y prend garde, si la critique souffre que les passions politiques étouffent la justice littéraire, nous allons voir s'élever un nombre infini de petites littératures, fusionniste, parlementaire, républicaine, socialiste, s'excommuniant entre elles, au lieu d'une grande littérature nationale et française. Il y a dans cette critique de représailles contre Béranger quelque chose de mesquin et d'étroit qui doit faire honte à tout esprit bien né.

Nous avons pensé qu'on serait bien venu à tenter une étude impartiale de l'homme et de l'œuvre. Cette étude n'aura d'autre originalité que d'être sincère. C'est quelque chose en ce temps littéraire où la justesse du sens critique fait défaut à tant d'écrivains, parce que la justice leur manque. Nous n'approuverons pas tout de Béranger, loin de là. Nous discuterons librement quelques-unes de ses tendances, de ses idées, de ses chansons. Il s'en faut de beaucoup que Béranger soit pour nous une idole non plus qu'un idéal. Mais toutes nos restrictions nous seront imposées par une conviction personnelle, non par un mot d'ordre. Ni fanatique, ni détracteur, c'est une bonne situation d'esprit pour saisir ce trait juste, qui en toute chose est la vérité.

I

Ce trait caractéristique, ce trait fondamental de la physionomie de Béranger, c'est directement dans sa *Biographie*, écrite par lui-même, que nous irons le chercher. Nous écarterons tous ces intermédiaires officieux, toutes ces vanités si empressées à exploiter une mort illustre. Il y a une foule de petits livres publiés au lendemain des funérailles, où Béranger n'est que le prétexte sous lequel s'abritent les plus étranges prétentions. L'un n'a d'autre intérêt que de nous révéler l'admiration du grand poète pour une *Muse jeune et belle* qui signe le livre, où ces compliments et bien d'autres sont rapportés avec un incomparable sang-froid. On nous assure que Béranger n'aurait pas voulu mourir sans voir achever le *Poème de la Femme*. Je crois sans peine que ce fut là son plus vif regret en mourant. D'autre part arrive M. Savinien Lapointe avec ses apostrophes et ses adieux à celui qu'il appelle son maître. Ce n'est plus au *Poème de la Femme*, c'est aux *Échos de la Rue* qu'est dévolue maintenant l'admiration de Béranger. Avec Mme Collet, Béranger adorait les *Belles Muses*; avec M. Lapointe, il s'en moque. Le changement à vue est complet. Il y a même un passage très irrévérencieux sur les *Muses et Musettes*, que je me garderai bien de transcrire. En revanche, Béranger porte aux nues les ouvriers-poètes. Dans le livre de M. Eugène Noël, ce sont de tout autres souvenirs, c'est une autre chronique. Chacun écrit ainsi, avec un zèle excessif, les mémoires de son amour-propre, croyant de bonne foi écrire ceux de Béranger. Il est donc prudent de nous tenir à la *Biographie*, aux préfaces et aux lettres. On est sûr au moins que c'est ici Béranger qui parle, et non plus, par sa bouche, une voix de muse ou un écho de la rue.

Cette biographie est écrite avec charme et simplicité. Je ne prétends pas pour cela que l'art en soit absent. Il y a un ordre lumineux dans l'ensemble, un soin dans le détail, une justesse continue d'expression, une habileté aisée dans la manière de parler de soi, qui révèlent l'art, et un art exquis; mais le comble de cet art est précisément de se dissimuler et de laisser agir le naturel dans son gracieux abandon, dirigé, non comprimé. — Je ne prétends pas non plus que cette biographie soit complètement désintéressée. Il est bien clair que Béranger ne l'a pas entreprise pour s'humilier et s'amoindrir aux yeux de la postérité : on n'écrit pas ses souvenirs intimes contre soi même. Mais, dans cette délicate épreuve, seul de tous ses contemporains obstinés à se raconter eux-mêmes et à se confesser au public, Béranger a su garder la mesure, ne rien dire de trop, s'arrêter au mot juste, au delà duquel on donne prise aux autres sur soi. Chaque fois qu'il rencontre l'écueil, il l'élude avec un bonheur.

une aisance incomparables. Ce n'est pas précisément de la modestie, c'est de la modération, c'est du goût. Il réussit à donner au lecteur le sentiment juste de son mérite et des services qu'il a rendus, sans avoir l'air de s'en douter lui-même, ou, s'il s'en doute, sans avoir l'air de s'en préoccuper. La brièveté même de cette biographie aide au charme. Quel contraste avec ces interminables séries de volumes où un orgueil bavard éternise son tête-à-tête avec le public et noie l'intérêt dans le déluge des petits faits! Ici, tout a son effet prévu, tout va au but. C'est une causerie, mais pleine de sens, de tact, et qui s'arrête bien en deçà de la fatigue du lecteur. Il en est de la biographie de Béranger comme de ses chansons : vous arrivez au terme toujours trop tôt. L'art de finir à temps, voilà ce qui manque à nos poètes comme à nos romanciers. Combien peu y en a-t-il qui sachent se faire regretter! Cet art, personne ne le possède à un degré plus élevé que Béranger. Il finit toujours avant que l'on songe même à s'apercevoir qu'il y a longtemps qu'il a commencé. Sa biographie s'arrête comme sa vie publique, comme sa vie chantante, à peu près en 1830. Ses vingt-sept dernières années ne seront racontées que par ses lettres. Il semble qu'il veuille se réserver à soi et à ses amis toute cette partie de son existence, pendant laquelle, ne se mêlant plus, comme autrefois, à la lutte, il se contente d'y assister en simple spectateur, légèrement satirique. Il rentre dans son droit à la vie privée, et personne mieux que lui, avec plus d'ingénieuse fermeté, ne sut maintenir ce droit contre les indiscrétions de la sympathie publique.

Suivons donc cette honnête et aimable biographie dans les principaux détails qu'elle nous donne, la résumant tour à tour et la citant le plus possible; puis, nous verrons s'il n'y a pas lieu de conclure avec quelque certitude sur le véritable caractère de l'homme qui l'a écrite.

Ce que Béranger marque avec soin, c'est la nature tout intime et personnelle de ses mémoires. Il n'a pas la prétention d'étendre ses récits et ses réflexions au delà du cercle que lui trace le titre unique qu'il ambitionne, celui de chansonnier. Aux grands hommes les grandes choses et les grands écrits, dit-il, non, je suppose, sans un malicieux sourire, en songeant à tous les *grands hommes* de son temps qui se mesurent à la taille de leurs récits : « Ceci n'est que l'histoire d'un faiseur de chansons ».

Nous n'insisterons pas sur les détails de sa première enfance, très connus par plusieurs petits chefs-d'œuvre populaires, comme *le Tailleur et la Fée*, *Ma Nourrice*. Le bon vieux grand-père Champy, la nourrice et le père nourricier d'Auxerre, je crois même la rue Montorgueil, sont associés à l'immortalité des gais refrains. Ce que les chansons ne disent pas, c'est dans quelle étrange famille le hasard fit naître Béranger. Si sa jeunesse révéla des pensées trop libres et peu aristocratiques dans le choix de leurs objets, il faut lui pardonner beaucoup en songeant de quels exemples son berceau fut entouré. Si de bonne heure, dans la vie sérieuse, il montra tant de finesse, de raison et de justesse piquante de bon sens, il faut lui en savoir gré. Ce n'était pas un héritage de famille.

Béranger s'exprime avec discrétion sur le compte de sa mère, mais cette discrétion même laisse deviner bien des choses : « Une jeune fille de dix-neuf ans, vive, mignonne, bien tournée, passait tous les matins devant la porte de l'épicier chez lequel mon père tenait les livres. Mon père s'en éprit, la demanda et l'obtint du tailleur Champy, qui avait six autres enfants... Après six mois de mariage et de prodigalités, les deux époux se séparaient, mon père pour aller en Belgique, ma mère pour se retirer chez ses parents : elle travailla de son état de modiste et ne regretta guère l'absence d'un mari pour qui elle n'eut jamais beaucoup d'affection, quoiqu'il fût bon, aimable et d'un extérieur agréable. Ma naissance faillit coûter la vie à ma mère. » Cette mère, d'ailleurs, ne l'était guère que de nom. Elle quitta sa famille et son enfant pour aller vivre seule. « De temps à autre (vers l'âge de neuf ans), j'allais passer huit ou quinze jours auprès d'elle près du Temple, ce qui apportait un étrange changement à la vie que je menais rue Montorgueil. Souvent elle me conduisait aux théâtres du boulevard, ou à quelques bals ou à des parties de campagne. J'écoutais beaucoup et je parlais peu. J'apprenais bien des choses, mais je n'apprenais pas à lire. » L'indifférence de sa mère ne fit que s'accroître avec l'âge. Béranger essaye de l'excuser par une opposition complète de nature et de goûts. Elle mourut jeune. *Ses imprudences*, dit Béranger, mirent un terme à sa vie, qui n'atteignit pas trente-sept ans.

Son père est le type accompli de l'extravagance. Né dans un cabaret de village, il affectait des prétentions à la noblesse. Tout ce qu'il laissa à son fils, ce fut une généalogie armoriée à laquelle, dit plaisamment Béranger, il ne manque que des pièces justificatives, l'exactitude historique et les vraisemblances morales. Tour à tour teneur de livres à Paris, coureur d'aventures en Belgique, notaire à Durtal, *M. de Béranger de Mersix* passe en Bretagne, où il devient intendant de la comtesse de Bourmont. *Son vieux sang noble* se réveille et il se jette à corps perdu dans les intrigues royalistes. Arrêté comme fédéraliste, relâché, après plusieurs mois de captivité, le lendemain du 9 thermidor, il finit par jouer à Paris un certain rôle à la fois comme agioteur et banquier des conspirations royalistes. Ce fut son plus beau moment, mais le moment fut court. Sa maison croule ; il fait l'acquisition d'un cabinet de lecture rue Saint-Nicaise, où il végète obscurément, perdu dans d'infimes complots, jusqu'au jour où une attaque d'apoplexie vient terminer cette vie agitée. Cœur excellent, vaniteuse et légère cervelle, ambition vulgaire et remuante, activité tracassière, esprit d'intrigue subalterne, moins pour un résultat positif que pour le plaisir d'agiter son existence et celle des autres, tel fut l'homme étrange que l'ironie du sort donna pour père à Béranger. On peut bien dire que son fils ne lui ressembla guère. Personne moins que le fils ne devait avoir ce goût des émotions dangereuses, cette passion du complot, cette manie d'importance à tout prix qui rendirent le père si malheureux de cette sorte de malheur le plus triste de tous, le malheur ridicule.

Avec une mère si oublieuse et un père si extravagant, on comprend que l'éducation de Béranger se fit toute seule. Comment apprit-il à lire? Il ne put jamais s'en rendre compte. Il se rappelle pourtant que vers neuf ans il fut mis dans une pension du faubourg Saint-Antoine, d'où il vit prendre la Bastille.

..... J'étais bien jeune ; on criait : Vengeons-nous!
A la Bastille! aux armes! vite, aux armes!
Marchands, bourgeois, artisans, couraient tous.
Je vois pâlir et mère et femme et fille!
Le canon gronde aux rappels du tambour.
Victoire au peuple! il a pris la Bastille!
Un beau soleil a fêté ce grand jour.

Ce jour-là, dit-il encore, la France fut libre et ma raison s'éveilla. Ce fut tout l'enseignement qu'il reçut dans cette maison. Il ne se rappelle pas qu'on lui ait donné une seule leçon de lecture et d'écriture. On ne sait pas ce qu'il serait devenu, si un heureux caprice de son père, las de payer sa modique pension, ne l'avait expédié, par la diligence, à une tante, veuve sans enfants, qui tenait une petite auberge dans un faubourg de Péronne. Cette tante hésite d'abord devant ce singulier cadeau, puis elle accepte, et dès lors Béranger eut une mère. Aussi a-t-il conservé le souvenir de cette excellente femme dans plusieurs pages empreintes d'une profonde et délicate émotion. Née avec un esprit supérieur et suppléant à l'éducation qui lui manquait par des lectures sérieuses et choisies, enthousiaste de toutes les choses grandes, capable d'une vive exaltation, républicaine et pieuse, la pauvre aubergiste donna à son neveu une éducation où toutes les idées s'entre-choquaient, mais enfin où il y avait des idées. Celle qui dominait tout le reste, c'était l'idée de la patrie. Béranger raconte avec une sorte de passion entraînante les circonstances qui exaltèrent, dans son âme si jeune encore, ce patriotisme qui fut le fond de sa vie et le motif dominant de ses chants. « Avec quelle joie j'entendais proclamer les victoires de la République! Lorsque le canon annonça la reprise de Toulon, j'étais sur le rempart, et à chaque coup mon cœur battait avec tant de violence que je fus forcé de m'asseoir sur l'herbe pour reprendre ma respiration. Aujourd'hui que chez nous le patriotisme sommeille, ces émotions d'un enfant doivent paraître étranges. On ne sera pas moins surpris qu'à soixante ans je conserve cette exaltation patriotique, et qu'il faut tout ce qu'il y a en moi d'amour de l'humanité et de raison éclairée par l'expérience pour m'empêcher de lancer contre les peuples nos rivaux les mêmes anathèmes que leur prodiguait ma jeunesse. »

Ce fut là le plus clair de son éducation, l'éducation patriotique. Il la compléta dans son rapide passage à l'école primaire fondée par un rêveur philanthrope, M. Ballue de Bellenglise, sur le plan d'une république élective à laquelle rien ne manquait, ni le suffrage universel, ni une armée, ni une petite pièce de canon, ni un club de marmots dont le plus âgé avait quinze ans.

Président du club, le jeune Béranger faisait des allocutions aux conventionnels qui passaient à Péronne et prononçait des discours dans des cérémonies nationales. Dans les grandes circonstances, il rédigeait des adresses à la Convention, au nom de l'école primaire. Les impressions de son jeune âge restèrent si profondément gravées dans l'âme de Béranger, que quarante-cinq ans plus tard, en écrivant sa biographie, il ne sent même pas, avec son esprit si juste, le leger ridicule de ces petites scènes, et qu'il parle encore, d'un ton attendri, du Lycurgue sentimental des écoles de Péronne. — C'est M. de Bellenglise qui le fit entrer dans l'imprimerie de M. Laisnez : « J'y passai près de deux ans, m'abandonnant avec goût aux travaux de la typographie, mais sans me perfectionner dans l'orthographe, malgré les soins du fils Laisnez, qui, un peu plus âgé que moi, devint mon ami et chercha à m'enseigner les principes de la langue. Il ne parvint guère qu'à m'initier aux règles de la versification. Je ne dirai pas qu'il m'en donna le goût ; je l'avais depuis longtemps. A douze ans, incapable de deviner que les vers fussent soumis à une mesure quelconque, je traçais des lignes rimées, tant bien que mal, mais de la même longueur, grâce à deux raies de crayon, tirées de haut en bas du papier, et je croyais faire des vers aussi reguliers que ceux de Racine. Les vers libres de La Fontaine avaient pourtant fini par me faire soupçonner qu'il y avait bien quelque chose à redire à ma méthode. » Ce furent ses derniers jours tranquilles. Bientôt il lui fallut rejoindre son père à Paris et l'aider dans ses opérations de Bourse, qui lui causaient un profond degoût.

Là, sur ce nouveau théâtre, le jeune républicain se trouva dépaysé. Il tombait au milieu des intrigues d'un royalisme imprudent, maladroit, vantard, toujours aux abois, traqué par la police et se repaissant encore des plus étranges illusions. M. de Clermont attendait avec impatience que le héros d'Italie balayât la république pour faire place aux maîtres légitimes. Le chevalier de la Carterie espérait le salut du pays du comte de Vernon, un pauvre gentilhomme breton, caché au fond de sa tourelle, et que l'on portait pour l'héritier légitime du trône de France, par sa descendance directe... du *Masque de fer*. Il y a là quelques pages touchées avec une ironie exquise et douce, et qui nous peignent à merveille les chimères innocentes d'un parti en désarroi. Pendant ce temps-là Bonaparte faisait le 18 Brumaire, et Béranger y applaudit.

Béranger applaudit au 18 Brumaire (crime inexpiable !) ; il est vrai qu'il eut pour complice la France entière. Que l'on rapproche le récit de Béranger, familier, mais expressif, du tableau d'histoire que M. Thiers a tracé à l'occasion de ce grand événement, et l'on verra si les conclusions et le sentiment général ne sont pas les mêmes, à quelques différences près, dans la forme plus que dans la pensée. Béranger raconte ses impressions avec une simplicité de style qui donne plus de relief encore à son bon sens : « A la fin du pouvoir directorial, dit-il dans quelques pages dont je prends la substance, l'anarchie devint telle, que les cœurs les plus forts y perdaient l'espérance. Qu'on juge où en étaient les cœurs timides. J'ai entendu, avec confusion, de bons bourgeois désirer alors le triomphe de la coalition étrangère. » — Ces bons bourgeois se retrouveront plus tard en 1814, et leur vœu patriotique sera enfin comblé. — « Bonaparte revint d'Égypte. Lorsque arriva la grande nouvelle de son retour inattendu, j'étais à notre cabinet de lecture, au milieu de plus de trente personnes. Toutes se levèrent spontanément, en poussant un long cri de joie. Il en fut de même, à peu près, de toute la France, qui se crut sauvée. Quand on produit de pareils effets sur un peuple, on en est le maître ; les sages n'y peuvent rien. Si l'on me demande comment je n'ai pas été révolté par la violation de la Constitution du 18 Brumaire, je répondrai naïvement qu'en moi le patriotisme a toujours dominé les doctrines politiques, et que la Providence ne laisse pas toujours aux nations le choix des moyens de salut. Ce grand homme pouvait seul tirer la France de l'abîme où le Directoire avait fini par la précipiter. Je n'avais que dix-neuf ans, et tout le monde semblait n'avoir que mon âge pour penser comme moi. Les partis s'étaient anéantis par la violence, et leurs mouvements, dont on s'effrayait, n'étaient que les spasmes de l'agonie. Les sages qui parlaient encore de liberté le faisaient avec la défiance que leur inspiraient à eux mêmes des essais malheureux ou maladroits. D'ailleurs, très peu de ces politiques se recommandaient par la science de l'application, sans laquelle les principes les meilleurs se déconsidèrent si promptement. Enfin, la France avait besoin d'un gouvernement fort qui la sauvât des Jacobins et des Bourbons, de l'incertitude et de l'anarchie. » Ces lignes sont caractéristiques. Elles traduisent l'impression nette de la France, à un moment solennel de son histoire. A cette distance des événements et dans la sécurité littéraire du cabinet, on peut prendre des considérants philosophiques pour réformer ce jugement national. Mais quand la question de vie ou de mort est posée, l'instinct d'un grand pays agit avec une promptitude infaillible. Le jugement de Béranger sur le 18 Brumaire n'est que l'expression raisonnée de cet instinct. Pourquoi lui reprocher si amèrement d'avoir pensé ainsi ? C'est lui en vouloir de s'être réjoui que la France fût sauvée. Elle périssait avec Barras, elle périssait avec les Jacobins, elle tombait, avec les Bourbons, sous les armes étrangères.

Au milieu de ces graves émotions, qui ont laissé leur trace profonde dans cette *Biographie*, il y a place pour des épisodes d'un intérêt tout romanesque, pour quelques tableaux de mœurs, pour des portraits d'amis et de contemporains, tracés d'un crayon léger et fin. Le plus gracieux de ces épisodes, semés discrètement à travers le livre, est, sans contredit, l'*Histoire de la mère Jary*. Le charme de cette petite histoire a gagné jusqu'aux plus farouches critiques, et, de fait, il y a bien peu de pages dans notre littérature qui réunissent, à un plus haut degré, de plus aimables qualités, un art plus délicat dans la progression de l'intérêt, plus de fraîcheur naturelle, une simplicité plus heureuse dans l'expression d'un sentiment original et vrai. Le sentiment maternel qui est le fond du récit et qui en fait le charme, se produit dans des circonstances singulières et nouvelles. C'est une pauvre femme qui, pendant cinquante ans, vit seule, toujours seule, dans la compagnie d'un souvenir et d'une passion, le souvenir d'un fils dont elle a perdu la trace, et le désir violent, l'espérance folle de le retrouver un jour. Elle obtint, à grand'peine, quelques indications bien vagues à l'hospice des Enfants-Trouvés. Ces indications sont le seul appui de sa vie. L'enfant s'appelait Paul. Chaque fois qu'elle entend prononcer ce nom, son cœur, qui la trompe, lui persuade qu'elle va retrouver l'enfant de ses désirs et de ses rêves. Aucun mécompte ne la décourage, et chaque échec nouveau ne fait que doubler les forces de cette maternité qui s'agite dans le vide. Bientôt ce souvenir passionné s'anime ; il prend un corps dans sa pensée. Elle vit, portant dans ses yeux et dans son âme le mirage de son fils. Elle perfectionne, d'année en année, l'image adorée. « Je l'ai vu tout petit, s'écrie-t-elle dans l'élan d'une délicieuse tendresse ; je l'ai vu grandir, devenir homme, et je le vois aujourd'hui dans son âge mûr.

Il me ressemblait; il aura eu ma force; il vit, mon cœur en est sûr. Dès que je suis seule, il est toujours devant mes yeux; il n'y a pas longtemps que je me suis écriée : Combien tu as déjà de cheveux blancs, Paul! et je l'ai vu me sourire tristement. » Cette image qui grandit, qui vieillit même, qui se transforme avec l'âge, c'est bien là une des plus gracieuses idées qu'on puisse voir. La pauvre mère, si poétique à son insu, meurt dans l'illusion de son vœu accompli. Un doux délire lui a enfin rendu son fils. Heureuse d'avoir fini au plus beau moment du songe, qui seul put lui donner la force de supporter cinquante ans de misère et de larmes! C'est là toute l'histoire; elle tient en douze pages; mais la littérature contemporaine n'a pas de roman plus achevé ni plus touchant. La grâce des larmes vraies a passé par là, l'œuvre est consacrée et restera.

Dans un grenier qu'on est bien à vingt ans!

C'était déjà le refrain de notre poète à l'époque où la *mère Jary* lui contait son éloquente histoire. M. de Béranger s'était ruiné. Ce qui fut une catastrophe pour le père fut pour le fils la liberté. Il en jouit délicieusement, et sa pauvreté fut la plus gaie du monde. Vivre seul, faire des vers tout à son aise, c'était pour lui le bonheur. Si vous ajoutez à ce bonheur quelques plaisirs faciles cueillis, en se jouant, sur la pente de la vie; si vous ajoutez surtout de bonnes et joyeuses amitiés qui lui restèrent fidèles, comme celles d'Antier, de Lebrun, de Willem et de quelques autres aimables compagnons de route, vous aurez l'idée, pas trop lugubre, de l'existence de notre poète, échappé à la Bourse et à ses naufrages. Mais il y avait un autre écueil sur lequel pouvait se briser ce fragile bonheur : c'était la conscription. Béranger réussit à s'y soustraire. Il n'aurait fait, dit-il, qu'un soldat d'hôpital, et son père était hors d'état de payer un remplaçant. Il arrangea si bien son jeu, grâce à son front chauve et à son air prématurément vieilli, qu'il éluda la terrible levée militaire. Nous ne donnons pas ce trait pour héroïque; mais n'y a-t-il pas quelque exagération à y trouver la matière d'une accusation en règle contre Béranger? et ne prête-t-on pas un peu à rire quand on vient nous rappeler, à propos de ce pauvre réfractaire débile et chétif, que Tyrtée, lui, marchait à la tête des bataillons qu'il animait de ses chants? On accable Béranger de ce glorieux souvenir, on a tort : les mœurs sont bien changées. Imagine-t-on Béranger chantant une ode guerrière, soutenu par l'orchestre des canons, à la bataille d'Austerlitz? Le bel effet littéraire! D'ailleurs, je ne sache pas que ces critiques si vaillants, si héroïques au feu, la plume à la main, aient jamais fait grande figure eux-mêmes en batailles rangées. Quelques-uns d'entre eux portent l'épée, d'autres voudraient la porter, on le sait; mais il faut bien s'entendre, c'est l'épée d'académicien, ce n'est pas le glaive d'Achille.

Non, Béranger n'a pas servi la France sur les champs de bataille de l'Europe; mais il l'a glorifiée dans ses victoires et consolée dans ses revers. Non, Béranger n'a pas été le soldat armé de Napoléon; mais il a été le chantre inspiré de sa gloire. Il n'y avait pas l'étoffe d'un guerrier chez lui. D'accord, mais il y avait l'inspiration d'un poète, et cela me console suffisamment. Il y a bien assez de soldats en France : il n'y a pas trop de poètes.

Son admiration pour Bonaparte n'exclut jamais l'indépendance de son jugement. C'est ce qu'on ne remarque pas assez. Il avait applaudi au consulat, il s'affligea du rétablissement d'un trône. « Bien moins homme de doctrines, dit-il, qu'homme d'instinct et de sentiment, je suis de nature républicaine. Je donnai des larmes à la république, non de ces larmes écrites avec points d'exclamation, comme les poètes en prodiguent tant, mais de celles qu'une âme qui respire l'indépendance ne verse que trop réellement sur les plaies faites à la patrie et à la liberté. » Il est vrai qu'il s'empresse d'ajouter avec une bonne foi parfaite que plus tard il se rendit bien mieux compte des nécessités qu'imposait à Bonaparte la lutte à soutenir contre les entreprises sans cesse renaissantes de l'aristocratie européenne. Déjà, racontant le retour triomphant d'Égypte et l'émotion de toute la nation complice, il laissait échapper ces paroles caractéristiques : « En débarquant à Fréjus, Bonaparte était déjà l'empereur Napoléon ». Il y a de ces contradictions dans Béranger : il faut en prendre son parti. Ses instincts républicains condamnent Napoléon ; son admiration l'absout. En cela, il est bien Français. Ce qui fait pour moi son originalité, c'est la sincérité avec laquelle il reflète les impressions de l'âme populaire. Le peuple a beau être républicain de sentiment, plus encore il est amoureux de gloire et de patriotisme. Béranger est tout cela en même temps, et c'est cela même qui, après avoir inspiré sa poésie, fait encore l'intérêt et le charme de sa *Biographie*. On y sent vivre l'âme même de la nation, très distincte, après tout, et très indépendante des partis. On peut très bien critiquer à froid les élans de cette âme, ses enthousiasmes, ses délires : la philosophie ne gouvernerait peut-être pas le monde comme il se gouverne; toutes ces vives impressions d'un peuple ne s'accordent pas avec les principes; mais quand donc a-t-on vu que le drame de l'histoire se réduisit à un théorème de métaphysique? Et, à tout prendre, croit-on que la pensée de Dieu soit tellement indifférente au cours des choses humaines qu'elle ne soit pas pour quelque part dans ces grandes inspirations des peuples où certains sages s'obstinent à ne voir que de monstrueux hasards? On ne me verra jamais me faire l'indiscret interprète de la Providence, et tenter de faire lire aux autres, dans chaque événement, la signature distincte de Dieu; mais il ne faut pas non plus, par excès de considération pour Dieu, l'exiler de ce monde, et, de peur d'en profaner l'idée, arriver à s'en passer.

Je ne suis pas si loin de Béranger que j'en ai l'air, tout en parlant de Dieu. Ce pauvre poète, si malmené par certaines plumes trop dévotes, à ce qu'il paraît, pour être charitables, et violemment injurié comme un athée grivois, eut pourtant, dans sa jeunesse, de vives inclinations vers le catholicisme; *le Génie du Christianisme*, quand il parut, le remplit d'enthousiasme. Il dut à M. de Chateaubriand d'entrevoir la poésie biblique et de se sentir attiré vers les sources mystérieuses où ce grand écrivain puisait alors son génie et sa foi.

Il est curieux de constater d'après lui-même ce mouvement inattendu d'esprit : « Avec un fond inébranlable de cette foi que nous appelons déisme, foi si fortement gravée dans mon cœur, qu'unie à tous mes sentiments, elle irait jusqu'à la superstition, si ma raison le voulait permettre; avec les dispositions mélancoliques, nées du malheur, et sous l'influence de Chateaubriand, je tentai de retourner au catholicisme; je lui consacrai mes essais poétiques, je fréquentai les églises aux heures de solitude, et me livrai à des études ascétiques, autres que l'Évangile, qui, malgré ma croyance arrêtée, a toujours été pour moi une lecture philosophique et la plus consolante de toutes. Hélas! ces tentatives furent vaines. J'ai souvent dit que la raison n'était bonne qu'à nous faire noyer quand nous tombions à l'eau. Toutefois, j'ai eu le malheur qu'en ce point, elle se soit rendue maîtresse au logis : la sotte! elle refusa de me laisser croire à ce qu'ont cru Turenne, Corneille et Bossuet. Et pourtant, j'ai toujours été, je suis et je mourrai, je l'espère, ce qu'en philosophie on appelle un spiritualiste. Il me semble même que ce sentiment profond se fait jour à travers mes folles chansons, pour lesquelles des âmes charitables auraient eu plaisir, il y a une vingtaine d'années, à me voir brûler en place publique, comme autrefois Dolet et Vanini. » C'est une question bien délicate que celle de la foi philosophique ou religieuse d'un homme, et personne n'a le droit de révoquer le témoignage de Béranger sur lui-même. Qui donc pourrait refuser de le reconnaître pour un spiritualiste décidé, après une profession de foi aussi nette? Plusieurs de ses chansons, inspirées de haut, viendraient d'elles-mêmes fortifier ce témoignage, s'il ne suffit pas. Spiritualiste, déiste, mais en deçà de la religion positive, voilà le vrai caractère de l'homme dans Béranger. Plus tard, au déclin de sa vie, au terme de bien des espérances traversées et d'illusions détruites, croyant un peu moins aux hommes et un peu plus à Dieu, il semble qu'une certaine teinte religieuse plus marquée se répande sur son âme, et passe de son âme dans ses vers. Du moins, on peut y marquer une gravité croissante de ton, une élévation sensible de pensée, une indulgence pour les idées religieuses voisine de la sympathie. De même, dans sa vie, dans ses conversations, dans ses pratiques charitables, dans ses relations. Un commerce solide d'estime et d'amitié l'unira à quelques prêtres distingués. L'Église put même espérer, dans ses dernières années, conquérir à elle cette belle intelligence; elle l'eût peut-être conquise, aux heures extrêmes, sans le zèle excessif de ceux qui entourèrent son agonie, et qui, interprètes bien hardis d'une pensée peu lucide, vinrent s'interposer, arbitrairement peut-être, entre la volonté ébranlée d'un mourant et les consolations du prêtre. Singulier châtiment de certaines célébrités, comme Béranger et Lamennais, de ne plus s'appartenir aux derniers moments! Il semble qu'elles deviennent alors la propriété de leurs terribles amis, qui en disposent à leur gré, arrangeant les choses de manière que ces morts illustres soient constantes à la vie qui les a précédées, et que le mourant ne vienne pas donner un tardif démenti à son incrédulité. Il ne s'appartient plus, il appartient à son parti. Les nécessités de l'histoire ne doivent-elles pas l'emporter sur les dernières convulsions du libre arbitre? Ainsi l'on raisonne, et ces pauvres grands hommes paient bien cher alors le prix de ces amitiés, si complaisantes envers leur vie, si despotiques envers leur mort.

Nous nous sommes laissé entraîner. Revenons bien vite à la date de cette évolution intellectuelle qui, sous l'impulsion de Chateaubriand, faillit donner au catholicisme un poète de plus. Ce mouvement d'idées dura peu de temps, et la poésie légère reprit bientôt Béranger. Quelques années s'étaient usées à chercher quelque petit emploi, et surtout à rimer : trois ans de travail obstiné, au bout desquels la misère était devenue implacable. Béranger raconte en quelques pages, charmantes de verve rajeunie et de fraîcheur retrouvée dans les souvenirs de sa jeunesse, comment un beau matin, quand toute ressource semblait désespérée, une réponse favorable de Lucien Bonaparte à une lettre lancée à tout hasard, vint relever le courage qui faiblissait, et la poésie qui mourait de faim dans son grenier. Le frère de l'empereur a lu son manuscrit, et il veut le voir! Il est sauvé. Mais ce ne fut pas la fortune qui lui apparut d'abord, ce fut la gloire. Ses yeux se mouillèrent de larmes, et il rendit grâces à Dieu. On sait que Lucien Bonaparte abandonna au poète son traitement de l'Institut; c'était le pain de chaque jour, c'était la vie. Plus tard, à la formation de l'Université impériale, Arnault obtint pour lui une petite place de 1000 francs. C'était la richesse, si de nouvelles et lourdes charges ne lui avaient été imposées alors. « Il est bizarre, dit Béranger, que moi qui, de bonne heure, me pressentant une carrière incertaine, évitai tous les engagements qui eussent alourdi le bagage du pauvre pèlerin, je me sois toujours vu chargé d'assez pesants fardeaux. » Sa sœur entra dans un couvent où il fallut payer une pension, et d'autres charges sur la nature desquelles il ne s'explique pas survinrent, qui réduisirent singulièrement sa richesse nouvelle. C'est de ce moment qu'en dépit de *quelques folies de jeunesse* sa vie put prendre un essor plus régulier. Béranger décrit avec une grande pénétration la transformation qui s'opéra chez lui : « Je sortais d'une époque critique, surtout pour les hommes dont l'intelligence se développe d'elle-même, et pour ainsi dire au hasard. De vingt-six à trente ans, il s'élève en eux un combat entre l'imagination, exaltée par les sens, et la raison, éclairée par un commencement d'expérience, où celle-ci ne triomphe pas toujours. Quelle qu'en soit l'issue, le champ de bataille en est profondément remué. La lutte fut en moi aussi douloureuse que longue, et il me semblait par instants que j'allais devenir fou. Enfin, la raison l'emporta. Bientôt mon âme devint plus sereine, les accès de mélancolie disparurent ; je vis les hommes tels qu'ils sont, et l'indulgence commença à pénétrer dans toutes mes pensées. »

Ce sont là, je ne crains pas de le dire, des côtés tout nouveaux dans Béranger et que lui seul pouvait nous montrer avec cette précision. Tout autre qui aurait essayé de les indiquer, aurait encouru le soupçon de faire de la psychologie de fantaisie. Il est donc vrai que ce chansonnier si joyeux eut à subir lui aussi ses tristesses et ses épreuves intérieures; lui aussi, il traversa une époque de misanthropie, où sa gaieté nerveuse et factice n'était qu'à la surface. Lui aussi, il connut ce drame secret d'où l'âme sort renouvelée. Il dompta les idées moroses qui l'assaillaient, lui, l'Homère jovial du roi d'Yvetot! Où la mélancolie va-t elle se cacher? Mais ce n'est pas là le seul exemple que l'on pourrait citer de cet étrange contraste entre la nature intime d'un poète et le caractère de sa poésie. Voyez Molière : au fond de cette verve incomparable et de cette inépuisable gaieté, ne savez-vous pas qu'il y a une âme délicate et blessée qui saigne en secret? Et, pour ne pas quitter notre sujet, Béranger, sur d'autres points encore, ne nous offre-t-il pas le même contraste? Qui ne croirait, à lire *la Bacchante*, *Ma Grand'Mère*, *Mes Cheveux*, et tant d'autres chansons du même genre, que nous avons affaire au plus voluptueux des poètes? C'est tout le contraire qui est le vrai. L'imagination seule du poète est voluptueuse, et si vous ne m'en croyez pas sur ce point délicat, croyez-en au moins cet aveu explicite de la *Biographie* : « Peut-être n'ai-je jamais parfaitement connu ce que nos romanciers anciens et nouveaux appellent l'amour; car j'ai toujours regardé la femme non comme une épouse ou comme une maîtresse, ce qui n'est trop souvent qu'en faire une esclave ou un tyran, et je n'ai jamais vu en elle qu'une amie que Dieu nous a donnée. » Est-il besoin de rappeler que Béranger a passé près de soixante années de sa vie avec son amie, Mlle Judith, et cet exemple singulier de constance en amitié ne confirme-t-il pas d'une manière irréfragable l'aveu du poète? Ni passion bien forte, ni volupté très vive, mais amitié douce, voilà le genre d'attrait que chercha Béranger dans ses relations avec les femmes. Et cela lui suffit pleinement. On voit par là quelle étrange erreur commettent ces critiques qui déchaînent toutes les colères de leur vertu et les indignations de leur style contre cette vie, qu'ils représentent comme une orgie perpétuelle. Il y a peu d'existences plus sobres et plus tempérantes que ne l'a été celle de Béranger, sous tous les rapports où on la considère. Reste à savoir par quel caprice son imagination a pu se complaire en des peintures si libres, comme on en trouve en si grand nombre dans le premier recueil de ses chansons. Mais c'est le poète qui serait ici en cause, et c'est l'homme seulement que nous voulons étudier maintenant. Sans vouloir faire de Béranger un sage, il y aurait injustice à ne pas marquer nettement ce contraste de son imagination avec sa vie. C'est un épicurien, sans doute, mais c'est un épicurien sobre.

Nous avons extrait de la *Biographie* les traits principaux, par lesquels on peut caractériser la vie privée et le caractère intime de Béranger. Sa vie publique, qui commence vers 1814, est bien connue par ses chansons. C'est là surtout qu'il faut chercher la vive histoire de ses sentiments patriotiques, de ses douleurs lorsque Paris subit les armes étrangères, et de la rancune inexpiable qu'il garda toute sa vie aux Bourbons pour cette humiliation nationale. La *Biographie* ajoute sans doute beaucoup d'anecdotes nouvelles et de curieuses peintures, que nous aimerions à étudier à loisir Mais comme, au total, ce n'est plus qu'un commentaire animé et pittoresque des chansons, nous pouvons nous dispenser de revenir en détail sur cette histoire des deux invasions et des luttes de Béranger contre la Restauration. Il nous a semblé qu'il serait intéressant, plutôt que de recommencer une exposition de faits si connus, d'examiner rapidement quelques-unes des plus amères critiques qui ont été faites, à propos de cette *Biographie*, sur le caractère de celui qui l'a écrite. Nous verrons s'il n'y a pas là un parti pris évident de sévérité outrée.

Parmi les critiques qui nous ont le plus étonné, il en est une qui reproche à Béranger l'extrême discrétion de sa *Biographie*. On lui fait une sorte de crime d'avoir passé si légèrement sur certaines parties de sa vie intime, en particulier sur celle qui regarde ses affections. On a même cité un nom, celui de Mlle Judith. On s'étonne que cette existence fidèle, inséparable de celle du poète, n'ait obtenu de lui qu'une rapide mention, deux mots au plus et en passant. On veut voir là je ne sais quelle prudence mesquine, qui ne veut pas se compromettre au delà du tombeau, et même une sorte d'ingratitude du poète envers sa vieille compagne. Il me paraît y avoir, dans cette sorte de critique, un déplorable système de chicane contre une mémoire illustre. Faut-il donc établir ici le droit de Béranger, comme de tout autre, à la vie privée, dans les limites où il entend la restreindre? A qui doit-il ses confidences sur les circonstances les plus délicates de sa vie? Et d'ailleurs, n'est-ce pas un utile et aimable exemple que donne Béranger à tous les faiseurs de mémoires, n'est-ce pas un conseil indirect de ne raconter que soi-même dans de pareils écrits, et de ne pas écrire les confessions des autres, sous prétexte d'écrire l'histoire de sa vie? Quand Lamartine, pour ne pas parler des autres, a osé faire à ce curieux public ses confidences, on lui a reproché bien amèrement d'avoir levé les voiles sous lesquels reposait, consacrée par le mystère même, l'idole de son amoureuse jeunesse. Que n'a-t-on pas dit sur le respect des convenances, sur la délicatesse qu'il y aurait eue à ne pas produire dans une indiscrète publicité un nom, qui fut une femme adorée? Et maintenant, parce que Béranger, par un sentiment honorable, a glissé sur certains points de sa vie intime, on s'en plaindra! Quelle bizarrerie! Et ces mêmes critiques, que n'auraient-ils pas dit, si Béranger avait donné l'histoire de son cœur, qui est toujours l'histoire d'un autre cœur, en pâture à la curiosité du public! Je n'insiste pas, mais, en vérité, il y a bien de l'inconsequence dans cette sorte de critique, qui se prétend sérieuse. — On en veut aussi à Béranger du laconisme avec lequel il a parlé de ses contemporains. Beaucoup sont oubliés; plusieurs, et des plus illustres, sont à peine nommés. Mais, encore une fois, quelle exigence nouvelle est-ce là de vouloir que Béranger nous expose une galerie de portraits? Veut-on qu'il donne des rangs et qu'il développe ses motifs particuliers d'estime ou d'admiration pour chacun de nos grands hommes? D'abord il n'en finirait pas, tant la liste est longue des candidats au titre et à la fonction. Et puis, ses jugements seraient infailliblement cassés dans un pays comme le nôtre, où les admirations et les sympathies changent si vite, au gré des circonstances. Pourquoi s'exposer de gaieté de cœur et inutilement à ces revirements d'opinions? Béranger se contente d'apprécier rapidement Chateaubriand, La Fayette, Benjamin Constant, Manuel, Lamennais, M. Thiers, Laffitte, et quelques-unes de nos célébrités littéraires, Victor Hugo, Alexandre Dumas, Alfred de Vigny, Sainte-Beuve. Ce qu'il dit est net, court, très significatif dans sa brièveté. Que voulez-vous de plus? On sait parfaitement ce qu'il pense des choses, il ne le laisse pas ignorer. Pour ce qui est des hommes, il les juge quand cela est nécessaire ou seulement à propos. Faut-il lui en vouloir de n'en pas chercher l'occasion? La critique personnelle a vraiment trop d'attraits pour nous. Béranger n'a pas fait de ses mémoires posthumes un arsenal d'épigrammes contre ses contemporains. Il le pouvait cependant; il avait même recueilli des notes

9

nombreuses sur les plus célèbres. Il les a jetées au feu. Sachons-lui gré de sa réserve. On veut y voir le calcul d'un habile homme, qui ménage même après sa mort les chances de sa réputation. Je ne me plains pas d'une prudence qui s'accorde avec une délicatesse sévere. Mais quelle manie est-ce de chercher à un acte honorable un autre mobile que l'honneur? Tant qu'on le peut, il faut s'y tenir.

On a dressé de véritables réquisitoires. L'un des procureurs généraux de la critique prétend convaincre Béranger de n'être qu'un égoiste. Le mot s'y trouve, et commenté avec une rude éloquence. On insiste particulièrement sur le refus invariable que Béranger oppose à toutes les tentatives qui furent faites à diverses époques, pour l'enrôler dans la politique active. Après la défaite du principe legitimiste, en 1830, beaucoup de ses amis auraient désiré le voir entrer avec eux au pouvoir. Vain désir! Béranger alla les attendre dans la retraite. En 1848, on sait avec quelle fermeté de résolution il résista aux instances de l'opinion publique qui avait fait du chansonnier un représentant malgré lui. On ne lui pardonne pas cette obstination à rester dans la vie privée. Vous voyez d'ici quel texte d'accusation contre ce révolutionnaire prudent qui mine les pouvoirs par ses chansons, et qui s'esquive dans la retraite, apres l'explosion. Quand on a soulevé les tempêtes, il faut au moins avoir le courage de s'asseoir au gouvernail et de diriger la barque. Mais non, s'écrie t-on avec indignation, Beranger est trop ami de son repos, trop ménager de sa réputation pour risquer ce beau dévouement à l'intérêt public. Il ne craint pas la responsabilité pour détruire, il l'elude et la décline pour reconstruire. Il sait qu'il y a un danger à courir et que le moins que l'on aventure dans ces grandes entreprises, c'est sa popularité. Il reste chez soi et ferme sa porte aux sollicitations de l'opinion. Il laisse les affaires publiques se debrouiller comme elles peuvent, sans y risquer l'enjeu de son nom.

Ces grandes indignations sont-elles justes? Je ne doute pas que Béranger n'ait été très soigneux de sa popularité; ce fut chez lui une passion secrète, et qui ne fut pas étrangère au gouvernement de sa vie. Mais serait-ce donc un si grand crime, après tout, que d'avoir préféré les intérêts de sa réputation à de périlleux honneurs? Assez d'autres courront, sans lui, vers les places et les ministères. Assez d'autres sauveront l'État sans qu'il s'en mêle. Le pouvoir? l'aurait-il pu seulement atteindre? Dans cette lutte ardente des ambitions armées, le dévouement pur aurait-il pu parvenir au but? Il faut être passionné pour lutter contre des passions. Beranger ne l'était pas de cette façon-là. Il ne se sentait pas né pour ces grands rôles de la vie publique. Lui-même le dit et avec une simplicité touchante : « Pareille prétention n'allait pas à un homme qui a su de bonne heure reconnaître ce qu'il y a de faiblesse dans son caractère et avouer ce qu'il y a de superficiel dans son instruction. Le pouvoir est un instrument difficile à manier, dont il faut longtemps apprendre à se servir avant d'en user bien. Or, j'étais à l'âge où l'on n'apprend plus qu'à se mieux rendre compte chaque jour de tout ce qu'on ignore. » Voilà ce que nous dit la *Biographie*. Les lettres sont encore plus explicites : « Il faut que vous sachiez bien, écrivait-il en 1840 à Lamennais, que je n'ai de valeur que dans la méditation. La discussion fait évaporer le peu d'idées qu'il y a en moi. Vous le voyez, je ne suis qu'un chansonnier. Mais croyez que je ne vis pas en égoïste. Je suis comme l'ermite qui, sur la grève, adresse des vœux au ciel pour ceux qui bravent les tempêtes, en regrettant de ne savoir tenir ni la barre ni la rame » Relisez enfin cette belle et noble lettre qu'il écrivit aux électeurs de 1848, pour décliner la candidature : « Il est donc bien vrai, mes chers concitoyens, que vous voulez faire de moi un législateur? J'en ai douté longtemps... Ne l'avez-vous pas deviné? Je ne puis vivre et penser que dans la retraite. Oui, je lui dois le peu de bon sens dont on m'a loué quelquefois. Au milieu du bruit et du mouvement, je ne suis plus moi, et le plus sûr moyen de troubler ma pauvre raison, d'où peut-être est sorti plus d'un conseil utile, c'est de me placer sur les bancs d'une assemblée. Là, triste et muet, je serai foulé aux pieds de ceux qui se disputeront la tribune, où je suis incapable de monter. Poser, parler, même lire, je ne le puis en public, et pour moi, le public commence où il y a plus de dix personnes. — Mais, me dira-t-on, il faut vous dévouer. Ah! mes chers concitoyens, n'oubliez pas combien ce mot dévouement peut cacher d'ambition. Le dévouement véritable, utile, est celui qui s'étudie à ne nous faire entreprendre que ce dont nous sommes capables. Quant à l'égoïsme, si on m'en accuse, je laisserai répondre ma vie tout entière. » Ne dirait-on pas que Béranger répond ici à ses critiques futurs, et sa réponse n'est-elle pas péremptoire? Pour viser utilement à un rôle public et au pouvoir, il faut en avoir l'énergie physique et le goût vif. De ces deux choses, Béranger n'avait ni l'une ni l'autre. N'y a-t-il pas, dans la conscience même qu'il a de cette incapacité d'action, une excuse plus que suffisante de sa conduite?

Une passion plus forte chez Béranger que celle de sa popularité, dont on a tant parlé, c'est la passion de son indépendance. Ce fut la vraie passion de sa vie, la seule pour laquelle il fut toujours armé et comme sur la défensive. Il tient à sa réputation; il y tient assurément beaucoup, mais il ne peut supporter l'idée d'y être asservi. Il fait deux parts de sa vie : ses chansons qu'il livre à tous les vents contraires, à tous les orages, si elles doivent en rencontrer, et l'intimité de son foyer domestique, ses habitudes, sa manière d'être, qu'il défend de toutes ses forces contre les envahissements du dehors. Ce fut particulièrement ce besoin d'une entière indépendance qui lui fit redouter d'appartenir à un corps quelconque, même à l'Académie. Tout ce qui pouvait enchaîner son humeur, soit la vie publique, soit l'Académie, lui semblait un joug intolérable. L'idée seule d'assister à des cérémonies, d'y porter l'habit brodé, de prononcer, l'épée au côté, des discours d'apparat, en présence d'un nombreux auditoire, suffit pour le glacer d'effroi. Il se fait une règle de n'accepter rien qui ne soit en rapport avec son caractère et ses goûts, avec ses goûts surtout, *qui peut-être, par leur simplicité, lui ont tenu lieu de vertu et de raison*. On feint de croire, ajoute-t-il, qu'après la révolution de juillet, j'ai refusé des places et des distinctions pour me singulariser. On tombe assez souvent dans la même erreur, relativement à l'Académie : c'est de l'orgueil! dit-on. Les sots me croient donc bien sot? — Il a horreur de livrer sa personne au public, voilà tout le secret, et ce secret est-il donc si honteux? Où donc est cet égoïste si profondément calculateur, et qui combine si exactement toutes les chances de sa renommée posthume? Tout cela se réduit en définitive à une répugnance instinctive pour les rôles d'apparat, à la passion vive de son indépendance, à un goût très prononcé pour la sécurité et le repos de la vie intime, et enfin à un sentiment très sincère de son incapacité pratique. Voilà, au juste, ce qui fait que Béranger s'est tenu obstinément à l'écart. En vérité, je ne vois rien là que de très légitime et je ne sache pas qu'il existe aucune obligation morale pour un faiseur de chansons, de remplacer un pouvoir qu'il a chansonné. Béranger a pu écrire *le Roi d'Yvetot*, sans croire qu'il fût tenu de gouverner la France au cas où Napoléon tomberait. Non plus que pour avoir écrit *le Déluge* et prédit que ces *pauvres rois seraient tous noyés*, il dût se croire obligé d'entrer en 1848 dans le gouvernement provisoire. La vraie liberté veut qu'on soit libre de n'être ni ministre, ni député, j'ajoute même de n'être pas académicien.

Voilà donc l'égoïsme si vivement reproché à la mémoire de Béranger. Oui, l'égoïsme de son indépendance et de son repos, il l'eut, en effet ; mais il serait à souhaiter qu'un plus grand nombre de littérateurs, de poètes, et même de critiques, l'eussent comme lui. On verrait moins de prétentions et plus de bon sens.

Convaincu d'un noir égoïsme, Béranger va l'être maintenant, avec autant de force et de raison, d'être le partisan de l'absolutisme. Faux bonhomme et faux libéral, il est jugé en deux mots. — Sérieusement, et sans qu'il soit opportun d'insister sur l'évidence, à qui persuadera-t-on que Béranger soit moins libéral que ses détracteurs? Mettez donc leurs noms près du sien, et pesez les services rendus à la cause de 89. Il est vrai de dire que la liberté n'est pas la même, pour Béranger et pour ses critiques. Cette liberté, dont le nom revient sans cesse, comme une amorce de popularité, dans leurs écrits, qu'est-elle, si l'on en presse le sens? Ce n'est pas, à coup sûr, la liberté de tous, c'est celle du petit nombre, c'est la liberté dans l'inégalité, la liberté du privilège. Ce n'est pas elle, je l'avoue, que souhaitait Béranger et qui respirait dans ses vers. Sa liberté, à lui, la seule conséquente avec elle-même, c'est celle de la nation tout entière. Elle a l'égalité pour principe, et la démocratie pour forme. On reproche amèrement à Béranger d'avoir subordonné la cause de la liberté à celle de l'égalité. C'est qu'en effet l'une ne pourra se plaider avec succès que quand l'autre sera définitivement gagnée, et celle-ci ne sera gagnée que le jour où les mœurs seront d'accord avec la loi. De plus, l'égalité se définit et se mesure; mais qui définira au juste et mesurera la liberté? C'est là un principe perpétuel de malentendu entre Béranger et ses adversaires posthumes. Il y en a un autre. Dans Béranger, le sentiment de la patrie domine tout, même son instinct libéral. C'est la note dominante de ses chants, c'est le ton de sa vie. Comme le peuple, dont il a les instincts, comme l'illustre Carnot, qui était bien un libéral, je suppose, quand l'heure de choisir fut venue, il subordonna toute doctrine politique à l'intérêt pressant du patriotisme. Voilà ce que certaines personnes ont peine à lui pardonner. Dans ces questions, qui touchent de si près à la dignité des sentiments, on ne pardonne pas aisément à ceux qui ont su mieux les résoudre.

Sortons de ces critiques mesquines, et essayons de résumer l'impression que nous a laissée une étude impartiale de la *Biographie* et des lettres.

Béranger n'est précisément ni un grand homme, ni un grand politique. Il n'a rien de ce personnage mystérieux qu'on a voulu faire de lui, et qui, conseiller énigmatique des révolutions, Talleyrand de la démocratie, aurait dirigé, du fond de sa pauvre chambrette de Passy, tout un parti politique, sans se compromettre lui-même et en couvrant toujours sa responsabilité sous des oracles ambigus. C'est là un portrait de pure fantaisie que rien ne justifie, que tout condamne. Béranger n'avait pas une portée si haute d'esprit ni tant de dissimulation. Ne cherchez en lui ni les intuitions supérieures ni les calculs; cherchez le bon sens même, un bon sens solide et fin, mais obstinément renfermé dans certaines limites, comme cela doit arriver, le caractère du bon sens étant la justesse plutôt que l'étendue. Je suis homme d'opinion, dit-il quelque part ; il se trompe : il dit bien plus justement ailleurs qu'avant tout il est homme d'instinct. C'est là le mot juste, le mot trouvé, qui le définit. Chez lui, l'instinct est énergique et simple ; il va naturellement au progrès des classes populaires et à la grandeur de la patrie. Béranger est tout peuple de nature ; il n'est devenu bourgeois que par accident. Ce qui entrave ou contrarie ce double intérêt populaire et patriotique le révolte. Ce qui le favorise trouve en lui appui et sympathie. C'est là sa doctrine ; elle n'est ni très compliquée ni très savante. En revanche, elle est sincère et il s'y tient invariablement fidèle. Toute sa carrière s'explique à la lumière de ces deux idées ou plutôt de ces deux sentiments : l'amour du peuple et l'amour de la France. L'ardeur de ces sentiments l'entraîne même parfois à quelques injustices et à quelques écarts. Il n'a pas su comprendre le moment libéral de la Restauration, sous le ministère de M. de Martignac, et c'est là une flagrante injustice. Il ne s'est pas toujours garanti d'une certaine sympathie pour les utopies socialistes, et il y a là incontestablement un écart. A la fin de sa vie, son bon sens réagira contre cette dangereuse sympathie qui l'a d'abord entraîné, ce bon sens éclatera dans quelques chansons pleines d'humour satirique. Mais il y aura eu quelques tentations et quelques surprises ; nous devions les marquer dans une étude qui veut être impartiale.

Telle est la vérité sur l'homme politique qu'on a voulu grandir démesurément, par une tactique adroite qui lui attribue une sorte de pouvoir clandestin sur les partis, pour faire porter à sa mémoire la responsabilité des événements et recruter contre lui toutes les colères et les mécontentements des opinions vaincues. En réalité, le personnage politique dans Béranger est beaucoup moins considérable qu'on n'a voulu le faire. Béranger a bien plutôt exprimé les impressions populaires qu'il ne les a guidées.

Pour ce qui est de l'homme privé, tel que la *Biographie* nous le laisse apercevoir, tel que les témoignages divers sont unanimes à le représenter, il n'y faut pas chercher sans doute les grandes parties de la nature humaine, l'héroïque dévouement, la vertu transcendante, le sentiment chevaleresque de l'idéal. Non ; mais n'est-ce rien que cette tolérance aimable, cette modération parfaite, ce désir continu de voir tout le monde heureux autour de soi et cette active bienfaisance qui a déjà sa légende parmi les pauvres ? Quand le moment sera venu, nous n'hésiterons pas à dire notre avis sincère sur la partie légère de ses œuvres et de ses idées. Mais sans entrer dans ce dernier fond des mœurs intimes, où nul ne pénètre que par une de ces indiscrétions violentes qui discréditent la critique et qui ressemblent à des effractions, à ne considérer que l'homme social, il en est peu qui soient plus dignes de sympathie. Connaissez-vous rien de plus gracieux que ce trait de la vie de Béranger ? Il donnait tous les ans, vers la fin de sa vie, deux cents francs au catéchisme du curé de Passy, pour vêtir les enfants pauvres à la première communion. N'est-ce pas là une bien touchante aumône de la part de ce chansonnier, que tant de plumes emportées nous représentent comme l'ennemi juré des prêtres et de l'Eglise ? Et si l'on y joint tant d'anecdotes maintenant vulgarisées, l'histoire de tant d'actes de bienfaisance discrète et de bons offices rendus avec cette grâce empressée qui en double le prix, si l'on y joint encore le spectacle de cette vie retirée, consacrée à l'amitié et aux lettres, ne serons-nous pas en droit de conclure, en dépit des haines et des colères ameutées contre sa mémoire, que si Beranger n'est pas ce qu'on est convenu d'appeler un grand homme, il s'est montré sans contredit jusqu'à son dernier jour aimable et bon, charitable et tolérant, honnête homme enfin? C'est l'impression que doit produire la *Biographie* sur tout esprit sincère qui abordera cette lecture pour y chercher autre chose et mieux qu'une arme de parti, la vérité.

II

On a tenté de donner le change à l'admiration publique, en disant et en essayant de montrer que chez Béranger il y a un personnage plus grand que le poète. D'accord avec l'opinion, nous pensons exactement tout le contraire. Ce qu'il y a de grand en lui, c'est le poète. Aux yeux de bien des gens ce que nous disons là aura le tort de n'être pas un paradoxe. Il faut en prendre son parti avec nous.

Il ne peut entrer dans notre dessein de faire une étude complète des chansons, des occasions diverses d'où elles sont nées et de leur mérite poétique. Cette étude a été faite déjà plusieurs fois par les juges les plus autorisés, et nous n'estimons pas qu'il y ait lieu d'y revenir. Ce qu'il y a de nouveau à faire, c'est de profiter des dernières publications, pour étudier d'après Béranger lui-même les origines les plus lointaines de son talent, ses premiers tâtonnements, sa marche et ses progrès continus. Nous nous contenterons pour la plupart de ses œuvres d'une indication très générale, nous réservant d'entrer dans de plus intimes détails à l'occasion des *Dernières chansons*.

Ce qu'on ne savait que très confusément, c'est par quelle variété de tentatives avait passé Béranger avant d'aboutir à sa véritable voie et d'y marquer sa décisive empreinte. Ce qu'on ne faisait que soupçonner, c'est de quel critique délicat le poète était doublé. Toutes les fois que dans la *Biographie* ou dans les notes posthumes l'occasion d'un jugement littéraire se présente, on peut être assuré que le jugement arrive, modeste de forme, mais sûr et précis. Il y aurait toute une étude de fine critique à faire, seulement avec les appréciations, semées à travers son livre, sur le théâtre de Racine et de Corneille, sur la révolution romantique, sur les caractères et les développements de la langue française. Cette préoccupation constante du style et de la langue est caractéristique chez Béranger. Il s'en préoccupe chez les autres, comme de tout temps il l'a fait pour lui-même.

Nous avons vu dans sa *Biographie* quelle réaction religieuse se produisit en lui au moment où parut *le Génie du christianisme*. Il resta de cette époque quelques essais de poésies religieuses, l'ébauche d'un poème sur Clovis et un autre sur Jeanne d'Arc. Ce ne fut du reste qu'un moment dans sa vie.

Peu de temps après, son talent, qui ne se sentait encore que vaguement lui-même, tentait des voies toutes différentes. Il essaya plusieurs comédies, une entre autres, intitulée *les Hermaphrodites*, dans laquelle il peignait les hommes efféminés, reste de l'ancien régime. Ce qui l'arrêta dans cette tentative, ce fut une réflexion pleine de justesse sur la nature de son talent et de ses habitudes littéraires, très opposées aux qualités vives, spontanées du poète comique. La comédie veut que l'on produise d'un jet la tirade et le dialogue, dans une forme pleine d'esprit, d'abondance et de gaieté. C'est là le trait principal de Molière finement saisi. Béranger s'aperçut à temps qu'il pourrait être un homme de style, d'imagination même, mais qu'il ne serait pas un écrivain dramatique. Il lui manquait pour cela ce don de la verve jaillissante, qui trouve du premier coup sa forme. Malgré lui, et c'est un aveu qu'il nous faut soigneusement recueillir, il donnait trop de soin à la facture du vers, préoccupé qu'il était du choix de la forme, de la saillie du mot, substituant même parfois l'image à l'expression simple de la pensée. De cette façon qui tient de l'épître, on fait la comédie comme Gresset, on ne la fait pas comme Molière, ni même comme Regnard, dont le style est une improvisation folle et charmante. — Plus tard, quinze ans après environ, et quand déjà il avait marqué fortement sa voie par d'irrécusables succès dans la chanson, la tentation dramatique vint reprendre Béranger sous une autre forme. L'idée lui vint de s'essayer dans la tragédie, en causant avec Talma. « A force, dit-il, de peser les critiques adressées aux pâles imitateurs de nos grands maîtres, je me mis à composer, et cela en moins d'un an, plusieurs plans où je cherchais à allier, non le burlesque à l'héroïque, alliance barbare que Shakspeare lui-même repousserait aujourd'hui, mais le familier à l'héroïque. C'est le familier qui manque à nos grands tragiques. » Il voulut voir s'il serait possible de s'affranchir de l'uniformité de ton au profit du naturel et des effets dramatiques. Un *Comte Julien*, une *Mort d'Alexandre*, un épisode des *Guerres civiles* en Italie, un *Charles VI*, un *Spartacus*, ce furent là autant d'essais incomplets, presque aussitôt abandonnés qu'entrepris, ce qui ne les empêcha pas d'avoir été pour lui une étude utile et amusante. Qui sait? ajoute-t-il, la chanson y a peut-être gagné quelque chose.

Dans l'intervalle de ces deux tentatives extrêmes vers la comédie et vers la tragédie, Béranger avait fait des odes et des dithyrambes. Nous devons marquer ici la place de cet essai nouveau dans un genre supérieur, pour ne rien omettre de ce qui touche à l'éducation intellectuelle que Béranger se donne à lui-même. Il ne se tient pas longtemps à ce genre de poésie, qui ne lui semble être autre chose qu'une plante exotique transportée de l'antiquité chez nous. Il lui parut que l'ode, comme nous la faisons, pousse à l'emphase; c'est presque dire au faux, et rien, ajoute-t-il, n'est plus contraire à l'esprit français, pour qui le simple est un des elements nécessaires du sublime, ainsi que l'attestent l'éloquence de Bossuet et les plus beaux morceaux de Corneille. Il y a, dans ce jugement de Béranger, une confusion qu'il est bon d'éclaircir. Cette sévère sentence n'atteint que le lyrisme artificiel du dix-huitième siècle et de l'époque imperiale, le lyrisme de J.-B. Rousseau et celui de Pindare-Lebrun. Mais quelle injustice n'y aurait-il pas à comprendre dans une sentence si rapide cette forme superieure de la poésie du dix-neuvième siècle, sa vraie gloire et sa véritable innovation poétique, ce lyrisme qui s'inspire au plus profond de l'âme du poëte, de l'âme humaine interrogée dans ses joies et dans ses douleurs, et traduite dans une forme d'un éclat et d'une grandeur incomparables, la langue des *Méditations*, des *Harmonies*, des *Odes*, des *Rayons* et des *Ombres*. Ce lyrisme-là est ce qu'il y a de plus beau dans la poésie, parce qu'il est ce qu'il y a de plus sincère, et plusieurs des petites poésies de Béranger, les plus accomplies et les plus touchantes, relevent incontestablement de ce genre nouveau; ses *Dernières chansons* surtout respirent une mélancolie douce, une gravité de pensées et d'espérances qui les rendent très voisines du vrai lyrisme.

A travers ces essais heurtés et ces tâtonnements de sa conscience litteraire, il ne perd pas son temps; il s'efforce de perfectionner son style. Les corrections qu'il fit à son poëme pastoral (sans doute le poëme de Jeanne d'Arc) furent le travail qui lui revela le plus de secrets de notre langue. « Quand on n'a que soi pour maître, dit-il, les etudes sont bien longues. Je m'appris à couver longtemps ma pensée, à en attendre l'éclosion pour la saisir du côté le plus favorable. Je me dis enfin que chaque sujet devait avoir sa grammaire et son dictionnaire, et jusqu'à sa manière d'être rime. » Nous insistons sur ces détails, qui caractérisent nettement la méthode du travail de Béranger, et surtout ce soin extrême, cette conscience dans la préparation littéraire dont il fit précéder la composition de ses œuvres. On s'étonne de la pureté du style, de la correction de la forme dans un poète dont l'éducation fut si étrangement négligée. Mais quelle éducation vaudra jamais cette force de réflexion personnelle, cette persévérance de soin et d'attention, cette étude des sources de la langue, ce scrupule dans l'emploi raisonné des formes diverses adaptées à chaque genre? Béranger a été, sans contredit, un des artistes les plus amoureux de son art. A une industrie si délicate et si soigneuse, quand viendra se joindre l'inspiration, le poète, le vrai poète éclora. Il est tout préparé.

Lorsque Béranger fit ses premières chansons, ce fut presque sans y penser, ce fut, à coup sûr, sans avoir l'intention de ne plus faire que des chansons. Il fallut le succès extraordinaire de ses essais en ce genre pour l'y fixer. « Si mes précédentes tentatives eussent obtenu quelques suffrages publics, il est vraisemblable que j'aurais, comme tant d'autres jeunes gens qui s'élancent vers un but trop elevé pour leurs forces, dédaigné le genre inférieur qui m'a valu d'être honoré du suffrage de mes contemporains, et, à mes yeux, l'utilité de l'art est ce qui le sanctifie. » On sait, à la manière dont il parle de ces projets et de ces plans avortés, qu'à tant d'années de distance, après tant d'ovations, il éprouve encore une certaine tristesse, il lui revient comme un regret de la gloire qu'il aurait pu acquérir dans l'ode ou dans la tragédie, et qu'il a sacrifiée. A ce point de vue, Béranger est bien de son temps; il est encore pénetré de certaines idées et de certains préjugés, légués par le dix-huitième siècle à la première génération du siècle suivant. Il n'a jamais cessé d'attacher une importance superstitieuse au classement des genres littéraires; il croit sérieusement que la supériorité de la poésie tient en partie à celle du genre, et l'on sent en lui je ne sais quelle humiliation secrète du rang inférieur que le *Code du Parnasse* assigne à la chanson; il ne se console qu'à grand'peine : « Du moins, dit-il, j'ai rempli l'humble tâche qui m'était marquée en consacrant mes talents, quels qu'ils fussent, au service de mon pays. Parmi les hommes qui s'adonnaient aux lettres à cette époque, aucun, j'en suis convaincu, n'aurait voulu suivre la même voie : je n'ai pris que le rebut des autres. » C'est un des notables progrès de la critique du dix-neuvième siècle que d'avoir affranchi la poésie de cette hiérarchie, immobilisée par le préjugé. Le principe de la supériorité a été rétabli à sa vraie place dans le talent du poète, non dans la prééminence du genre.

Outre le succès, ce qui le soutint dans la carrière nouvelle où il venait d'entrer, ce fut l'idée qu'il allait s'y trouver à l'aise et pouvoir donner cours à son humeur la plus libre, à ses impressions les plus mobiles. Il échappait en même temps aux exigences académiques et il avait dès lors à sa disposition tout le dictionnaire, dont les quatre cinquièmes étaient alors interdits à la poésie, de par La Harpe : « Dès que je me fus rendu compte, dit-il, de la nature de mes facultés et de l'indépendance littéraire que la chanson me procurerait, je pris mon parti résolument; j'épousai la pauvre fille de joie, avec l'intention de la rendre digne d'être présentée dans les salons de notre aristocratie, sans la faire renoncer pourtant à ses anciennes connaissances, car il fallait qu'elle restât fille du peuple, de qui elle attendait sa dot... — J'étais à l'âge où on ne se laisse pas éblouir par le succès. Pour mériter ceux que j'obtins, je tâchai de les faire tourner au profit du genre auquel je devais faire le sacrifice de tous mes autres projets. Il était de règle au Caveau, cette académie chantante, que la chanson ne devait briller que par l'esprit et la gaieté; c'était trop peu. Plus ou moins je suis né poète et homme de style; je ne m'aperçus pas d'abord que ce qu'il y avait en moi de poésie pourrait trouver place dans ce genre beaucoup moins etudié que pratiqué. Enfin la réflexion m'enseigna tout le parti qn'on en pouvait tirer. »

Sans rien tenter de didactique sur les œuvres de Béranger, et à les prendre seulement sous leurs aspects les plus saillants, je crois que l'on peut les ranger en trois categories bien tranchées : les chansons épicuriennes, les chansons politiques et les chansons plus personnelles, expression d'une fantaisie philosophique ou d'un sentiment intime.

S'il y a une partie de l'œuvre du poète destinée à passer, c'est sans contredit celle qui contient les chansons épicuriennes. Rien ne se fane plus vite que ce genre de gaieté que j'appelle la licence à froid. Car, il faut bien le remarquer, ce n'est ni la volupté ardente telle que Lucrèce la conçoit ou qu'elle respire dans les vers d'André Chénier, ni cette passion profonde et triste qui déborde du cœur inassouvi d'Alfred de Musset; ce n'est ni la poétique fureur des sens, ni le délire de l'amour qui inspire la muse égrillarde de Béranger; j'oserais dire que c'est un libertinage artificiel, ce qui lui ôte la seule excuse possible, la sincérité. Je ne prétends pas qu'en ces sortes de sujets la vérité excuse tout. La vérité n'est pas la moralité, je le sais; mais au moins elle est parfois la poésie. Et au risque d'offenser le préjugé des admirations invétérées, je dirai très nettement que la poésie est absente de ces pièces légères, si chères aux très jeunes gens, enchantés de faire leur éducation, et à tous les vieux adorateurs de Momus, de Bacchus et de Vénus. On devinerait, quand même Béranger ne l'avouerait pas dans la *Biographie* et dans les notes posthumes, que la plupart de ses chansons ont été écrites sur des thèmes de fantaisie, et que c'est une volupté toute factice qui chante dans ses refrains étudiés. C'est l'imagination seule qui compose ses tableaux, le cœur n'y est que pour une très faible part. Aussi relisez les pièces les plus vantées; à part deux ou trois qui conservent encore un reste de fraîcheur et comme un air de gaieté, comme tout cela est fané, démodé, flétri! Il y a de l'esprit, pourtant, de l'esprit à revendre, de la verve, un singulier bonheur de refrains bien trouvés et bien amenés, un soin de style très rare en de pareils sujets, de l'art enfin et du plus raffiné. Mais c'est précisément cet art qui trahit l'absence d'émotion personnelle, et s'il y a quelque chose de plus laid que la confession d'un libertin, c'est, à coup sûr, l'affectation du libertinage. J'ajoute que l'art aggrave encore la licence de ces pièces plus que légères. J'entends dire souvent que Béranger, après tout, ne fait pas autre chose que continuer la tradition des vieux maîtres de l'esprit gaulois, des auteurs innombrables des fabliaux, de Rabelais, de la Fontaine, de Molière même. Il y a, ce me semble, une distinction importante à faire. Sans amnistier nullement la licence effrénée des fabliaux et des contes de la Fontaine, non plus que les gaietés plantureuses de Molière, je voudrais que l'on remarquât que c'est là une corruption naïve, découlant tout naturellement des mœurs et du langage contemporains, une corruption sans arrière-pensée, et dès lors un libertinage sans grande immoralité, bien différent de cette corruption étudiée, savante, telle qu'elle éclate dans les raffinements mêmes de l'art de Béranger. Que l'on réfléchisse à cette différence, et je suis assuré qu'on la trouvera amplement justifiée. Il ne s'agit pas ici de moralité de profession et de convention, ni de *cant*. C'est à un point de vue tout littéraire que nous avons voulu nous placer, et à ce point de vue je doute qu'on puisse ne pas être de notre avis.

Nous aurions à nous demander comment il se fait que Béranger, honnête homme et d'une vie beaucoup plus tempérante qu'on ne pourrait le supposer, se soit complu en de pareilles inspirations; mais il faut se souvenir de quels singuliers exemples sa première enfance fut entourée, et à quel point sa jeunesse manqua de conseils et de direction; il faut songer aussi que Béranger est du dix-huitième siècle par plusieurs de ses idées comme par la facilité de ses mœurs, et que beaucoup de ces influences physiques et morales, respirées en naissant, ont pénétré à ce point son esprit et sa vie, qu'il ne put jamais entièrement s'en délivrer; il faut se rappeler enfin quel était le ton dominant, unique même, de la chanson, au moment où Béranger vint s'en emparer en maître. Du reste, la responsabilité de ses refrains égrillards tourmentait Béranger vieillissant, et il revient sur ce sujet avec une insistance qui prouve, sinon du regret, du moins une certaine inquiétude : « C'est à la fin de 1815 que je hasardai la publication de mon premier volume de chansons. Ce que je ferai remarquer à propos de ce volume, publié lorsque j'étais attaché aux bureaux de l'instruction publique, c'est qu'il contient le plus grand nombre de couplets qui rappellent les licences un peu cyniques de notre vieille littérature. Rien ne prouve mieux que je ne croyais pas qu'ils dussent encourir de graves reproches. Quand on m'apprit que nos vieux auteurs de l'école de Rabelais n'étaient pas des modèles à imiter, même en chansons, il était trop tard pour faire disparaître des vers qui, comme je l'ai dit ailleurs, contribuèrent à populariser ma réputation. Dès ce moment, ils appartinrent au public. Les retrancher de nouvelles éditions eût été inutile; les libraires, d'ailleurs, n'eussent pas voulu y consentir, et j'avoue qu'il y en a que j'aurais fort regrettés. Au reste, convient-il à mon siècle de se montrer sévère pour des productions dont la gaieté est l'excuse, sinon même le contrepoison, lorsque le roman et le théâtre ont poussé jusqu'à l'obscénité la peinture des passions les plus brutales? La haute poésie n'a-t-elle elle-même rien à se reprocher en fait de fautes de ce genre? » Une des raisons qu'il invoque le plus volontiers pour couvrir la licence de ces chansons, c'est que la plupart d'entre elles ont été faites sous le régime impérial; il les considère comme une sorte de revanche de l'esprit d'indépendance, qui trouvait là son issue. Il arrive ainsi à rendre la politique responsable des écarts d'imagination de sa première jeunesse. C'est une de ces excuses qu'on aime à se donner à soi-même pour se décharger sur les événements de sa part de responsabilité. Il est encore une autre raison qui devrait, dit-il, lui obtenir l'absolution de ses anciens méfaits : chez nos pères, les gens graves s'amusaient de la chanson, mais ne s'en préoccupaient pas. En lui donnant une importance qu'elle n'avait pas eue jusqu'alors, il autorisa les critiques à être plus sévères pour elle. « Pour n'être point à l'index, ajoute-t-il spirituellement, il m'eût suffi de ne faire que des gaillardises. »

La véritable explication, la plus vraisemblable du moins, c'est celle que Béranger donne dans une de ces notes curieuses qui viennent d'être publiées. Quand il composait ces lestes refrains, il n'avait pas encore vu tout le parti qu'on pouvait tirer de la chanson. « Les malheurs de la France devaient le lui révéler; il devait apprendre bientôt que ce n'était plus le temps de plaisanter contre les médecins et les procureurs, les coquettes et les Sganarelles; que l'indécence et l'acrimonie des Noels de la cour étaient même une inconvenance à une époque grave et triste; qu'il fallait que la chanson prît une marche différente de celle que Collé, Panard et tant d'autres lui avaient imprimée, et que la gaieté même devait avoir son utilité. » Au moment où Béranger écrivit ses premières chansons, il adopta le genre qui était alors en faveur, et sa licence ne fut qu'une imitation.

Nous avons dû laisser l'accusé se défendre. Quelque prix que l'on doive attacher à ses explications, elles méritent du moins qu'on les connaisse. Ce qui n'est pas contestable, c'est l'effet produit, c'est la popularité préparée au poète politique par le succès de ses chansons légères. Quand plus tard il éleva le genre par de plus nobles inspirations, il trouva l'accès ouvert partout. « Mes folles chansons, dit-il, ont été des compagnes fort utiles, données aux graves refrains et aux couplets politiques. Sans leur assistance, je suis tenté de croire que ceux-ci auraient bien pu n'aller ni aussi loin, ni aussi bas, ni même aussi haut; ce dernier mot dût-il scandaliser les vertus de salon. » On a peine à s'imaginer aujourd'hui avec quelle rapidité se répandirent ses chansons satiriques et patriotiques, sur les ailes de la muse légère. Ce n'est pas sans quelque sentiment d'orgueil que Béranger marque cette popularité immédiate et vraiment inouïe : « Ce *rôle d'Aristophane*, qui m'avait paru si beau à l'âge de vingt ans, sans le génie, mais aussi, du moins il me le semble, sans l'acrimonie du poète athénien, je le jouai, non au théâtre, où il n'est peut-être plus possible, mais dans tous les rangs de la société française. Il me suffisait de donner ou de laisser prendre copie de mes nouveaux couplets pour les voir, en peu de jours, courir toute la

France, passer la frontière, et porter même des consolations à nos malheureux proscrits, qui erraient alors sur tout le globe. Je suis peut-être, dans les temps modernes, le seul auteur qui, pour obtenir une réputation populaire, eût pu se passer de l'imprimerie. » Je note, en passant, le nom d'Aristophane ; il revient assez souvent sous la plume de Béranger, pour que l'on puisse supposer que c'est sous ce nom qu'il aimerait mieux être loué. C'est là une preuve nouvelle à l'appui de ce qu'on a dit tant de fois sur les singulières erreurs de jugement que les auteurs commettent envers eux-mêmes. D'Aristophane à Béranger tout diffère, l'inspiration première comme le talent. C'est l'idée aristocratique qui inspire Aristophane, le plus spirituel des réactionnaires de tous les temps, et son talent de longue haleine n'a rien de commun avec les petits chefs-d'œuvre du chansonnier francais. Beranger est lui-même : cela vaut mieux pour lui d'abord, et pour la poésie française, qu'il a dotée d'un genre nouveau.

C'est vers 1817 que Béranger, de son propre aveu, osa définitivement affranchir la chanson. Jusque-là, c'était toujours avec une sorte de timidité qu'il avait tenté d'en élever le ton. Enhardi par le succès, il osa davantage et écrivit *le Dieu des bonnes gens*. Mais il trembla fort, nous raconte-t-il, lorsqu'il se hasarda à le chanter dans une réunion d'hommes de lettres et d'hommes politiques, au nombre desquels figuraient MM. de Barante, Guizot, Siméon père. « Un jour M. Anglès, le préfet de police, recut un rapport où on lui faisait savoir que j'avais chanté chez M. Berard, son ami et le mien, quelques-unes de nos chansons anarchiques, comme on disait alors. Le préfet en rit beaucoup : il etait du dîner. » Le succès de la chanson affermit Béranger dans sa résolution. « Les applaudissements qu'il obtint furent tels que, dès ce moment, sûr de pouvoir dépenser dans ce genre le peu qu'il se sentait d'idées poétiques, il renonça à tout autre, et conçut l'espoir de donner à la France une *poesie chantée*. Pour arriver à cela, il fallait continuer à se servir de nos airs de ponts-neufs, convenablement entremêler les tons, ainsi que notre langue pouvait l'exiger, s'attacher de plus en plus à dramatiser ses petits poèmes, et surtout s'astreindre au refrain, frère de la rime, quel que prix qu'il dût en coûter; car Béranger avait souvent observé que, sans refrain, la chanson ne réussissait pas, et il tint dès lors à faire tout ce que le genre exigeait pour y obtenir davantage, et l'élever enfin à la hauteur des sentiments et des idées que la chanson lui paraissait appelée à exprimer. »

Nous avons dû raconter cette transformation d'après les renseignements curieux fournis par Béranger sur lui-même. Pour apprécier cette transformation à sa vraie valeur, il faut se souvenir que le point de départ littéraire de Béranger, c'est l'académie chantante du *Caveau*, et qu'il était reçu au Caveau qu'on ne devait point mettre de poésie dans la chanson.

Toutes les pièces qui composent l'œuvre politique de Béranger sont loin d'avoir la même portée et un mérite égal. Plusieurs de celles qui firent le plus de bruit, à l'époque où elles parurent, sont déjà bien près d'être oubliées et le seront infailliblement à la génération prochaine. C'est le sort inévitable, et d'ailleurs très legitime, de ces œuvres de circonstance qui expriment, à un moment donné, le sentiment d'un parti, en l'exagérant presque toujours. Elles participent de la nature éphémère de ces sentiments : joie triomphante d'une élection heureuse, mouvement de colère contre un acte de rigueur, craintes et défiances du parti contraire. Nées d'une circonstance, elles tombent avec elle. Ces épigrammes qui semblaient si hardies, ces allusions si mordantes, ces railleries si cruelles, toute cette artillerie de vers belliqueux chargés à balle et tirés à bout portant sur l'ennemi d'alors, tout cela nous fait l'effet d'une petite guerre antédiluvienne. Qui s'intéresse maintenant au *Juge de Charenton*, à *Monsieur Judas*, à *l'Ermite et ses Saints*, aux *Capucins*, ou bien encore à toutes ces chansons contre les jesuites et contre les papes, qui faisaient le bonheur des libéraux d'alors? Ce n'est plus que par une vieille habitude que certaines gens font semblant aujourd'hui de craindre les envahissements du *parti prêtre*. Les terreurs viennent d'un autre côté, et l'intérêt accidentel de ces chansons ayant disparu, il ne reste que des diatribes assez plates et des refrains, chers aux commis voyageurs et aux beaux esprits d'estaminet en révolte contre leur curé.

Une œuvre ne mérite de durer qu'à la condition de se fonder sur une idée elevée ou sur un intérêt sérieux. Aussi faisons nous bon marché de toutes ces chansons qui ne se rattachent qu'aux luttes transitoires des partis sous la Restauration. Elles ont produit leur effet, elles ont fait leur temps. Elles ont vécu d'un accès de colère, elles sont mortes quand l'accès de colère est tombé, et les fanatiques maladroits qui s'attachent toujours à la gloire d'un homme sont les seuls à vouloir éterniser ce qui n'a plus de raison d'être. Mais ce qui aura toujours raison d'être en France, c'est la cause de 89, c'est la cause de la patrie, c'est la cause de la liberté et celle de la France, mise à la portée du peuple. Là est la gloire pure, solide et vraie de Béranger. « J'ai utilisé ma vie de poète, s'écrie-t-il fièrement, et c'est là ma consolation. Il fallait un homme qui parlât au peuple le langage qu'il entend et qu'il aime, et qui se créât des imitateurs pour varier et multiplier les versions du même texte. J'ai été cet homme. La liberté et la patrie, dira-t-on, se fussent bien passées de vos refrains. La liberté et la patrie ne sont pas d'aussi grandes dames qu'on le suppose : elles ne dédaignent le concours de rien de ce qui est populaire.... Qu'on essaye donc de faire de la poésie pour le peuple, mais pour y parvenir, il faut l'étudier. Quand par hasard nous travaillons pour nous en faire applaudir, nous le traitons comme font ces rois qui, dans leurs jours de munificence, lui jettent des cervelas à la tête et le noient dans du vin frelaté. Il n'est pas sensible, dites-vous, aux recherches de l'esprit, aux délicatesses du goût; soit! mais par là même il oblige les auteurs à concevoir plus fortement, plus grandement pour captiver son attention. Appropriez donc à sa forte nature et vos sujets et leurs développements; ce ne sont ni des idées abstraites ni des types qu'il vous demande : montrez-lui à nu le cœur humain. Habituez-vous à résumer vos idées en de petites compositions variées et plus ou moins dramatiques, compositions que saisit l'instinct du vulgaire, lors même que les details les plus heureux lui echappent. C'est là, selon moi, mettre de la poesie en *dessous.* »

Nous avons cité tout entier ce passage, parce qu'il contient et résume toute la poétique de ce genre nouveau, si heureusement adapté à l'époque et à la nation. C'est là l'esprit même de cette *poesie chantee* qui devait voyager si vite et si loin. Ailleurs, dans la même veine d'idées, Béranger definit admirablement ses chansons en disant que ce sont des idées nationales mises à cheval sur de vieux airs. Elles chevauchèrent à travers l'Europe, ces fières conquérantes, portant partout la gloire et le nom de la France. Avons-nous besoin de rappeler ces strophes généreuses qui chantent dans toutes nos mémoires, *les deux Grenadiers*, *le Vieux Caporal*, *le Vieux*

Drapeau, *le Violon brisé*, *les Souvenirs du Peuple* surtout, et tous ces fragments d'épopée où respire vraiment l'âme populaire dans ses plus nobles émotions et ses plus glorieux souvenirs?

Au même rang que ces inspirations ardentes du patriotisme, viennent se placer ces petits poèmes exquis dans lesquels Béranger a traduit tantôt une fantaisie rêveuse, tantôt un sentiment philosophique ou une capricieuse boutade contre les idées et les mœurs du temps : « Grand nombre de mes chansons, dit-il, ne sont que des inspirations de sentiments intimes ou des caprices d'un esprit vagabond ; ce sont là mes filles chéries. » Ses *filles chéries* croissent et se multiplient à mesure qu'il avance en âge. Si ce n'était pas trop forcer les choses et exagérer une idée juste, on pourrait dire que les trois âges de la vie du poète sont marqués par la prédominance d'un genre ; sa jeunesse abonde en chansons épicuriennes, son âge mûr exhale sa mâle éloquence en strophes politiques ; sa vieillesse calme et sereine se prend à rêver et se laisse envahir par une douce mélancolie, non sans un mélange d'ironie aimable.

Ce progrès de la rêverie et du sentiment intime se marque surtout dans les *Dernières chansons*, et mérite que nous insistions un peu sur ce point délicat qui n'a pas encore été indiqué.

Les *Dernières chansons* ont porté sensiblement le coup des rancunes et des réactions politiques. La critique des partis ne leur a pas été favorable. Elle a été sévère, ou, ce qui est pis encore, silencieuse. Il y a là une cruelle injustice que nous voudrions réparer, sans parti pris pourtant d'admettre et d'admirer tout également. Il y a une part à faire pour la critique; nous la ferons librement.

Béranger reprend, dans ce recueil posthume, le thème

éclatant de ses plus belles odes, le souvenir de Napoléon. Mais il le reprend d'une façon nouvelle, d'une façon plus légendaire, si je puis dire. Dans ses chansons précédentes, le poète avait célébré avec enthousiasme une gloire contemporaine. Dans ses derniers chants, l'apothéose est accomplie, le héros se confond avec le demi-dieu, l'enthousiasme devient une sorte de religion. Voyez *le Baptême* et comment éclatent, dans ces vers écrits avec piété, les pressentiments mystérieux d'une destinée plus qu'humaine. Voyez surtout *l'Égyptienne*. La scène est belle et simple. Napoléon enfant rencontre dans la campagne une vieille Egyptienne qui lui prédit les miracles de sa fortune. Le refrain produit un grand effet :

J'ai vu ta main, ô noble enfant ! crois-moi,
Quand je te dis : Tu seras plus qu'un roi.

L'Aigle et l'Étoile, c'est toute la destinée de l'Empereur, depuis l'île d'Elbe, résumée en quelques strophes d'un beau et rapide mouvement :

L'aigle fend l'air. Le peuple, qui l'appelle,
Le voit de loin : Français, séchons nos pleurs.
C'est lui, c'est lui ! que son étoile est belle :
Il nous revient quand renaissent les fleurs.
Aigle du ciel, tu vas sécher nos pleurs.

Cependant les rois dansent à Vienne. C'est pendant un bal qu'ils apprennent le retour de Napoléon.

Mais sur leur front éclate la nouvelle :
Il revient ! Dieu ! Pâlissent tous les rois.
En vain, l'orchestre au plaisir les appelle,
Sur les divans ils retombent sans voix.
Dieu ! que ce bal a vu pâlir de rois !

L'aigle a ressaisi son aire. Mais, hélas ! le tonnerre a grondé, l'étoile s'éclipse :

Cent jours passés, un Anglais sous sa voile
Voit tout sanglant tomber l'aigle abattu
Le doigt de Dieu vient d'éteindre l'étoile,
N'espère enfin, peuple, qu'en ta vertu
L'étoile meurt, l'aigle tombe abattu.

Sainte-Hélène procède d'une conception grandiose. C'est un dialogue entre un démon, gardien de ce cratère perdu dans l'immensité de l'Océan, et un ange qui vient éteindre le volcan et y préparer un tombeau. Pour quel colosse éteint-on le cratère? La haine du monde est donc bien grande pour que Dieu lui cache ainsi un tombeau? Est-ce Alexandre qui va reposer ici? Est-ce César? Est-ce le Christ?

Démon, écoute Avant deux mille années,
Un conquérant, empereur des Gaulois,
Terminera d'immenses destinées
Sur cet écueil, à la honte des rois
Cet homme ainsi, purifiant sa gloire,
Pour l'avenir redevient un flambeau,
Sur l'infortune achève sa victoire
Et des rois triomphe au tombeau.

Nous avons indiqué l'idée de quelques-unes de ces pièces, et nous avons cité quelques vers pour justifier ce que nous avons à en dire. Nous préférons de beaucoup les parties précédentes de l'épopée napoléonienne. Dans ces derniers chants, l'idée s'élève trop et le style ne se maintient pas à ces hauteurs; il se trouble et s'appesantit. Il y a de beaux mouvements et de grandes conceptions, mais les mouvements ne se soutiennent pas et la grandeur même des conceptions écrase le poète vieillissant, que trahissent la force et le souffle. L'inspiration épique ne sied pas aux vieillards. Ce qui leur convient, c'est l'indulgente satire des défauts et des travers du temps, c'est l'amitié grave, c'est le sourire mélancolique au passé déjà lointain, c'est la méditation du prochain avenir, c'est la rêverie essayant de soulever les voiles de l'âme et de deviner l'énigme de Dieu. Voilà où excelle Béranger dans les dernières inspirations de sa douce et aimable vieillesse. Voilà les sujets favoris de son errante fantaisie.

Après 1830, les utopies socialistes, toutes nouvelles pour lui, avaient un instant exercé quelque prestige sur son esprit et troublé son rare bon sens. Dans sa chanson, si belle de style, intitulée *les Fous*, il avait célébré Enfantin et l'affranchissement de la femme, Fourier et le travail attrayant, Saint-Simon le prophète et son plan d'une société renouvelée :

Plein de son œuvre commencée,
Vieux, pour elle il tendait la main,
Sûr qu'il embrassait la pensée
Qui doit sauver le genre humain.

C'était aller bien loin. Dix ans après, revenu à la possession de son bon sens un instant enivré de ces rêves malsains et capiteux, voyez comme il se moque agréablement d'un ancien prophète saint-simonien :

Gloire au grand Pan! qu'il soit fétiche,
Loup, bœuf, ibis, singe, éléphant;
Qu'il soit cet Olympe si riche
En symboles d'un monde enfant.
Qu'il soit... vois, ô mon maître!
Les fêtes qui vont avoir lieu.
De ton Dieu que de dieux vont naître!
Puisqu'il est tout, tout sera Dieu.

Le prêtre, le philosophe, le poète, réclament contre cette grande démence. Il faut entendre surtout l'éloquente réclamation du poète :

Eh quoi! l'âme à notre mort,
Sans mémoire, de gîte en gîte,
Entre au hasard, pleure et puis sort!

Prostituée et vagabonde,
Quoi ! cette âme, esclave ici-bas,
N'a point de ciel où fuir un monde
Qu'elle sent crouler sous ses pas !

Presque toute la pièce est écrite dans cette grande et large manière. Une autre chanson, *le Dieu Jean*, reprend la même idée mais sous une forme plus familière et plus vive. C'est l'histoire d'un de ces petits prophètes qui fourmillent dans notre siècle et qui s'improvisent dieux de leur autorité privée. Il faut suivre Jean, le dieu nouveau, dans ses étranges pérégrinations où le vers leste de Béranger peut seul l'accompagner. Mais voici ce refrain si plaisant :

Ah ! bon Dieu ! quel Dieu !
Quel pauvre Dieu, bon Dieu !
Quel pauvre Dieu, quel pauvre Dieu,
Né dans un mauvais lieu.

La République de 1848 n'échappe pas elle-même à ses innocentes épigrammes ; la République qui avait tant choyé le malicieux vieillard :

Terreur des nuits, trouble des jours,
Tambours, tambours, tambours, tambours,
M'étourdirez-vous donc toujours,
Tambours, tambours, maudits tambours.

Sa critique souriante n'épargne pas plus les ridicules littéraires que les travers politiques ou les utopies. Ce qui le frappait le plus dans la littérature contemporaine, c'était cet effort gigantesque pour exprimer les choses les plus simples par des mots grandioses :

Notre muse dévergondée,
Refaisant le monde à l'envers,
Sous sa forme écrase l'idée,
De pluriels boursoufle ses vers

Admirez ses monstres féroces,
Ses Vésuves, ses Océans;
Ses héros, qui sont des colosses,
Ses gloires, qui sont des néants.

. . . .

Qu'au bon sens la critique unie,
Des écrivains réglant l'essor,
Ne souffre plus que le génie
Se déguise en tambour-major.

Le Rêve de nos jeunes filles est une piquante satire de l'idolâtrie du veau d'or, le Dieu du siècle. Il nous décrit, en des vers d'une gracieuse mollesse, le sommeil d'une jeune fille, endormie sur les coussins de son boudoir à l'heure où

Le petit oiseau sur la branche
Laisse mourir son chant d'amour :
Où midi voit le lys qui penche
S'alanguir sous les feux du jour.

La bouche de la jeune dormeuse garde encore de sa dernière pensée un sourire. Un doux regard s'échappe de sa paupière demi-close. Peut-être elle s'affole en rêve d'un beau page; sans doute Pétrarque a chanté aux pieds de cette Laure; peut-être elle s'envole au ciel... Ah! dit-elle en s'éveillant : J'épousais un vieux mari et j'étais riche! — La même pensée revient sous une autre forme dans *la Maîtresse du Roi*. Une jeune fille voit passer dans son luxe insolent une divine créature : ce n'est pas la reine pourtant. Honte à elle! dit la mère :

Ah! je voudrais, dit la fille à part soi,
Devenir maîtresse d'un roi.

Béranger excelle dans ces petites compositions légèrement satiriques. Il faudrait citer tout entière l'*Histoire d'une Idée*... Rappelons-en seulement quelques traits :

Idée, idée ! éveille-toi.
Vite, éveille-toi, Dieu t'appelle.

. . . .

De l'Institut les souverains
Disent : Sachez, petite fille,
Que nous ne servons de parrains
Qu'aux enfants de notre famille.
Un philosophe crie : Eh quoi !
Quelqu'un a cru, cervelle folle,
D'une idée accoucher sans moi !
Il n'en sort que de mon école.

Mais rien ne vaut le refrain. C'est un chœur de bourgeois qui, entre chaque couplet, vient sur la scène et chante :

Une idée a frappé chez nous,
Fermons notre porte aux verrous.

Nous aimerions, si le temps nous le permettait, à nous arrêter sur quelques pièces inspirées par une touchante philosophie, comme *l'Apôtre, la Dernière Fée, la Fille du Diable*. Il vaut mieux, pour finir, entrer dans cet aimable entretien que Béranger offre à son lecteur et où il exprime, dans une série de pièces charmantes, ses regrets et ses rêves, sa mélancolie égayée par une douce espérance. C'est la partie vraiment intime et personnelle des dernières œuvres, où le bon vieillard a laissé chanter son âme. Que de vers ravissants dans toutes ces chansons : *les Bois, les Defauts, mon Carnaval, mon Ombre, ma Canne, mes Fleurs, le Septuagénaire, l'Adieu!*

Elle avait donc un cœur d'airain, la critique qui a résisté à un charme si sympathique? Que citer parmi tant de couplets gracieux, d'un rythme si facile, d'une émotion si vraie? Sera-ce la jolie chanson des *Défauts*?

Hélas ! mes vertus me désolent.
Mais l'âge, qui les fait fleurir,
M'ôte la force de courir

Après mes défauts qui s'envolent.
Vous qui sur nous veillez d'en haut,
Rendez-moi quelque bon défaut.

Ou bien quelques-unes des strophes si poétiques *A ma Canne?*

Le soleil aux champs d'aller nous fait signe;
Chaque jour s'enfuit de fleurs couronné.
Viens, mon compagnon, humble cep de vigne,
Ami qu'en riant le sort m'a donné.
De quel cru fameux versas-tu l'ivresse?
L'ai-je célébré dans un gai repas?
Si jadis ta sève égara mes pas,
Toi seul aujourd'hui soutiens ma vieillesse.

Je me tiens pour assuré que si Horace nous avait laissé une épître familière *ad Baculum* où il eût exprimé quelqu'une de ces jolies idées, il n'y aurait pas assez d'éloges pour la pièce latine. Mais ce qu'il n'eût pas trouvé, c'est le sentiment d'humanité qui a inspiré cette dernière strophe :

A mes premiers temps j'ai vieilli fidèle.
Tout un passé meurt, mourons avec lui.
Mon cep, je te lègue à l'ère nouvelle;
Sois pour des vaincus un dernier appui.
Oui, sachant, ami, dès que le jour tombe,
Combien de faux pas je ferais sans toi,
Pour quelque proscrit, tribun, pape ou roi,
Je veux te laisser au bord de ma tombe.

Pourrions-nous enfin oublier complètement la prière touchante du vieillard à *ses fleurs?*

Modestes fleurs, empressez-vous d'éclore;
Déjà bien vieux, j'ai hâte de vous voir.
De votre éclat, vite, égayez l'aurore,
De vos parfums, vite, embaumez le soir......
Fleurir demain serait trop tard peut-être :
Pour les vieillards tout flot cache un écueil.

Ce beau soleil, qui vous invite à naître,
Peut, dès demain, briller sur mon cercueil.

Si la plus pure poésie du dix-neuvième siècle n'est pas là, je demande sincèrement, où donc est-elle?

En même temps se développe de plus en plus en lui le sens mystérieux de l'âme et de Dieu. L'invisible captive bat à coups d'ailes pressés les murs de sa prison, qui déjà ne lui oppose plus qu'une barrière chancelante; enfin la prison s'écroule, l'âme s'envole. Dieu la préserve de nouveaux fers! Et par un retour des plus gracieux sur le passé, le poète ajoute à sa prière : Faites, mon Dieu, qu'elle conserve le souvenir de sa prison! Toute la pièce de *la Prisonnière* semble être un fragment de Platon. Quand il plaît à Béranger, il saisit avec un bonheur inouï cette note du platonisme, qui est le spiritualisme poétisé. Rappelez-vous, dans les anciennes poésies, *le Voyage imaginaire*.

De toutes les *Dernières chansons*, celle peut-être où Béranger atteint aux plus grandes idées, d'un essor naturel et aisé, c'est *l'Ascension*, où il suppose qu'il s'élève en rêve au ciel étoilé, d'où il aperçoit le globe nain, atome dans l'immensité; c'est la terre. Et voici en quelles strophes inspirées s'épanche sa rêverie :

Quoi! notre gloire impérissable,
Nous la bâtissons là-dessus!
Mais qu'importe ce peu de sable
Où s'entassent nos vœux déçus?
Qu'importe en quelle étroite bière
Nos os tomberont de sommeil;
Aux mains de Dieu, grain de poussière,
L'homme pèse plus qu'un soleil.

. . . .

Espère enfin, mon âme, espère.
Du doute brise le réseau.
Non, ce globe n'est pas ton père;
Le nid n'a pas créé l'oiseau.

J'en juge à l'effort de ton aile,
Qui s'en va les cieux dépassant,
Pour t'engendrer, noble immortelle,
Il n'est que Dieu d'assez puissant.

Qui donc a dit que les *Dernières chansons* portent presque à chaque page la marque d'une imagination sénile et fatiguée? En voilà d'assez belles preuves, en vérité. Distinguons pourtant, pour être justes nous-mêmes. Non, le talent n'a pas baissé dans tout ce qui relève du sentiment intime. Peut-être même Béranger a-t-il trouvé, dans l'inspiration saine de la vieillesse, une note plus attendrie, plus humaine encore. Le talent a baissé dans les œuvres qui relèvent de l'imagination et de l'art. Là, n'étant plus soutenue par l'émotion directe et personnelle, la poésie se trouble par endroits et s'obscurcit. Mais voyez-la s'animer et s'épanouir dès qu'elle rencontre un de ces sujets où vibre l'âme du poète! Comme le bon Homère, Béranger vieilli sommeille parfois; mais chez lui comme chez Homère (toute proportion gardée), quels puissants réveils, que de rajeunissements inattendus! C'est la marque et le secret des grands artistes, d'avoir ainsi, même dans le crépuscule de leur génie, de ces lumineuses échappées qui éclairent encore l'horizon.

EUGÈNE MANUEL

Pages intimes, poésies, 1886.

Oui, ce sont bien là, en effet, des pages intimes. Jamais titre ne fut mieux choisi ni mieux justifié. Tout ce qui fait la vie intérieure, les rêves confus de la vingtième année, les généreuses chimères, les doutes sérieux et virils, les inquiétudes, les tristesses d'une âme qui a beaucoup espéré et qui, de bonne heure, a senti les lacunes de l'existence la mieux remplie, les amitiés, l'amour, les joies honnêtes et les douleurs ressenties en commun par deux cœurs associés à la même destinée, tout cela se retrouve dans ce petit livre qui mérite d'être signalé à l'attention du public d'élite, de plus en plus rare et dispersé.

Parmi les productions poétiques de ce temps, celle-ci se présente avec son caractère à part et comme avec un signe d'heureuse naissance. Elle se distingue très nettement de toutes les écoles connues qui ont survécu aux grandes luttes littéraires de la Restauration et qui se sont partagé en lambeaux l'héritage du romantisme. — M. Manuel n'est pas un réaliste, et je l'en félicite Il a une secrète horreur pour les vulgarités et les trivialités à la mode. Sa muse n'a rien de commun avec celle qui trône aux carrefours et qui va mendier parmi les foules une popularité détestable, celle des gros mots et des idées basses. Une lumière idéale enveloppe sa poésie et jette son voile d'or sur les réalités de la vie ou de la nature. — Il n'appartient pas davantage à ce petit cénacle de fantaisistes épuisés qui s'imaginent prolonger dans les générations nouvelles l'illusion et l'écho de cette voix divine d'Alfred de Musset. M. Manuel sait trop bien que ce qui s'imite le moins, c'est l'*humour*, et que rien ne ressemble moins à la fantaisie émue d'un grand poète que « les grâces éreintées » de ces vieux beaux, de ces *incroyables* hors d'âge qui n'ont su prendre à de Musset que son impertinence suprême et les accidents pittoresques de son costume. — Ne cherchez pas non plus la place du nouveau poète parmi ces ouvriers habiles qui s'appellent eux-mêmes des ciseleurs, et dont le rare triomphe est d'assortir un écrin de rimes impossibles. La bijouterie poétique est un art difficile, mais on peut aspirer plus haut. Il semble pourtant que ce soit là que tendent les efforts du plus grand nombre de nos poètes contemporains : dominer la matière rebelle de la langue française, la pétrir sous une dure étreinte, l'amollir, lui donner les formes les plus variées, y empreindre les caprices les plus bizarres de l'ornementation, les figures et les arabesques les plus imprévues, étonner le lecteur, le forcer à s'écrier : « Quelle merveille ! quel poète ! comme les mots lui obéissent ! » Voilà l'ambition avouée des maîtres et des disciples. M. Manuel aspire plutôt à dominer les idées que les mots, et un sentiment délicat a plus de prix à ses yeux que la rime la plus triomphante. Peut-être même les raffinés de l'art tourneront ils en critique cette sobriété d'effets matériels ; on lui reprochera de n'être pas de son époque, de n'avoir pas su profiter des progrès de l'art contemporain en *plastique*, de ne pas nous offrir un assez grand nombre de coupes savantes, de rythmes étudiés, de strophes disposées en groupes comme par un statuaire, de vers brillants et polis travaillés comme par un émailleur; pas assez non plus de mélodies de sons entrelacés et préparés comme par un compositeur habile. Eh quoi! de simples vers! un écrivain épris de son idée et de son sentiment, ne se souciant que de cela, le barbare! et oubliant que pour plaire aux dilettantes de l'art nouveau, il faudrait être à la fois un musicien, un émailleur, un ciseleur, un sculpteur, — oubliant tout cela pour n'être que poète, simplement poète! — Cela sent furieusement son Philistin.

Pendant ce temps, dans l'ombre, aux coins les plus reculés de la grande cité, gémit, sans vouloir être consolée, une secte lugubre de poètes : les désespérés. Il serait difficile à quelques-uns d'entre eux de dire pourquoi ils versent leur âme dans un pleur éternel. Cependant, avec quelque compassion et quelque patience, si vous vous insinuez dans leur confiance, vous entendrez de touchants aveux sur la fatalité tragique, attachée à leurs pas. Il en est qui ont été trahis; il en est qui ont perdu leurs illusions! Les uns, le croiriez-vous? ont rencontré sur leur route quelque lâche fripon qui les a exploités d'abord, raillés ensuite. Accident rare vraiment dans la vie humaine! D'autres, est ce bien possible? ont été trompés par quelque Marguerite aux camélias, à laquelle ils pensaient par leur amour avoir refait une virginité. D'autres n'ont aucune de ces bonnes raisons de gémir, mais précisément ils s'en désolent. Au milieu des circonstances qui leur ont fait la vie facile, ils l'ont jugée triste et ils ont invoqué le désespoir, par une sorte de prédestination qui n'attend que l'occasion de se lamenter réellement. M. Manuel n'a pas reçu dans le cœur ces coups de foudre de la fatalité. Et bien que la vie ne ressemble pas à une fête perpétuelle, il en sait goûter pourtant les secrètes délices et les ineffables consolations.

Qu'est il donc, grands dieux! ce poète hardi qui n'est

ni un réaliste — ni un fantaisiste — ni un ciseleur — ni un désespéré? Comment le définir? Dans quel genre disparu faut-il le chercher? dans le genre des écrivains délicats et naturels, qui. précisément parce qu'ils sont eux-mêmes, ne se rattachent à aucun genre déterminé, osant vivre de leur vie propre à une époque d'affectation et d'imitation universelle. Son originalité est de n'en pas chercher. L'accent de sa poésie est pur et touchant, parce que c'est celui d'un homme, non d'un écho.

La sympathie des lecteurs va d'elle-même au-devant de cette candeur, de plus en plus rare, qui est la probité du poète. On est attendri par le naturel de cette poésie avant même d'en avoir remarqué l'élévation, avant d'avoir noté la justesse de la langue dont il dispose, l'excellence de ce style qui est vraiment un style de race.

Il y a comme deux courants distincts dans la poésie de M. Manuel : l'un vient du fond d'une vie sincère, souvent troublée, mais plus forte que ses troubles, et d'une âme virilement attachée au devoir, défendue par lui contre les lâches défaillances; l'autre vient non plus de ces profondeurs émues de l'existence humaine, mais des hauteurs de la pensée pure, de ces sommets sacrés où l'esprit se sent plus voisin de l'infini. Bien que l'une de ces deux inspirations domine, elles se rencontrent à plusieurs reprises, sans se confondre, dans l'émotion du poète : chacune a son contre-coup distinct dans l'âme du lecteur.

A la première source d'inspirations se rattachent certaines pièces exquises, telles que le *Soufflet*, *Mythologie*, *Immaculée* surtout, où est traité si délicatement un problème de physiologie morale, et de charmantes scènes d'intérieur, dans lesquelles murmure une douleur discrète, *Demenagement*, le *Berceau*. C'est de toutes ces émotions intimes de la vie que s'est formée plus de la moitié du volume, comme nous le dit cette poétique préface qui, en racontant l'origine du livre, en donne bien l'accent :

AU LECTEUR

Sous la mousse et sous les roseaux
L'avez-vous parfois rencontrée
La petite source ignorée,
Connue à peine des oiseaux?

De ses invisibles réseaux
Nul ne suit la trame azurée,
Nul ne s'informe où vont ses eaux
Dans la forêt désaltérée.

Longtemps elle court sans dessein;
Un jour on lui creuse un bassin,
Lecteur, vous achevez l'histoire!

A travers bois ma source fuit,
Elle est humble et fait peu de bruit;
Mais elle est pure; on y peut boire.

Dans cette veine délicate, la touchante inspiration que celle d'où est sorti le *Rosier !* Le poète nous raconte qu'il a transporté dans son jardin un rosier pris dans un cimetière, où l'arbuste a vécu longtemps sur le tombeau d'un pauvre enfant. Comme le sentiment est juste, délicat, naturel! Pas un mot de trop, pas de gémissements excessifs; une émotion contenue et qui s'élève tout à coup au dernier vers en touchant à une grande idée.

Il a vécu sur son tombeau,
Le rosier fleuri que j'arrose;
Le mystère du froid caveau
S'épanouit dans chaque rose.

..... Parmi les autres confondu,
Nul regard ne peut le connaître.
Dans la corbeille il est perdu :
Seul je le vois de ma fenêtre.

.. Mais souvent, au déclin du jour,
Quand la foi rêve ou bien le doute,

Seul, je m'approche avec amour,
Je l'interroge et je l'écoute;

Alors je le vois frissonner
Au souvenir que je réveille :
Chaque rameau semble incliner
Vers ma lèvre sa fleur vermeille;

Il me parle du cher blondin
Endormi dans la paix profonde;
Et fait passer dans mon jardin
Comme un souffle de l'autre monde!

Mais si j'avais à choisir, parmi ces divers morceaux où s'imprime profondément la trace des émotions vraies, je ne sais si je ne donnerais pas la préférence à ce morceau, exquis de forme et de sentiment, l'*Ame absente*. Le sujet est vraiment neuf et puisé aux sources les plus secrètes de la vie et du cœur. Il s'agit d'un enfant délicieux à voir, vermeil, d'un de ces enfants qui font dire : « O mère heureuse! » tant ils sont remplis d'une sève généreuse, tant leur existence est forte et calme! Un si clair azur se répand dans leurs yeux qui grandissent! Il a trois ans, il a quatre ans; une inquiétude se mêle à notre admiration. — Que lui manque-t-il donc à cet enfant, si plein de vie et de beauté?

Pourtant il ne sourit pas;
Quelque chose en lui résiste;
En vain tu lui tends les bras.
Si jeune et déjà si triste!

N'interrogez pas sa mère en levant les yeux sur elle. Respectez son épreuve. La matière a revêtu cette forme tant souhaitée :

Mais l'âme, où la trouves-tu?
Près de Dieu l'âme est restée.

Et la poésie, grave et triste, continue ainsi, en nous donnant le détail de cette psychologie douloureuse : une forme vivante que l'âme n'anime pas.

A ce reveil sans gaîté,
Qui n'est qu'une somnolence ;
A la morne gravité
De cet eternel silence;

A cette angoisse sans nom
Qui guette, sombre et glacée,
Une lueur de raison,
Un éclair de la pensee ;

Rien qu'un regard etonné,
Rien qu'un sourire ephemere :
Oui, tu l'avais devine ;
Ne dis plus . « Heureuse mère ! »

Ce sont là, comme le dit l'auteur lui-même, des *médaillons*, *d'humbles portraits*, qui disent simplement nos bonheurs intimes et nos chagrins. Mais un sentiment si juste et si délicat a passé dans ces peintures, qu'il les a consacrées plus sûrement que ne l'eût fait un art superbe et impérieux.

Là est peut-être le vrai talent du poète. Il n'a pas de supériorité à craindre dans ce genre d'inspirations intimes et familières, qui sortent si naturellement des accidents, des rencontres, des détails les plus simples de la vie, sentie avec délicatesse, avec goût, avec sincérité, racontée avec candeur, sans une note fausse, sans une marque d'affectation, sans un trait exagéré. Cependant il serait injuste de ne pas signaler quelques pièces où le ton s'élève et s'élargit avec le sujet, où il y a de la grandeur, non seulement par le sentiment, mais par l'idée. Je citerai particulièrement l'*Ascension*, l'*Histoire d'une âme*, la *Condition*, la *Veillée du medecin*. Ici, ce n'est plus un sentiment individuel qui parle, c'est un sentiment général qui s'exprime avec nombre, avec gravité; c'est l'âme dans ses plus hautes portées, dans ses inquiétudes et ses inspirations. La pensée s'y revèle, préoccupée de problèmes où s'épuise l'ardente curiosité des penseurs de tous les siècles. On voit que lui aussi, le poète, a fait sa veillée héroïque sur une page du *Phédon*, sur cette même page où Caton mourant cherchait son suprême espoir, où toutes les âmes vraiment humaines de ce temps, comme du temps de Caton, ont cherché la lumière et la force, où le christianisme lui-même n'a pas dédaigné de recueillir des pressentiments sublimes; où toutes les philosophies ont trouvé un texte à leurs discussions, les unes y marquant l'origine des rêveries qui ont égaré l'homme dans les régions vides de la métaphysique, — les autres y découvrant avec un respect infini la première révélation claire de la raison à l'homme et l'augure sacré de ses immortelles destinées. On sent, au souffle fort et pur qui traverse ces nobles pages, que le poète est de cette race des fils de Platon qui se renouvellent à travers les siècles et qui sont comme le témoignage vivant du spiritualisme éternel de la raison.

Tel est ce livre, orné de poesie délicate et naturelle, élevée et sincère, un peu court peut-être : mais n'est-ce pas le louer que de se plaindre qu'on ait si vite tourné les dernières pages? — Il laisse dans l'âme une impression d'harmonie et de paix que la poésie de notre temps ne produit pas toujours. On sent qu'on a vécu, pendant quelques heures, avec de nobles sentiments, avec des idées généreuses, avec une âme bien née, qui est la substance même, la substance vivante de sa poésie. Et l'on confie avec bonheur le succès de l'auteur et de son livre aux gens de goût et aux honnêtes gens. Espérons que, même à cette époque de corruption littéraire, il y aura encore assez des uns et assez des autres pour assurer la fortune modeste d'un vrai poète, qui ne demande qu'à voir démentir cette prophétie sinistre, conclusion attristée de son livre :

L'oubli vient; l'heure est prochaine;
Les vers s'en vont cheminant
Aux parapets de la Seine
Dans un an!

SULLY-PRUDHOMME

La poésie scientifique au dix-neuvième siècle. — *La Justice*, poëme, par Sully-Prudhomme, 1878.

I

Il y a encore des poëtes, mais la poésie se meurt ; elle languit dans l'ingénieuse et stérile industrie du vers orné, ciselé et vide, ou dans l'exubérante fécondité de la description sans autre but et sans autre objet qu'elle-même, dans la mignardise de petits tableaux de genre où elle se tourmente à faire de la grâce, ou dans l'exaltation factice de passions imitées plutôt que ressenties. Le grand souffle lyrique qui avait passé sur une génération est éteint ; la grande fantaisie créatrice qui avait animé tant de formes et tant de types est épuisée. Le signe tout matériel qui trahit l'absence de vraie inspiration, c'est le manque d'haleine, l'essoufflement des poëtes : on ne fait plus guère que des poëmes en quelques lignes. Quand il a réussi à encadrer dans quelques rimes riches et insignifiantes un *beau vers*, un trait d'imagination ou de sentiment sur lequel s'arrêtera l'attention du lecteur, l'artiste est content, ou plutôt il est à bout. Le procédé des beaux vers est mortel au vrai talent ; tout y est sacrifié, la suite et la belle ordonnance des idées, l'ampleur des développements, la richesse et la variété des horizons, la véritable fécondité qui se renouvelle et se déploie. Il est vrai de dire que c'est précisément parce que tout cela fait défaut que des esprits industrieux et courts tentent d'y substituer les surprises d'un vers à effet, et visent aux petits succès, aux petites merveilles du detail, funestes au grand art. C'est de l'esprit, c'est souvent de la grâce, parfois même de la sensibilité ; ce n'est pas de l'inspiration : tout cela révèle un fond de sécheresse, et sous ce désert d'idées on sent les grandes sources taries. De cette sentence, trop sommaire pour être juste, il faut excepter quelques œuvres que la sincérité du sentiment ou un effort original a mises hors de pair. Mais nos observations subsistent dans leur généralité et s'appliquent à toute une génération de poètes.

Il est naturel, dans cet épuisement momentané de la passion lyrique, que les vrais talents, ceux qui sentent leur force, se tournent ailleurs et cherchent s'il n'y a pas quelque part de nouvelles sources jaillissantes d'idée et d'émotion où la poésie puisse reprendre quelque chose de sa verdeur et de sa fraîcheur perdues. La science s'offre à eux avec ses miracles toujours croissants et toujours nouveaux ; elle les invite, elle les tente même par ce qu'elle a d'inachevé, par ses efforts magnifiques, par ses vastes espoirs et ses promesses illimitées ; elle leur offre la perspective de la nature à conquérir en commun et sous une double forme : la loi qui fixe dans sa formule les rapports des choses, le vers qui en fait sentir l'harmonie et la beauté. Il n'est pas étonnant que de si hautes séductions agissent sur les intelligences d'élite et les attirent vers ces sujets nouveaux, si grands et toujours grandissants à mesure que l'on s'en approche, semblables à ces montagnes qui paraissent s'élever devant les yeux du voyageur, à mesure qu'elles s'abaissent sous ses pas.

C'est pour la seconde fois, dans l'histoire des lettres

françaises, que se produit cette tentative d'une poésie scientifique. Déjà vers la fin du XVIIIe siècle, sous l'influence du grand mouvement des sciences physiques et naturelles qui renouvelait à certains égards l'esprit humain, et aussi par l'inévitable effet d'une sorte de lassitude produite par des sujets épuisés et des formes vieillies, on vit éclore parmi les poètes une sorte d'émulation généreuse pour retremper l'inspiration à cette source merveilleuse. Vers l'année 1780, c'est à qui deviendra le Lucrèce de la science, celle de Newton, celle de Buffon, et qui sera demain celle de Laplace et de Cuvier. Voltaire lui-même avait eu le pressentiment de cette rénovation poétique au contact de la science, et jamais il ne s'était plus approché de la grandeur que le jour où il s'était inspiré du vrai système du monde. C'est chez André Chénier que se manifeste avec le plus de force et d'éclat la conscience des destinées nouvelles qui s'ouvrent pour la poésie. Plus il aime les anciens, plus il admire Homère et Virgile, mieux il sent que la vraie manière de les imiter c'est de faire autrement qu'eux, de choisir d'autres sujets, et son beau poème de l'*Invention* n'est qu'une exhortation à tenter hardiment ces voies infinies et libres où la science invite les poètes à la suivre :

> Torricelli, Newton, Kepler et Galilée
> A tout nouveau Virgile ont ouvert des trésors.
> Tous les arts sont unis : les sciences humaines
> N'ont pu de leur empire étendre les domaines,
> Sans agrandir aussi la carrière des vers.
> Quel long travail pour eux a conquis l'univers !
> Aux regards de Buffon, sans voile, sans obstacles,
> La terre ouvrant son sein, ses ressorts, ses miracles . .
> Aux lois de Cassini les comètes fidèles ;
> L'aimant, de nos vaisseaux seul dirigeant les ailes,
> Une Cybèle neuve et cent mondes divers
> Aux yeux de nos Jasons sortis du sein des mers,
> Quel amas de tableaux, de sublimes images,
> Naît de ces grands objets réservés à nos âges !

Craignez-vous d'être infidèles au culte des anciens? Mais croyez-vous donc que ces vieux poètes eux-mêmes, que Virgile ou l'*Aveugle divin*, s'ils renaissaient aujourd'hui, négligeraient d'etendre la main, leur *savante main*, sur ces trésors? — On ne conseille pas pour cela de déserter leur école, mais de s'inspirer d'eux librement :

> Changeons en notre miel leurs plus antiques fleurs;
> Pour peindre notre idee, empruntons leurs couleurs,
> Allumons nos flambeaux a leurs feux poetiques;
> Sur des pensers nouveaux faisons des vers antiques.

C'est la plus charmante définition de l'originalité dans la tradition. Le vrai culte de l'antiquité, c'est de sortir du sanctuaire avec l'esprit du dieu prêt à se répandre dans un monde nouveau. Être l'Homère d'un âge scientifique, quelle plus haute ambition peut tenter un poète? André Chénier eut celle-ci comme il en eut bien d'autres; on est étonné, quand on promène sa pensée à travers ces projets épars, devenus si vite des débris, de l'incroyable fertilité de ses conceptions dont une mort stupide a fait un gigantesque avortement.

M. Sainte-Beuve nous montre, à peu près dans le même temps, trois talents occupés du même sujet et visant chacun à la gloire difficile d'un poème sur la nature des choses. « Le Brun tentait l'œuvre d'après Buffon; Fontanes, dans sa première jeunesse, s'y essayait sérieusement, comme l'attestent deux fragments dont l'un surtout est d'une réelle beauté. André Chénier s'y pousse plus avant qu'aucun, et, par la vigueur des idées comme par celle du pinceau, il est bien digne de produire un vrai poème didactique dans le grand sens. Mais la Révolution vint; dix années, fin de l'époque, s'écroulèrent brusquement avec ce qu'elles promettaient, et abimèrent les projets ou les hommes; les trois *Hermès* manquèrent; la poésie du

XVIIIe siècle n'eut pas son Buffon. Delille ne fit que rimer gentiment *les Trois règnes.* » Dans l'ardeur de curiosité et d'invention poétique qui entraînait André Chénier vers ces nouveaux sujets, il avait tout prévu, même les inévitables objections qu'on ne manquerait pas de tirer de l'impuissance prétendue de la langue française à faire parler en vers Newton ou Buffon.

O langue des Français! Est-il vrai que ton sort
Est de ramper toujours, et que toi seule as tort?
Ou si d'un faible esprit l'indolente paresse
Veut rejeter sur toi sa honte et sa faiblesse?...

Il n'est si mauvais poète ou sot traducteur qui ne vous avertisse dans sa préface que, s'il y a des défauts dans son œuvre, ce n'est pas sa faute, c'est celle de l'instrument qu'il emploie :

Si son vers est gêné, sans feu, sans harmonie,
Il n'en est point coupable : il n'est point sans génie;
Il a tous les talents qui font les grands succès;
Mais enfin, malgré lui, ce langage français,
Si faible en ses couleurs, si froid et si timide,
L'a contraint d'être lourd, gauche, plat, insipide!

Excuse menteuse des mauvais écrivains! Est-ce à Montesquieu, est-ce à Buffon que cet instrument résiste? Chez les grands écrivains n'a-t-il pas tous les tons, ne s'adapte-t-il pas à tous les sujets avec une merveilleuse aisance?

..... Ne sait-il pas, se reposant sur eux,
Doux, rapide, abondant, magnifique, nerveux,
Creusant dans les détours de ces âmes profondes,
S'y teindre, s'y tremper de leurs couleurs fécondes?

Le mauvais écrivain ne voit les choses que par à peu près et d'une manière vague : il n'est pas étonnant que la langue se refuse à ses demi-pensées.

Celui qu'un vrai démon presse, enflamme, domine,
Ignore un tel supplice : il pense, il imagine ;
Un langage imprévu, dans son âme produit,
Naît avec sa pensée, et l'embrasse et la suit.
Les images, les mots que le génie inspire,
Où l'univers entier vit, se meut et respire,
Source vaste et sublime et qu'on ne peut tarir,
En foule en son cerveau se hâtent de courir.
D'eux-même ils vont chercher un nœud qui les rassemble,
Tout s'allie et se forme, et tout va naître ensemble[1].

Et toujours le cri héroïque qui revient à travers ces éloquentes méditations sur l'avenir de la poésie, avec je ne sais quel pressentiment funeste qu'il ne pourra pas remplir toute l'ambition de sa pensée : « Oh ! si je puis un jour ! » — On sait ce qui reste du poème rêvé par André Chénier sur la nature vue à travers la science moderne : un amas de notes où se marque le plan qui va toujours grandissant dans la tête du poète, où l'on sent partout, à travers une prodigieuse variété de lectures, de citations, de souvenirs, un souffle irrésistible qui les anime et les soulève, et sous ce souffle impérieux et fécond des germes qui ne demandent qu'à éclore, et parmi ces semences pressées de l'ouvrage futur, quelques-unes qui lèvent déjà, qui éclatent avant le temps, par une sorte d'impatience, produisant des fragments admirables, ou des vers d'une vitalité prématurée, de ces vers qui vivent, bien qu'isolés d'une vie propre et qui entrent d'emblée dans la mémoire des hommes, où ils ne meurent plus.

C'était là tellement le mouvement des esprits poétiques dans ces dernières années du XVIIIe siècle, et la pente était si bien marquée dans ce sens, que le *De Natura rerum* sollicité en France par la curiosité scientifique et tenté par plusieurs poètes à la fois s'ébauchait presque en même temps en Allemagne, sous la puissante main

1 L'*Invention*, poème.

de Gœthe. A vrai dire, ce projet demeura pendant toute la vie de l'auteur de *Faust*, comme durant la courte vie d'Ande Chénier, placé devant ses yeux comme un idéal à réaliser. Admirablement preparé à une telle œuvre par un long commerce avec la science et par ses travaux personnels sur la métamorphose des plantes, sur l'anatomie comparée, sur l'optique, Gœthe ne cessait pas de songer à ce poème, qui est resté à l'état de fragment, mais qu'Alexandre de Humboldt considérait comme devant être une des plus puissantes créations de cette pensée souveraine dans toutes les régions de l'esprit.

Aujourd'hui que ces tentatives se renouvellent parmi nous, il est intéressant de se demander dans quelle mesure et à quelles conditions la science moderne, si vaste et si complexe, peut devenir l'objet et la matière de la poésie. Cette question demanderait à être tranchée par un grand exemple, quelque poème achevé et d'un succès décisif. Nous n'en sommes pas là, et c'est dans la théorie pure que le problème se pose encore. Tout le monde est d'accord sur ce point, que l'exemple de Lucrèce ne résout rien ; à ce degré de la science naissante qui n'était encore qu'un amas d'hypothèses et où la formule exacte des lois n'était ni trouvée ni pressentie, le mélange, l'union était possible : la science n'était à ce moment qu'une sorte de poésie abstraite. Mais aujourd'hui, avec la rigueur inflexible des méthodes, avec l'instrument de précision appliqué aux phénomènes et cette chaîne serrée des lois où chaque anneau, soutenu par le précédent, soutient ceux qui le suivent, dans ce vaste déterminisme qui exclut le hasard et n'admet l'hypothèse qu'à titre provisoire, un Lucrèce est-il possible? — Sur ce point se produisent des opinions contradictoires. Nous en citerons deux qui résument les autres; d'abord celle de Guillaume de Humboldt, rencontrant la question au cours de ses études sur l'histoire du langage : « Il peut sembler étrange, dit-il, puisque la poésie se plaît avant tout à la forme, à la couleur et à la variété, de vouloir l'unir avec les idées les plus simples et les plus abstraites, et pourtant cette association n'en est pas moins légitime. En elles-mêmes et d'après leur nature, la poésie et la science, de même que la philosophie, ne sauraient être séparées. Elles ne font qu'un à cette époque de la civilisation où toutes les facultés de l'homme sont encore confondues, et lorsque, par l'effet d'une disposition vraiment poétique, il se reporte à cette unité première. » Mais le problème est précisément de savoir si cette unité primitive, rompue par le développement isolé des facultés, qu'exigent la constitution même et le progrès de la science, peut jamais être rétablie par un simple effort de la volonté ou par l'effet naturel d'une disposition de l'esprit. M. Sainte-Beuve ne semblait pas le croire, et il a porté un jugement bien sévère et décourageant, sur les tentatives de ce genre : c'est à propos d'une idée émise par Chênedollé, qui aimait à expliquer le médiocre succès du *Génie de l'Homme* (un autre *Hermès*, achevé celui-là) en se disant à lui-même que le temps n'était pas venu d'appliquer la poésie aux sciences, que la science était encore trop verte, trop jeune, que dans l'état des choses actuelles, *elle n'était pas encore nubile et qu'il ne fallait pas songer au mariage*. M. Sainte-Beuve trouve cette raison mauvaise. « Est-il bien vrai, dit-il, que la maturité de la science se prépare en effet à un hymen suprême avec la poésie ? Non, la poésie de la science est bien à l'origine ; les Parménide, les Empédocle et les Lucrèce en ont recueilli les premières et vastes moissons. Arrivée à un certain âge, à un certain degré de complication, la science échappe au poète ; le rythme devient impuissant à enserrer la formule et à appliquer les lois. Le style des

Laplace, des Cuvier et des Humboldt (celui de Cuvier et de Laplace surtout) est le seul qui convienne désormais à l'exposition du savant système[1]. »

Il me paraît qu'ici M. Sainte-Beuve ne distingue pas ce qui doit être distingué, l'exposition des théories scientifiques et l'inspiration qu'un poète peut y puiser. Il est bien vrai qu'au degré de complication et de rigueur où la science est arrivée, la formule de ses lois, qui n'admet plus d'à peu près, échappe au rythme et à la langue poetique. On doit laisser aux purs savants, géomètres, astronomes, physiciens, le soin d'établir les formules, d'énoncer, dans un style approprié soit les rapports des quantités abstraites, soit les relations des phénomènes et les évaluations numériques qui les déterminent. Un poète serait insensé qui voudrait refaire, dans les conditions spéciales et avec les ressources de son art, le tableau général que M. de Humboldt nous a tracé du cosmos, plus insensé encore s'il prétendait soit reproduire dans la langue des vers les expériences du laboratoire ou les lois de l'optique et de l'électricité, soit nous donner une exposition complète et précise des principes de l'astronomie. La loi de l'attraction, si grande dans ses applications, si simple dans la formule mathématique qui l'énonce, ne fournirait au plus habile artiste de vers que la matière d'un jeu puérilement laborieux de style, l'occasion d'un tour de force, une sorte de charade poetique. — En ce sens, et s'il ne s'agissait que de cela, M. Sainte-Beuve aurait mille fois raison de dire que le style des Laplace est le seul qui convienne à ce genre de sujets. Mais est-ce là tout, et en dehors du detail des expériences et de la formule précise, qui échappent au poète, n'y a-

1. *Chateaubriand et son groupe littéraire sous l'Empire*, t. II, p. 298

t-il pas pour lui au contact de la science, bien des sources profondes et neuves d'inspiration ?

Il y a tout un côté dans la science par où elle agit profondément sur le sentiment et sur l'imagination, et c'est par ce côté qu'elle appartient à la poésie. S'il vous est arrivé de causer avec un grand astronome ou un grand chimiste, assurément vous n'aurez pu échapper à la fascination de l'enthousiasme grave dont ces intelligences sont remplies et qui n'est que la sympathie profonde pour les objets dont elles sont possédées, l'émotion des découvertes déjà faites, le tourment vague et délicieux de celles qui restent à faire. Vous n'avez pu sortir de ces entretiens sans que votre âme ait été remuée et fécondée. Vous vous êtes, pour un instant, identifié avec la pensée du savant, soit qu'il fût alors agité par une conception nouvelle et sur la trace d'un des mystères de la nature, soit qu'il fût encore animé de la joie d'une découverte récente, ou bien qu'il ait résumé devant vous l'état de la science contemporaine dont il est en partie le créateur, l'éclairant par des traits imprévus d'une grandeur saisissante. Trouverait-on ailleurs une disposition d'esprit plus poétique que celle-là, et à ces heures privilégiées, n'y a-t il pas autant de poésie dans les conceptions animées d'un Le Verrier ou d'un Pasteur que dans les plus belles inspirations d'un Lamartine ou d'un Victor Hugo? Telle est l'âme des vrais savants, un foyer d'enthousiasme, voilé souvent sous les nuages de la méditation, dans les intervalles laborieux de la recherche, mais toujours brûlant au dedans. Chaque grand inventeur jette à son tour le cri d'Archimède, l'*euréka* triomphant ; mais ce cri n'est pour lui que l'expression rapide et spontanée de l'esprit qui se sent victorieux de l'obstacle et qui va courir à un autre obstacle déjà entrevu. Ce cri ne marque pas seulement une étape franchie, une arrivée triomphante à un but; il porte le pressentiment de nouvelles luttes contre l'inconnu. C'est ce que cet illustre et cher Claude Bernard aimait à nous répeter dans des entretiens intimes : « Pour le vrai savant, nous disait-il, la joie de la découverte est profonde et pure, mais elle est courte. Chaque loi trouvée n'est pour lui que l'occasion d'une nouvelle recherche à faire; il n'a jamais accompli son œuvre, il ne peut même en jouir longtemps : à chaque pas qu'il fait dans l'inconnu, un nouvel horizon s'ouvre plus vaste et plus lointain. Il n'a pas le droit de se reposer dans sa conquête, elle n'est qu'un point de départ; chaque résultat acquis n'est à certains égards qu'un commencement. » C'est cette même pensée qui fait la beauté philosophique et l'éloquence singulière du dernier chapitre de son *Introduction a l'etude de la médecine experimentale.* Nul n'est digne du nom de savant s'il ne sent ce qu'il y a d'inachevé dans son œuvre. Et en cela le savant ressemble à l'artiste; il n'y a de grand artiste que celui qui cherche toujours au delà. La science et l'art ont également un objet infini.

Qu'y a-t-il de plus propre à remuer l'âme d'un poète, à exciter son imagination, à le tirer hors des réalites plates et vulgaires, que la contemplation raisonnée du cosmos à travers les écrits ou les entretiens des savants, l'idée toujours grandissante de l'univers qui va de plus en plus s'étendant, à mesure que les instruments d'observation deviennent plus forts et plus delicats et que l'expérience, aidée du calcul, recule dans tous les sens les bornes de l'espace ou de la vie? Aujourd'hui le monde des infiniment grands et des infiniment petits est également ouvert à la pensee : le double infini pressenti par Pascal est scientifiquement découvert, exploré, partiellement conquis. Partout se découvrent aux yeux de l'esprit des perspectives sans limite dans l'espace et dans le temps; la science montre à l'homme que ses conceptions les plus hautes et les plus profondes sont inférieures à la réalité; elle semble, dans son progrès continu, être devenue le commentaire vivant de cette pensée du grand géomètre qui est aussi parmi les plus grands des philosophes et des poètes : « L'imagination se lassera plus tôt de concevoir que la nature de fournir ». En même temps que se dévoile devant notre pensée la grandeur illimitée de la création, le sentiment de l'harmonie universelle, de la solidarité des êtres, de la connexion des phénomènes, se révèle de plus en plus clairement aux esprits attentifs que l'esprit de système n'a pas troublés. Est-il besoin de citer des exemples, la loi d'équivalence et de transformation des forces, l'homogénéité de la matière cosmique révélée par l'analyse spectrale? Chaque loi nouvelle devient ainsi un élément plus précis et plus délicat de l'ordre. Chaque découverte est comme une révélation inattendue de l'unité, poursuivie à travers la variété et même la contradiction apparente des phénomènes; les lois nous paraissent être les éléments indestructibles de la trame divine des choses. N'y a-t-il pas là pour la poésie une matière inépuisable? Et, sans qu'elle prétende imposer aux formules une langue rebelle, ne peut-elle s'inspirer de la grandeur et de l'harmonie du vrai cosmos entrevu à travers les travaux des savants, de ce spectacle réel mille fois plus grand que toutes les fictions et plus beau que toutes les mythologies?

Que dire encore, à ce point de vue du rajeunissement possible de la poésie, des ressources sans nombre que lui offrent les applications de la science et ces découvertes qui transforment si prodigieusement autour de nous les conditions de l'existence humaine et de la vie sociale? La conquête des forces de la nature livrées comme des esclaves obéissantes à l'industrie, allégeant le rude travail des hommes en le multipliant dans des proportions inouïes, ces inventions sans nombre qui augmentent la puissance et l'intensité de la vie, si elles n'ont pu encore en accroître la durée ; la vapeur transportant les produits, les idées et les hommes d'un monde aux extrémités d'un autre monde à travers les mers et les montagnes, victorieuse dans une certaine mesure des puissances hostiles, de l'attraction et de l'espace; de simples fils de fer jetés sur la surface du globe et l'enveloppant comme dans un réseau nerveux le long duquel court la pensée, la terre revêtue par l'homme d'organes véritables, investie de pouvoirs nouveaux qui dormaient jusqu'alors dans son sein à l'état de forces perdues, devenant ainsi comme un vaste organisme au service de l'humanité, toutes les conséquences morales qui en découlent, le rapprochement des races, la création d'une conscience collective de l'espèce humaine; l'avenir mille fois plus riche encore que le présent et réduisant de plus en plus le domaine de l'impossible, il y a là des trésors inépuisables pour l'imagination : le danger est qu'elle en soit accablée.

Enfin, — et c'est là peut-être la source la plus féconde, — sous l'action de certaines théories scientifiques, il se produit une agitation prodigieuse d'idées, un conflit dramatique des consciences qui semble s'accroître tous les jours. C'est là un moment *psychologique* de l'humanité, particulièrement propice à la grande inspiration, tout ce qui est humain appartenant aux poètes, tout ce qui touche à la vie de l'âme, à ses idées, à ses tourments, à ses espérances ou à ses désespoirs. De vastes hypothèses, nées sur les confins de la science et jouant un grand rôle dans la science elle-même, qu'elles agitent et qu'elles sollicitent vers de nouvelles recherches, apparaissent avec des ambitions illimitées, les unes essayant de réunir les lois de la nature dans une autre synthèse, les autres, plus hardies, ne tentant rien moins que de pénétrer jusqu'au principe même des choses. L'idée de l'évolution par exemple, appliquée avec succès dans certaines parties de l'histoire de la nature, se porte audacieusement, dans l'ardeur de sa fortune nouvelle, pour la loi unique, contenant l'explication universelle des phénomènes et la solution définitive de la grande énigme. Elle n'est encore qu'une hypothèse, mais cette hypothèse suffit à remuer profondement les esprits, à les agiter dans un sens ou dans un autre. Si elle réussissait dans son entreprise, que de modifications en resulteraient dans notre manière de concevoir les choses et la vie! Quelle suggestion d'idées nouvelles sur l'origine et la fin des êtres, sur le principe et la destinée de l'homme! Et de là que de luttes et quel drame dans la conscience des générations nouvelles! D'une part, ce sont les anciennes doctrines philosophiques ou religieuses, les vieilles institutrices de l'humanité, menacées par ces conquérants nouveaux jusque dans les domaines jusqu'alors inviolables de l'absolu, contraintes à renouveler leurs arguments et leur défense, grandissant par cette contrainte même, brusquement réveillées de leur quietude et rajeunies elles-mêmes dans leur commerce avec la science, dont elles acquièrent de plus en plus l'intelligence et le goût, et dans laquelle elles puisent, avec une conception plus étendue et plus précise de l'univers, des idées plus approfondies sur le vrai sens de la finalité et sur les grands aspects de l'ordre universel. D'autre part, ce sont toutes ces théories, bien jeunes encore, bien peu assurées de leur avenir, mais enivrées de leurs premiers succès, enhardies à tout renouveler et, en attendant, à tout detruire, poursuivant à travers les ruines du passé un ideal inconnu, sans lequel l'humanité, dépouillée de l'ancien, ne pourrait subsister ni vivre une heure, s'avançant avec une intrépidité que rien n'arrête dans toutes les régions de la pensée, et soulevant autour d'elles des enthousiasmes et des coleres également sans justice et sans mesure. — Enfin, entre les vieux dogmes que l'on prétend renverser et l'idéal nouveau que l'on n'aperçoit pas encore, il y a pour beaucoup d'âmes un état de crise vraiment pathétique dont un poète contemporain a su tirer un brillant parti pour son inspiration et l'occasion d'un grand succès, montrant par son exemple que la renovation de la poésie est possible, à quelles conditions de talent, à quel prix de passion et de science.

On le voit, ce n'est pas la matière qui manque : elle est vaste, et les grands sujets apparaissent de toutes parts. Il ne tient qu'aux poètes d'oser y faire d'abondantes moissons, s'ils ne trouvent ailleurs que les restes des imaginations souveraines et des fantaisies superbes qui ont épuisé le champ pour plusieurs générations. Nos poètes contemporains sont même, à cet égard, dans des conditions plus favorables que leurs devanciers. Ils ont à leur service un instrument incomparablement plus souple, plus docile, plus apte à traduire la science sinon dans son détail technique, du moins dans ses grandes théories et dans les idées qu'elle suggère. Ce désavantage d'une langue poétique trop limitée, trop générale et trop vague, est sensible même chez André Chénier. — La difficulté n'aurait fait que croître à mesure qu'il aurait avancé dans son *Hermès* et pénétré plus profondément dans l'exposition savante ; cette difficulté serait peut-être devenue insurmontable, au moins dans quelques-uns des sujets qui entraient dans son plan. Sa langue si pure, si habile, si nuancée, quand il reste dans les sujets antiques ou dans ceux qui n'ont pas d'âge, ceux que fournit le cœur humain, éternel dans ses douleurs, dans ses passions et ses joies, cette même langue s'embarrasse et se trouble dès qu'elle touche à des idées scientifiques ou à des pensées modernes que le vers français n'était peut-être pas encore en état de soutenir et d'exprimer. Le premier, il a conçu avec ampleur et suite ce que pouvait être la poésie scientifique; le premier, il en a eu l'ambition, soutenue à travers toute une vie trop courte. Mais bien des ressources lui manquaient pour remplir cette noble carrière qu'il voyait s'ouvrir devant lui : la science était trop jeune encore; les esprits n'étaient pas assez familiarisés avec ses méthodes; la langue surtout faisait défaut. La langue qu'il avait à sa dispostion etait presque entièrement formée à l'image de celle d'Athènes ou de Rome, saturée d'images antiques, encombrée de mythologie. Même dans les plus brillants morceaux où le poète nous donne des fragments de l'œuvre future et des modèles de ce qu'il voudrait faire, à côté de vers superbes et forts, sortis de la source nouvelle qu'il vient de faire jaillir, combien d'autres issus des vieux moules, remplis d'expressions élégantes et vagues qui ne sont que des artifices pour éluder le mot propre et tromper l'idée précise! On l'a dit, il y a parfois du Delille chez André Chenier, non sans doute dans le sentiment, mais dans certaines formes du langage, dont il n'a pu complètement s'affranchir. Il veut par exemple, pour exprimer sa tentative poétique,

> Seul et loin de tout bord, intrépide et flottant,
> *Aller sonder les flancs du plus lointain Nerée,*
> Et du premier sillon fendre une onde ignorée.

Il nous dira que la terre a ouvert aux regards de Buffon

> Ses germes, ses coteaux, *depouilles de Tethys.*

Il exprime en beaux vers ce souhait pour les poètes qui viendront et auxquels il fait appel,

> Que la nature seule, en ses vastes miracles,
> Soit leur fable et leurs dieux, et ses lois leurs oracles

A merveille! Mais aussitôt et dans la suite du même mor

ceau, voici le langage mythologique qui recommence, précisément pour exprimer le vœu que la mythologie soit chassée de la poésie. Par un contraste singulier, elle règne encore dans le style au moment où le poète veut qu'elle ne règne plus dans les idées :

De la cour d'Apollon, que l'erreur soit bannie,
Et qu'enfin Calliope, élève d'Uranie,
Montant sa lyre d'or sur un plus noble ton,
En langage des dieux fasse parler Newton!

Les poètes d'aujourd'hui ont un double avantage. De plus en plus les esprits s'habituent au langage de la science; les méthodes se sont popularisées, sinon dans leurs procédés les plus subtils et les plus délicats, au moins dans quelques-unes de leurs opérations les plus simples et dans leurs instruments les plus élémentaires; leurs principaux résultats sont admis par tous et compris dans leur généralité. Il y a eu comme un grand travail d'acclimatation des idées scientifiques dans l'esprit moderne. Il ne serait pas besoin aujourd'hui d'une initiation spéciale pour suivre dans ses libres développements la poésie qui s'inspirerait des découvertes contemporaines, de leurs applications, de leurs conséquences morales et philosophiques. Le public lettré est tout préparé. D'autre part, la langue des vers a été tellement maniée et remaniée de nos jours, travaillée en tous sens, renouvelée et rajeunie, qu'elle est prête à recevoir toutes les idées qu'on voudra lui imposer, pourvu qu'on s'y prenne avec quelque adresse ou qu'on n'ait pas des exigences impossibles. Déjà Lamartine, Victor Hugo, l'avaient retrempée à des sources intérieures, découvertes par leur génie d'écrivain; elle en était sortie avec une souplesse et un éclat nouveaux. Mais dans cette seconde moitié du siècle, peu fécond en vrais poètes, il s'est formé toute une école d'ouvriers de style et d'artisans du vers qui ont développé jusqu'à un point inimaginable le mécanisme de l'instrument poétique, qui ont atteint à la perfection dans la partie matérielle de l'art, qui ont enfin enrichi la langue de tours, de formes et de mots d'une variété inconnue jusqu'à eux. Ainsi, même dans les interrègnes du génie, le travail qui s'est fait dans la poésie française n'a pas été perdu pour elle : il en a étendu et varié le vocabulaire; s'il n'a pas produit beaucoup d'idées, s'il a été stérile en grandes œuvres, il aura préparé des ressources utiles aux poètes qui viendront plus tard et que tenteront les sujets nouveaux. Il a singulièrement assoupli le rythme; il a inventé des procédés, autant de moyens ingénieux qui se mettront d'eux-mêmes au service d'une pensée savante, quand elle viendra, et qui en faciliteront l'expression. Et surtout il a donné droit de cité dans la langue poétique à une foule d'idées que l'on ne pouvait jusqu'alors traduire que par des périphrases, il a introduit de gré ou de force des mots légitimes et nécessaires, dont la proscription injuste obscurcissait le style et l'énervait. La pensée scientifique est mûre pour faire éclore une poésie spéciale, l'instrument est admirablement préparé; le public attend, quand viendra le poète?

II

En attendant qu'un André Chénier plus moderne, joignant la même imagination aux connaissances les plus vastes et les plus precises, recommence l'œuvre d'*Hermès* et tente l'épopée de la science, voici qu'un poète, singulièrement estimé des connaisseurs et qui dans quelques courtes pièces d'amour, de fantaisie ou de sentiment a touché plusieurs fois à la perfection de son art (*le Vase brisé, les Danaïdes*, etc.), a conçu la pensée d'élargir son cadre et de renouveler son inspiration. Quel que soit le sort de cette tentative auprès du grand public, qui n'est pas toujours en goût de faire des efforts pour comprendre, elle mérite d'être signalée à deux points de vue, comme l'essai hardi d'un talent personnel et comme un symptôme des temps. A supposer que le jeune auteur n'ait pas réussi du premier coup dans son effort, c'est au moins là une œuvre de haut vol qui s'élève au-dessus de la plupart des productions contemporaines. Nous aurons à rechercher les qualités par où elle pouvait réussir et aussi ce qui lui a manqué pour réussir complètement. Un succès, même incomplet, cherché et obtenu à cette hauteur, honore un talent, mesure un courage et provoque, avec la plus sérieuse sympathie, un examen approfondi.

Depuis longtemps déjà, non content d'un succès rapide qui eût enivré tant d'autres et qui avait mis quelques-uns de ses vers dans bien des mémoires et des cœurs émus, M. Sully-Prudhomme cherchait ailleurs sa voie. Il se préparait à de plus viriles destinées, et, sans dédaigner la popularité charmante qu'il avait obtenue dans un monde d'élite, il rêvait, il pensait et cherchait plus haut; il avait l'ambition philosophique; les grands espaces découverts par la science le tentaient irrésistiblement. Ce n'était pas là d'ailleurs pour lui une vocation de hasard; il y apportait une culture scientifique bien rare chez les poètes. Il serait intéressant de rechercher depuis 1865, à travers ses recueils divers, les *Stances et Poèmes, les Épreuves, les Solitudes, les Vaines tendresses*, la trace de cette préoccupation constante : elle se marque surtout dans la traduction en vers du premier livre de Lucrèce (1869) et dans le petit poème, peu connu et très digne de l'être, *les Destins* (1872). Ce sont là autant de préparations à l'œuvre future et comme des préludes au poème de *la Justice*, où la longue méditation éclate enfin au grand jour et dans toute sa portée.

De cette traduction de Lucrèce nous ne dirons qu'un mot : elle révèle une industrie, une patience rare; mais le vers, trop substantiel et plein de choses, est souvent rude et obscur. Pour le bien comprendre, il est utile, presque nécessaire, d'avoir le texte latin ouvert à côté; l'éclat poétique s'éteint dans l'excessive condensation du style; l'élan, le mouvement du poète latin s'embarrasse dans la rime, qui l'arrête ou le brise. Malgré tout, c'est là une sorte de gymnastique qui a pu n'être pas sans utilité pour assouplir le style de l'écrivain et le plier aux grands efforts. — Cet essai de traduction est précédé d'une préface étendue où le poète examine l'état et l'avenir de la philosophie. Lucrèce n'est ici qu'un prétexte pour l'auteur de montrer son habitude de la réflexion et sa compétence dans ces matières. Il s'y porte critique habile et pénétrant des différents dogmatismes. Il repousse également le matérialisme et le spiritualisme comme de pures hypothèses, accordant d'une part aux spiritualistes que les phénomènes moraux n'ont pas leur principe dans les phénomènes physiques, bien qu'ils y aient leurs conditions; d'autre part, aux matérialistes, que rien n'autorise à distinguer substantiellement le monde moral du physique. La solution de cette antinomie semble être dans une sorte de panthéisme; ce qu'on appelle la matière et l'esprit n'est peut-être que deux ordres de phénomènes irréductibles l'un à l'autre, en tant qu'ils relèvent de deux modes distincts de l'être universel, mais trouvant leur fondement dans cet être unique et commun. Cependant cette solution elle-même n'est qu'une solution approximative, purement subjective, appropriée aux conditions de notre intelligence. Au fond, nous ne pouvons rien connaître en dehors des catégories de l'entendement humain. Quand nous parlons de cause, de substance et de fin, nous employons des notions et des principes qui ne sont applicables « qu'aux objets dont l'essence est assimilable à l'essence humaine. » Or nous ignorons si en dehors de l'homme il y a d'autres êtres semblables à lui, pensant d'après les mêmes lois, ou des réalités soumises aux conditions qu'il est forcé de concevoir. Nous ne savons donc pas si ce que nous disons des substances et des causes a un sens en dehors de nous. Logiquement, nous ne devrions même pas poser de pareilles questions aux choses, et voici le panthéisme de tout à l'heure qui se résout dans un criticisme universel. Ni l'expérience externe ni l'expérience interne, nos seules lumières, ne sont en état de résoudre le problème de la substance; il leur est donc impossible d'en attester la division et la pluralité. D'autre part, comment concilier l'individualité de la conscience avec l'universalité de la substance? Sachons ne pas savoir, c'est la vraie démarche philosophique et la conclusion de cette ingénieuse dissertation où Spinosa ne semble triompher d'abord que pour succomber à la fin sous la critique de Kant. — « Sachons ne pas savoir », je note le mot, il est caractéristique; il trahit une disposition philosophique qui a sa raison d'être, puisqu'elle est celle de beaucoup d'esprits distingués en ce temps; mais ce n'est pas assurément une disposition poétique. La poésie doit croire à quelque chose, ou bien, si elle doute, il faut que ce soit sous la forme de la passion, non sous la forme d'un dilemme. Le doute d'Alfred de Musset est poétique parce qu'il peut s'exprimer ainsi : « Je voudrais croire et je ne puis » ; mais nous sommes en défiance des effets poétiques de cet état d'esprit où le poète se dit à lui-même : « Sachons ignorer ». J'admire cette résignation et cette prudence philosophiques; c'est peut être le dernier résultat de l'analyse et de la logique, ce n'est pas là matière à poésie. Je jette en passant cette réflexion, que nous aurons plus tard l'occasion de reprendre et d'appliquer dans l'examen du poème de *la Justice*. Elle nous éclaire d'avance sur le caractere de l'auteur et nous révèle le vice de l'œuvre.

Le petit livre des *Destins*, publié il y a six ans, sort dejà du cadre ordinaire des poesies de M. Sully-Prudhomme. L'importance du sujet et l'etendue des developpements donnés à la pensée philosophique méritent que la critique s'y arrête pour le signaler. Ce n'est rien moins que la question du mal hardiment posée, hardiment débattue et jugée. Les deux principes se disputent la Terre qui vient de naître. Le Mal, qui épie jalousement chaque astre aspirant à la vie, songe à lui composer, de toutes les infortunes qu'il peut concevoir, le plus sombre destin. Il veut y corrompre d'avance tout germe vivant, éteindre à son aurore toute forme d'idéal qui pourrait éclairer ou consoler la planète maudite: il imagine tous les supplices, la vie, qu'il rend plus sensible pour en faire une proie plus vulnérable à la douleur, l'amour, avec la mort pour en detruire toutes les joies, la Beauté souillée, la Vérite se montrant à l'homme pour l'égarer dans une vaine poursuite, la Liberté ignorante et profanée par ses propres œuvres.

C'est le mieux combattu sans cesse par le pire.

Mais en même temps l'autre principe, celui du Bien, travaille infatigablement à reparer tous ces désastres. Il crée l'amour ideal, vainqueur de la mort même, il crée la science, il crée la justice, le devouement, le martyre; il transforme la douleur même, la *grande calomniée*, et lui fait produire la dignité de l'homme, la perfection morale, la bonté; c'est

Le pire par le mieux sans cesse combattu.

Alors intervient le juge, un stoïcien ou un spinosiste, qui proclame qu'il n'y a qu'une opposition apparente entre le Bien et le Mal, que le monde le meilleur et le pire ne sont que le même monde, le nôtre, contemplé tour à tour sous ses deux faces, par l'endroit et l'envers, que pour une pensée plus haute la vaine différence des biens et des maux s'évanouit. La Nature nous échappe par sa grandeur; ignorant ses motifs, nous voulons juger par les nôtres : rien n'est bon en soi ni mauvais, tout est rationnel, tout est parce qu'il doit être :

La Nature nous dit : « Je suis la raison même,
Et je ferme l'oreille aux propos insensés;
L'univers, sachez-le, qu'on l'exècre ou qu'on l'aime,
Cache un accord profond des destins balancés

Il poursuit une fin que son passé renferme,
Qui recule toujours sans lui jamais faillir;
N'ayant pas d'origine et n'ayant pas de terme,
Il n'a pas été jeune et ne peut pas vieillir

Il s'accomplit tout seul, artiste, œuvre et modèle.
Ni petit, ni mauvais, il n'est ni grand ni bon,
Car sa taille n'a pas de mesure hors d'elle,
Et sa nécessité ne comporte aucun don. »

Zénon, Spinosa, Hegel, reconnaîtraient dans ces vers la fière et triste image de leur pensée. Il y a dans ces strophes et dans beaucoup d'autres une fermeté, une simplicité de style, qui nous montrent déjà M. Sully-Prudhomme en pleine possession de toutes les ressources de son art et de taille à se mesurer avec les plus grands sujets de la science ou de la philosophie.

C'est ce qu'il a fait dans le poème de *la Justice*, le plus récent et le plus considérable de ses ouvrages, et dont lui-même a déterminé l'intention, expliqué le titre, marqué le caractère en quelques mots que nous devons recueillir. « Dans cette tentative, nous dit le poète, loin de fuir les sciences, je me mets à leur école, je les invoque et les provoque. La foi étant un compromis entre l'intelligence et la sensibilité, l'une des deux parties s'y est reconnue lésée, et aujourd'hui toutes les deux se défient excessivement l'une de l'autre. La raison et le cœur sont divisés. Ce grand procès est à instruire dans toutes les questions morales; je m'en tiens à celle de la justice. Je voudrais montrer que la justice ne peut sortir ni de la science seule, qui suspecte les intuitions du cœur, ni de l'ignorance généreuse qui s'y fie exclusivement; mais que l'application de la justice requiert la plus délicate sympathie pour l'homme, éclairée par la plus profonde connaissance de sa nature; qu'elle est par conséquent le terme idéal de la science étroitement unie à l'amour. » C'est donc bien d'un poème scientifique et philosophique qu'il s'agit. Il est divisé en deux parties d'inégale étendue : l'une intitulée *Silence au cœur*, dans laquelle se révèlent un à un les durs arrêts de la science positive; l'autre, *Appel au cœur*, où le poète invoque la conscience humaine, seul tribunal où la justice se promulgue au milieu du silence de la nature. Ces deux parties ont été composées à deux epoques distinctes de la vie de l'auteur et sous des impressions différentes. La première reflète un pessimisme plein d'amertume et porte pour ainsi dire la date des sinistres événements qui avaient détruit la confiance du poète dans la dignité humaine. La seconde nous révèle une disposition moins sombre; le poète s'est réconcilié avec la vie, avec la société, avec l'homme : il a compris que son devoir était d'espérer encore.

Nous ne pourrons donner qu'une idée bien incomplète de ce poème; si philosophique qu'il soit, un poème ne s'analyse pas comme un traité. Le prologue marque le lien qui existe dans la pensée du poète entre *les Destins* et *la Justice;* il reprend l'idée qui a servi de conclusion à son dernier livre :

> Une œuvre s'accomplit obscure et formidable,
> Nul ne discerne, avant d'en connaître la fin,
> Le véritable mal et le bien véritable;
> L'accuser est stérile, et la défendre vain.

Quelque obscure que soit cette œuvre, essayons d'en comprendre au moins et d'y lire ce qui nous regarde. Demandons à cette nature, impersonnelle et froide, ce qu'elle fait de la justice, si elle lui a réservé quelque part un asile, ou si ses oracles sacrés ne sont que la dernière forme des religions, la superstition suprême de l'humanité.

C'est sur cette question que le poème commence. Deux personnages invisibles, abstraits, remplissent de leurs strophes alternées les premières *veilles*. Le *Chercheur* représente la science; il est décidé à *s'armer pour savoir*, à se rendre fort contre toutes les illusions et tous les prestiges qui pourraient amollir son cœur.

Mais alors une voix s'élève, celle du passé, qui réclame et proteste contre l'œuvre implacable qui va s'accomplir. Le Chercheur s'arrête interdit :

> J'entends monter des voix à des appels pareilles,
> Indomptables échos du passé dans mon cœur.
> Ce sont tous mes instincts poussant des cris d'alarme;
> En moi-même se livre un combat sans vainqueur
> Entre la foi sans preuve et la raison sans charme.

La justice est un cri du cœur, dit la Voix. L'univers n'a pas de cœur, répond le Chercheur : il n'y a que des lois éternelles et le monde est vieux comme elles. Suivons la science jusqu'au bout; elle seule est digne de guider l'humanité hors de tutelle. Vous n'irez pas sans doute chercher la justice en dehors de la vie? La vie commence avec les végétaux. Et déjà là commence en même temps l'implacable loi de vivre aux dépens des autres, la concurrence vitale qui conclut à l'immolation des faibles.

Tout vivant n'a qu'un but : persévérer à vivre;
Même à travers ses maux, il y trouve plaisir ;
Esclave de ce but qu'il n'eut point à choisir,
Il voue entièrement sa force à le poursuivre.

Ce qui borne ou détruit sa vie, il s'en délivre,
Ce qui la lui conserve, il tâche à s'en saisir ;
De là le grand combat, pourvoyeur du désir,
Que l'espèce à l'espèce avec âpreté livre.

Malgré les plaintes touchantes et la Voix qui ne cesse de faire appel à des idées moins sombres, à tous les sentiments, à tous les souvenirs enchanteurs, à toutes les joies honnêtes et pures qui consolent l'homme de porter le poids et le joug de ces lois si dures, le Chercheur continue son enquête. La justice qu'il n'a pas trouvée dans les rapports des espèces entre elles va-t-il la rencontrer au sein de l'espèce, dans l'espèce humaine surtout? Pas davantage. Même là rien qui ressemble ni à la sympathie ni à l'équité. La conservation du fort y est assurée par son propre égoïsme, et celle du faible par des instincts dérivés de l'égoïsme, qui lient l'intérêt des forts aux siens. A défaut de bonté, la Nature a de la prudence. Elle ruse en nous et avec nous pour arriver à ses fins; elle nous trompe nous-mêmes sur la sympathie, sur l'amour, qui au fond ne sont que l'égoïsme; son art est de jeter sur ces instincts grossiers je ne sais quel voile d'idéal qui en cache la vulgarité. On dirait qu'ici le poète traduit Schopenhauer :

L'Amour avec la Mort a fait un pacte tel
Que la fin de l'espèce est par lui conjurée.
Meurent donc les vivants! la vie est assurée....

Qu'importent que les individus disparaissent, après avoir accompli leur tâche et semé la vie? C'est tout ce que voulait d'eux le génie de l'espèce; la pudeur n'est qu'un artifice pour vaincre

> Le dégoût de peupler une terre aussi dure.

La Beauté n'a d'importance que parce que c'est à elle qu'a été confiée l'intégrité du moule de la race. — L'amour maternel n'est qu'un instinct de la chair et du sang dont la Nature a besoin pour faire vivre l'enfant, trop faible pour se nourrir lui-même.

Les États se comportent comme les espèces entre elles. Encore y a-t-il une différence à marquer en faveur des animaux; les individus de la même espèce ne se déchirent pas entre eux. La guerre, l'horrible guerre est le privilège de l'espèce humaine : la sentence du meurtre est la seule que l'on respecte, et ce qu'on appelle dans les palais et dans les cathédrales la justice de Dieu n'est que la loi de la force. — Dans l'intérieur de l'État, c'est la même chose : la loi du besoin y règne seule; c'est l'intérêt de la réciprocité qui fonde l'apparence de ce qu'on nomme la justice. Le besoin partout crée le droit; et quel besoin! le besoin physique uniquement :

> C'est du conflit des corps que le droit est venu.

Si l'homme n'était qu'une ombre impalpable, il n'aurait imaginé rien de pareil, et le nom même de justice serait inconnu. Mais nous sommes soumis à la loi de l'attraction qui nous fixe sur un sol déterminé; les autres hommes nous disputent cette place; il faut que chacun mesure à chacun l'espace qu'il occupera :

> Toujours d'un droit qui naît une liberté meurt

Peut-on croire au moins que la justice, cette chimère sur la terre, sera une réalité ailleurs? Y a-t-il quelque part une justice transcendante? Rien ne nous le fait supposer, tout nous fait croire le contraire. L'universalité des lois, qui est depuis longtemps un axiome, l'identité de la matière cosmique, qui en devient un autre, nous empêchent de concevoir qu'il y ait des mondes organisés plus moralement que le nôtre :

> Le ciel s'évanouit quand la raison se lève,
> Et toute sa splendeur a moins d'être qu'un rêve.

Donc, pas de paradis dans ces étoiles dont la substance est en tout semblable à celle qui compose notre pauvre globe; pas même de ciel idéal à conquérir sur cette terre par la perfection morale : cette perfection n'est qu'une autre illusion; elle est impossible, car le fatalisme qui règne au plus profond des firmaments doit régner aussi dans mon cœur; ainsi le veut l'universalité des lois qui régissent le monde. Ici nous devons citer quelques vers d'une habileté rare, malgré quelques obscurités, dans lesquels l'ingénieux et subtil auteur a réussi à enfermer tout le problème du libre arbitre :

> Seul le plus fort motif peut enfin prévaloir;
> Fatalement conçu pendant qu'on délibère,
> Fatalement vainqueur, c'est lui qui seul opère
> La fatale option qu'on appelle un vouloir
>
> En somme se résoudre aboutit à savoir
> Quelle secrète chaîne on suivra la dernière
> Toute l'indépendance expire à la lumière
> Puisqu'on saisit l'anneau sitôt qu'on l'a pu voir.
>
> Tout ce qu'un être veut, son propre fond l'ordonne,
> Mais l'ordre irrésistible à son insu lui donne
> *Le sentiment flatteur qu'il est sollicité.*
>
> Ainsi la liberté, *vaine horreur de tutelle,*
> *N'est que l'essence aimant le dernier joug né d'elle,*
> L'illusion du choix dans la nécessité.

Cependant le Chercheur ne parvient pas à lever un dernier doute, un dernier scrupule. Le cœur ne se laisse pas immoler jusqu'au bout, son autorité se révèle par le sentiment indestructible de la responsabilité devant le crime. La science positive a beau dire et beau faire; en vain elle nous dit que l'homme n'est qu'une pièce infiniment petite, perdue et entraînée dans le jeu du mécanisme universel; l'homme, spectateur de la vie, la juge; témoin de l'inégale répartition des biens et des maux, il s'en indigne; témoin de sa propre vie, il se condamne quand il fait mal, il ne peut s'empêcher de juger et la nature et lui-même. C'est sans doute que la justice, bannie du reste de l'univers, a son refuge dans le cœur de l'homme, et c'est ainsi que le monde moral, né de la conscience humaine, va se relever en face du monde physique, théâtre des jeux éternels de l'atome, instrument et matière du destin.

Mais le Chercheur ne veut pourtant pas reconnaître qu'il s'est entièrement trompé dans son enquête à travers le monde. En même temps qu'il rétablit la justice dans le cœur de l'homme, il soutient que, hors l'espèce humaine, elle n'a aucune raison d'être, que nos griefs contre la Nature ou la Divinité sont sans fondement. La Nature n'est pas soumise aux lois de notre conscience, et la Divinité, si elle existe, laisse faire à la Nature son œuvre nécessaire; le large plan qui se développe à travers l'infini de l'espace, du temps et du nombre, ne peut se laisser troubler par les incidents misérables de nos plaintes et de nos gémissements. L'univers s'est fait sans la vertu, il se maintient et durera sans elle. Tous ces mots sacrés n'ont de sens que pour l'homme; la conscience est l'unique autel de la justice. Ce que nous appelons le mal en dehors de nous n'est qu'un moyen fatal, la condition d'un ordre qui nous dépasse infiniment. Mais l'homme ne peut pas se séparer de ce sentiment qui est en lui et sans lequel il ne serait pas homme :

> Si, hors du genre humain, tu n'es plus qu'un vain nom,
> En lui du moins tu vis, qu'il t'obéisse ou non.
> C'est que, formée en nous depuis notre naissance,
> Ta nature, ô Justice! est notre propre essence.

Elle crée en moi la dignité, elle m'enjoint d'être homme et de respecter l'homme, elle marque l'avènement d'un phénomène nouveau dans l'univers, le sentiment du devoir. Les choses reprennent ainsi leur ordre et leur proportion; la Terre n'est qu'un des plus petits corps de l'infini céleste, mais elle vaut mieux que le plus beau soleil, parce qu'elle a fait l'homme et que l'homme a trouvé la justice dans son cœur. Chacun de nous devient ainsi le mandataire et le gardien de l'honneur de la Terre qui a formé et nourri l'espèce humaine, ouvrière inconsciente de ce qu'il y a de plus beau et de plus grand dans le monde, un cœur qui bat pour la justice et la vérité. Elle a fait l'homme en achevant lentement et pièce par pièce l'ouvrage ébauché par les infinis, que ces infinis s'appellent l'Éternité, l'Étendue, ou la Cause première qui n'a pas dit encore son vrai nom. L'homme n'est pas leur œuvre : elles ne l'ont pas fait toutes seules, il lui fallait la Terre pour mère et pour nourrice, et après combien d'essais, de tâtonnements gigantesques, de moules brisés :

> Il lui fallait la terre et ses milliers d'épreuves,
> D'ébauches de climats, d'essais de formes neuves,
> D'élans précoces expiés,
> D'avortons immolés aux rois de chaque espèce,
> Pour que de race en race, achevé pièce à pièce,
> Il vît l'azur, droit sur ses pieds.

Il fallait, pour tirer ce prodige de l'ombre
Et le mettre debout, des esclaves sans nombre,
Au travail mourant à foison ;
Comme en Égypte un peuple expirait sous les câbles,
Pour traîner l'obélisque à travers monts et sables
Et le dresser sur l'horizon

Et comme ce granit, épave de tant d'âges,
Levé par tant de bras et tant d'échafaudages,
Étonnement des derniers-nés,
Semble aspirer au but que leur montre son geste,
Et par son attitude altière leur atteste
L'effort colossal des aînés :

L'homme, en levant un front que le soleil éclaire,
Rend par là témoignage au labeur séculaire
Des races qu'il prime aujourd'hui,
Et son globe natal ne peut lui faire honte,
Car la terre en ses flancs couve l'âme qui monte
Et vient s'épanouir en lui.

Voilà donc l'âme retrouvée au terme de cette longue odyssée à travers les sommets et les abîmes de la science, une âme fille de la Terre, dernier terme et dernier effort d'un long enfantement. Avec elle naissent la responsabilité humaine, le progrès moral, la cité idéale gouvernée par la science et par l'amour. Tout cela est l'œuvre de l'âme se sentant elle-même, prenant conscience de sa liberté, un monde où viennent expirer les lois qui régissent le reste de l'univers :

Espace intérieur, inviolable empire
Qu'un refus du vouloir barre même au Destin.

Telle est la conclusion adoucie et plus humaine du poème. — On a pu se rendre compte, par l'analyse que nous en avons faite et par les citations que nous y avons semées, de la hardiesse du plan, de la nouveauté des sujets, empruntés pour la plus grande part aux plus récentes théories de la science positive, de la vigueur et de l'éclat de l'expression. On voit que le poète s'est mis tout entier dans son œuvre avec son goût pour les grands problèmes, sa haute culture scientifique, avec tout son talent et aussi son entière sincérité. Pourquoi donc, malgré tant d'efforts et de mérites, le succès est-il resté douteux? Pourquoi nous-mêmes, malgré de vives sympathies pour l'auteur, demeurons-nous hésitants et froids devant son œuvre? C'est le devoir de la critique de faire l'examen de conscience du public, le nôtre et celui du poète, et de chercher les raisons de cette hésitation ou de cette froideur qui semblent injustes. — Il ne servirait de rien d'accuser le public, son incompétence, sa frivolité, son peu de goût pour les matières abstraites, son visible ennui « dès que le sujet traité cesse d'être aisément accessible aux esprits de moyenne culture. » Le public même incompétent se laisse volontiers émouvoir, persuader par l'opinion de l'élite; il s'associe à l'enthousiasme des connaisseurs; il ne comprend pas toujours, mais avec un instinct qui ne se trompe guère et qui ne demande qu'à être averti, il conçoit, il sent qu'il y a ici ou là une œuvre irrésistible, entraînante; de confiance il applaudit, et il devient l'ouvrier d'un succès, même quand il n'en connaît pas bien les hautes et délicates raisons. Il faut chercher ailleurs les motifs de cette résistance, ceux que les meilleurs amis du poète doivent lui indiquer pour l'aider à la vaincre une autre fois, bien convaincus d'ailleurs que le poète ne sort pas diminué de cette difficile épreuve, qu'il en doit sortir, au contraire, fortifié, mais en même temps éclairé sur les conditions, la puissance et les limites de son art.

Une des plus graves erreurs du poète, à mon avis, c'est le choix qu'il a fait de rythmes trop savants, trop particuliers, trop limités. Sans doute il nous a donné la preuve éclatante qu'il excelle à se jouer des plus grandes difficultés de la versification. Mais qui lui en saura gré, à part quelques parnassiens exaltés? Ne lui est-il pas arrivé souvent de laisser la précision ou la clarté de l'idée en gage dans ce jeu périlleux, et de faire de sa pensée l'otage du vers, qui devrait être l'esclave et qui devient le maître? Plus les sujets étaient difficiles, plus il convenait que le poète gardât toute sa liberté pour les exprimer. Au contraire, comme pour redoubler le mérite de la difficulté vaincue, il s'est enfermé dans les bornes les plus étroites, dans une sorte de prison cellulaire. Le croirait-on? au lieu d'adopter le grand vers de haut vol et de libre allure, seul capable de suivre dans son essor l'idée philosophique, comme s'il était amoureux de l'obstacle, il a adopté, dans la plus grande partie de son poème, la forme du sonnet. Encore si ce n'était que le sonnet! Mais l'auteur a voulu compliquer la difficulté, comme si elle n'était pas déjà suffisante : le sonnet explique la pensée du Chercheur, et contraste avec les appels de la Voix, qui tiennent exactement dans trois strophes de quatre vers. Le sonnet et la triple strophe sont liés ensemble par une demande et une réponse de deux vers chacune, pas un de moins, pas un de plus. Cela est d'une habileté très grande, mais d'une monotonie facile à prévoir. Quelle inspiration résisterait à des gênes pareilles? Le talent peut-il imaginer à plaisir de plus pénibles entraves et tenir contre lui-même une gageure plus singulière? Et y a-t-il au monde contradiction plus forte que la forme du sonnet avec la largeur de l'inspiration que réclamait l'audace du sujet? Le sonnet convient à merveille à l'expression d'une idée ou d'un sentiment simples et concrets; il note une fantaisie de l'esprit, une émotion rapide, une rougeur fugitive, un désir, un regret. Il convient admirablement à l'inspiration courte des jeunes parnassiens, qui en ont tiré de charmants effets. Mais, grand Dieu! employer cette forme artificielle à l'expression des plus hautes idées, quelle fantaisie regrettable! Le culte du sonnet, appliqué à de pareils sujets, est un reste du vieil homme, un souvenir du parnassien dans M. Sully-Prudhomme. De là que d'obscurités de détail! que de vers durs et techniques! Il y a dans tout le poème une adresse de facture presque excessive; mais la variété manque, la liberté d'allures, la souplesse et l'ondulation des mouvements, tout ce qui fait la grâce. La pensée a de la raideur; dans cette tension uniforme, le charme fait defaut. On exige de nous trop d'efforts, non pour comprendre l'idée, qui est suffisamment claire, mais pour pénétrer dans l'expression trop ramassée en elle-même, trop condensée, où l'air et l'espace manquent. C'est évidemment à la contrainte d'une forme impossible qu'il faut attribuer des vers pareils à ceux-ci; il s'agit de réveiller le poète de sa langueur :

Mais si je lui montrais la Gloire
Sonnant ses vers sous un laurier ?

Et cette imitation si pénible de Lucrèce, qui nous peint l'homme se ruant à la volupté et en sortant avec une tristesse invincible :

Amour, ne ris-tu pas des roucoulants aveux
Que depuis tant d'avrils la puberté rabâche,
Pour en venir toujours (triste apres) où tu veux

Je n'aime guère non plus ces strophes, où le poète exprime la loi de la faim qui fait passer son sanglant niveau sur le monde des vivants :

Aveugle executeur d'un mal obligatoire,
Chaque vivant promène ecrit sur sa mâchoire

L'arrêt de mort d'un autre, exige par sa faim.
Car l'ordre nécessaire, ou le plaisir divin,
Fait d'un même sepulcre un même refectoire
A d'innombrables corps, sans relâche et sans fin.

Je n'insiste pas; il y aurait de l'injustice à recueillir, dans une œuvre de longue haleine, les vers où l'art a défailli : c'est d'ailleurs moins au compte du poète qu'au compte du sonnet que je veux mettre ces défaillances.

La difficulté pour traiter ces grands sujets n'était pas seulement dans la forme adoptée par l'auteur, elle était aussi dans certaines dispositions de son esprit. Un problème peut bien être l'objet d'une pièce de vers, non le sujet d'un poème. Il faut, pour soutenir une longue suite de vers et pour y intéresser le lecteur, un système vigoureusement accepté, traduit par une conviction ardente. Il faut une doctrine, une cause à défendre. C'est à cette condition seulement que des idées pures peuvent émouvoir, entraîner le lecteur. C'est par là que Lucrèce dompte les âmes rebelles : il embrasse dans sa croyance tous les principes et les détails de la doctrine de son maître Épicure; il ne doute pas, il croit; c'est plus qu'un disciple, c'est un fidèle, c'est un enthousiaste, et cela explique pourquoi sa pensée brûlante répand sa flamme dans les esprits; même quand on résiste à la doctrine, quand on en a senti l'insuffisance, l'ardeur du poète est contagieuse, on est ému, non de la vérité qu'il exprime, mais de son motion. — C'est cette foi aux doctrines naturalistes dont il est l'interprète qui manque à M. Sully-Prudhomme; il doute, il discute, il fait sa part à la science positive, il fait sa part à la conscience qui proteste. Son esprit n'est rien moins que dogmatique : il se défie, il fait des réserves. Excellente méthode en philosophie, dangereuse en poésie. Déjà dans la préface, mise en avant de la traduction du *De Natura*, nous avions pu saisir la même hésitation; ici elle s'accentue davantage. La science positive triomphe dans les sonnets, mais l'instinct des vieilles croyances réclame avec énergie dans les strophes alternées, qui n'ont ni moins d'éloquence ni moins d'éclat. Est-ce le sonnet qui a raison, est-ce la triple strophe, mise en balance régulière avec le sonnet? Grave question, difficile à résoudre et qui laisse le lecteur indécis, d'autant plus qu'il ne se sent guère éclairé par la conclusion de l'auteur. Il semble bien que, dans la première partie, le premier rôle est au Chercheur qui, au nom de la science positive, déclare la liberté et la justice de pures illusions devant l'écrasante réalité des lois éternelles. Tout change dans la seconde partie; le cœur se réveille, la liberté se proclame, la justice retrouve ses titres, la sympathie s'éveille, et le progrès devient le terme idéal de la science unie à l'amour. — Pourquoi cela? Comment ce brusque changement s'est-il fait, qui réconcilie tout le monde, le Chercheur et la Voix, la raison et le cœur, l'amour et la science? Il a suffi au poète de déclarer que la justice fait partie de l'essence de l'homme, qu'elle est son essence même, que sans doute elle n'a pas de signification hors de lui, mais qu'elle règne en lui. Encore une fois, pourquoi cela? Cette révélation de la conscience, non expliquée, reste un mystère. Comment l'homme peut-il créer de son fonds la justice? Comment peut-il donner de la réalité à ce qui n'en a pas en dehors de lui? Comment une création purement subjective peut-elle avoir une valeur absolue? Il serait pédantesque de trop presser un poète et d'appliquer à ses conceptions la même dialectique qu'à des théorèmes. Mais enfin, il s'agit d'un poème d'idée, non de sentiment pur ou de fantaisie; encore faut-il se reconnaître dans la logique secrète de l'auteur, et j'avoue que cette logique est un labyrinthe où ma pensée se perd. Cette justice qui se révèle tout d'un coup dans un atome perdu de l'univers, sans qu'elle ait aucune réalité en dehors de cet atome, qu'est-elle en soi? quelle en est l'autorité? Je ne parle même pas de la sanction, mais de l'origine et du prix de cette idée, qu'on nous dit étrangère au monde comme à Dieu, s'il y en a un.

En dehors d'une justice absolue, il n'y a plus que l'utilité plus ou moins deguisée. L'homme ne peut lier l'homme qu'au nom de l'intérêt, et le droit social, ainsi considéré, n'est que la règle des besoins. C'était l'argument du Chercheur, et il garde toute sa force devant la brusque conversion du poète. En tout cela, je ne vois pas la conviction enthousiaste d'un système qui doit animer une pareille œuvre, je ne trouve que les perplexités honorables du penseur, qui perd tour à tour et retrouve la justice. L'œuvre s'est ressentie de cette fluctuation d'idées successives et contraires : le doute est poétique, l'indécision ne l'est pas.

Disons enfin que l'auteur s'est volontairement privé des ressources les plus brillantes que lui aurait offertes son sujet plus librement, plus largement conçu. Je ne discute pas sur le sujet lui-même, mais sur la manière dont il a été entendu et traité par l'auteur. Il n'est question, d'un bout à l'autre du poème, que d'abstractions pures; le procès fait au cœur par la raison, le déterminisme universel, l'unité et l'identité de la matière cosmique, la loi de la sélection et de la concurrence vitale, l'apparition de la justice, la vie sociale instinctive d'abord, refléchie ensuite, le progrès de la cite par l'amour et par la science. Lucrèce, à qui il faut bien toujours revenir (car c'est le maître dans ce grand art de la poésie scientifique), a lui aussi des morceaux d'une abstraction redoutable, comme quand il définit l'espace et le mouvement, quand il décrit la formation du monde par les atomes, ou qu'il analyse les simulacres qui expliquent la perception; mais avec quel art il appelle à son aide d'éclatants épisodes, de grands tableaux, de longs récits comme tout le cinquième livre, où il raconte à sa manière la formation de la terre, l'éclosion de la vie, l'histoire des sociétés humaines! Certes, je ne conteste pas à M. Sully-Prudhomme le droit de nous révéler en vers les théories les plus récentes de la science positive et même ses hypothèses les plus contestables; mais il y fallait plus de variété, plus de liberté, plus de mouvement, une forme plus sensible et plus concrète : il fallait mettre ces doctrines en tableaux au lieu de nous les offrir en raisonnements. Sur une pareille matière, il fallait répandre à flots la lumière, la couleur, la vie. Cela était possible avec les ressources abondantes que lui offrait l'humanité telle que l'imaginent les naturalistes de cette école, l'histoire avant l'histoire. Avec son imagination savante, quels riches tableaux il aurait pu tracer! J'imagine un poète darwiniste, nous décrivant, nous peignant la nature dans ses évolutions successives, la terre dans ses grandes époques, les types successifs montant lentement l'échelle des êtres, les dures lois de la sélection naturelle travaillant à l'ordre futur par l'immolation des faibles, l'humanité se dégageant peu à peu des étreintes de la vie animale, la tribu groupant les familles, la cité organisant les lois, l'humanité prenant conscience d'elle-même dans sa lutte avec les espèces animales qu'elle dompte et avec les forces de la nature qu'elle asservit, la civilisation chassant la barbarie, mais subissant des retours terribles de cette barbarie, comme par une sorte de loi d'atavisme qui réveille, nous dit-on, de temps en temps dans l'homme les instincts féroces des aïeux inconnus. Il y aurait eu là de larges horizons à nous ouvrir, de ce côté de l'humanité passée qui prête tant à l'imagination, et certes de pareils sujets étaient dignes de tenter un poète tel que M. Sully-Prudhomme. Il a été trop exigeant envers lui-même, en se refusant ces vives et larges peintures; il n'a pris que le côté abstrait de son sujet. Je crois qu'il a demandé trop à son art et qu'il en a dépassé les limites. L'expérience de ce poème n'est pas concluante. Je persiste pourtant à croire que le poème scientifique est possible et qu'il se fera. M. Sully-Prudhomme a eu raison de croire que le vers est la forme la plus apte à consacrer ce que l'écrivain lui confie, et que l'on peut lui confier, outre tous les sentiments, presque toutes les idées. Mais il n'a pas réussi suffisamment à faire vivre son sujet; l'abstraction l'a attiré dans ses abîmes; il en a eu le vertige. Malgré tout, il y a dans cette tentative même une audace et une force qui honorent singulièrement le poète, et s'il s'est trompé, croyons bien qu'on ne se trompe ainsi qu'avec de nobles ambitions et un grand talent.

OCTAVE FEUILLET

I

Ce qui fait les succès littéraires, ce n'est pas la critique, comme elle se l'imagine trop volontiers, c'est l'opinion, avec toutes les vivacités de l'instinct et tous les hasards de la première impression. Mais la critique, si elle ne fait les succès de la première heure, les consacre ou les détruit en les jugeant. Elle indique, parmi ces succès de divers aloi, ceux qui doivent survivre et ceux qui ne méritent pas d'avoir un lendemain. Elle est l'opinion réfléchie, l'impression du second moment, celle qui, d'ordinaire, reste et a le dernier mot dans les questions d'art et de goût.

Parmi les œuvres récentes qui ont trouvé d'emblée le chemin de la sympathie publique, il serait injuste d'oublier deux nouvelles de M. Feuillet, *la Petite comtesse* et *le Roman d'un jeune homme pauvre*. Méritent-elles de survivre à l'heure rapide dont elles ont été l'émotion et l'entretien? Je le crois et je l'espère. Elles m'en semblent dignes par la délicatesse de l'inspiration et l'art élégant du style, par la combinaison de certaines qualités, qui, pour n'être pas toutes des qualités de tempérament et de force, n'en ont pas moins leur charme et leur prix.

Une destinée heureuse semble avoir frayé la voie au talent de M. Octave Feuillet. Il a réussi sans lutte, ce qui est rare en ce monde et surtout en ce temps. L'imagination et le cœur des femmes ont été les complices de cet aimable succès. Les *Scènes, Proverbes* et *Comédies* ont eu l'applaudissement des salons avant d'avoir rencontré l'applaudissement des théâtres. Et cela devait être. Sauf *le Village*, qui touche par endroits à la vraie comédie, et *Dalila* où l'on sent, avec quelques visées un peu trop marquées au lyrisme, une inspiration et des effets plus dramatiques, toutes ces pièces, dans leur ingénieuse élégance, ne sont guère que des *nouvelles* dialoguées.

Ce sont des proverbes plutôt encore que des comédies. Mais dans ces étroites limites tient un petit drame domestique qui touche un instant à l'émotion après avoir traversé la gaieté et qui arrive au dénouement entre une larme et un sourire. Une femme qui s'ennuie et qui rêve, un mari trop occupé des grands intérêts du dehors, et qui laisse trop de place, à son foyer, à ce rival de tous les maris, l'inconnu, un amant qui se glisse entre le rêve de la femme et les hautes méditations du mari, voilà, à peu de chose près, tout le personnel des pièces de M. Feuillet. Parfois, il s'y joint, comme dans *Péril en la demeure*, quelque autre personnage, cette charmante mère, par exemple, la baronne de Vitré, dont la morale a tant de grâce, dont la raison a tant de charme, dont le cœur a des indulgences si douces, que devant elle les désirs confus s'apaisent, la conscience se calme par enchantement, et retrouve tout d'un coup la vue distincte du devoir, un instant troublée par un nuage. — D'autres fois, par compensation, les personnages se réduisent à deux, par exemple dans *le Pour et le Contre*. Tout au plus un nom apparaît-il dans un certain vague et comme dans le lointain. Ce nom pourrait être un sérieux péril. Il ne l'est pas. Une conversation, d'abord languissante et froide, s'engage entre le mari qu'une sorte d'inquiétude pousse hors de sa maison, et la femme dont la tendresse commence à souffrir. L'esprit, excité bientôt, jaillit; le cœur se réveille sous la douce excitation de l'esprit; il parle; ce qu'il dit, M. Feuillet nous le confiera demain. C'est là l'ordinaire dénouement de ses agréables scènes, dénouement à coup sûr tres légitime et très conjugal, bien qu'on puisse dire, si insister n'était pas dejà trop, que ces réconciliations, pour discrètes qu'elles soient, souffrent un peu de voir divulguer leur pudique mystère.

Il n'y a pas de passions, à proprement parler, dans le théâtre de M. Feuillet; il n'y a guère que des entraînements irréfléchis ou de vagues curiosités du cœur. Dans cette mesure-là, l'espoir n'est jamais perdu et le mari a beau jeu pour sortir sain et sauf du peril. Et, de fait, les grandes passions sont beaucoup plus rares dans la vie que le roman ne veut nous le persuader. Une des plus funestes illusions qu'il sème dans les âmes, c'est que les amours violentes, irrésistibles, tombent sur un cœur comme la foudre et le ravagent; c'est encore que pas un cœur ne peut se croire à l'abri, et que la plupart des existences doivent subir cette redoutable épreuve. A force de croire à la fatalité et à la fréquence des passions, les âmes se familiarisent avec cette pensee, et quand un désir, vague encore, quand une idée confuse se présente, elle trouve l'accès prépare; un rien, un accident, une rencontre, peuvent disposer de cette pauvre âme, livrée d'avance et désarmée. — M. Feuillet, d'une vue nette et sûre, a saisi *la verite vraie,* non celle des romans, mais celle de la vie. Il y a bien moins de passion, dans l'histoire du cœur feminin, que de désœuvrement, d'ennui, de rêveries, de vagues aspirations. Chacun de ces symptômes, plus ou moins maladif, s'il est négligé, ou, ce qui est plus dangereux encore, s'il est secrètement caressé par une imagination complice, peut s'aggraver, et la passion, qui est la fièvre du cœur, est au bout. Mais elle est une conséquence, un effet de cet état morbide, plus souvent qu'un principe et qu'une cause.—Personne, avant M. Feuillet, n'a touché d'une main si légère ces petits mystères d'une psychologie délicate. Personne n'a peint *la crise* avec cette finesse et ce tact. L'idée et le mot resteront à lui, comme la *cristallisation* à Stendhal. « La crise! qu'est-ce que c'est que ça? demande le mari épouvanté. — Ça, répond le docteur, c'est une maladie morale que peut gagner la meilleure des femmes, lorsqu'elle touche au seuil de la maturité. Tel est, mon ami, l'attrait du fruit maudit dont Ève eut la primeur, qu'il arrivera quelquefois même à une honnête femme de ne pouvoir se résigner à mourir sans y avoir donné un coup de dent.... Un moment arrive où la plus honnête peut être saisie d'une impatience fébrile! C'est alors que l'épouse devient maussade et la mère négligente; c'est alors que le lien du devoir ne tient plus qu'à un cheveu... blond! c'est alors, mon ami.... Bref, voilà la maladie de ta femme!... Et maintenant, bonsoir.... Tu me dois vingt francs. » — Et le reste que vous lirez, si vous ne l'avez pas déjà lu mille fois.

Ne demandez pas à ces pièces l'éclat poétique, la passion ardente, la fièvre et le tourment de l'idéal, qui marquent d'une si forte empreinte le roman de Mme Sand, dans les plus grands égarements de son génie comme dans ses plus magnifiques inspirations. Ne leur demandez pas davantage la curiosité poussée à bout, la hardiesse de l'observation, les conceptions gigantesques de Balzac, l'énergie tourmentée de ce style, violent et sinistre jusque dans ses gaietés, l'originalité à la fois puissante et déréglée de cette imagination, que toute réalité privée ou sociale, que toute science humaine et divine tente tour à tour, sans la contenir ni la satisfaire. Rien d'analogue chez M. Feuillet. Ces éclats de voix ou de style, ces profondeurs ou ces audaces, ces splendeurs et ces emportements qui trahissent ou le dieu ou le démon intérieur, tout cela définirait fort mal, si ce n'est par contraste, la nature discrète et tempérée de ce charmant esprit, le ton habituel des sentiments où il s'inspire.

M. Octave Feuillet a trouvé lui-même sa propre définition. Il a intitulé une de ses plus jolies nouvelles : *Études de la vie mondaine.* Nous n'avons qu'à généraliser ce titre pour avoir l'expression la plus exacte de son talent. Dans la plupart de ses œuvres, ce qui domine, c'est cette note de la vie mondaine, saisie par l'auteur avec justesse le plus souvent, toujours cherchée avec un visible plaisir et une complaisance marquée.

Or, il faut bien le dire, si la passion, dans le sens vrai du mot, est plus rare dans la vie qu'on ne le croit généralement sur la foi du roman, elle est particulièrement rare dans ces régions élevées de la vie sociale où se complaît l'imagination de M. Feuillet. A cela, il y a bien des raisons. Une surtout me frappe.

Ce qui s'oppose à ce que la passion s'acclimate volontiers dans la vie mondaine, ce n'est pas seulement cette crainte des originalites compromettantes, cette idolâtrie des convenances, ces habitudes de haute courtoisie qui ne permettent à presque personne de s'isoler des autres par un sentiment exclusif, cette terreur salutaire de tout ce qui, étant excessif, pourrait devenir si facilement ridicule, ni ce léger scepticisme courant qui discrédite d'avance la passion en la niant, et l'empêche de naître en affectant de n'y pas croire ; il y a un obstacle plus fort que tous ceux-là et plus invincible, c'est le manque de temps : ceci doit être pris à la lettre. Il faut du temps à la passion, telle que l'a faite l'imagination moderne, pour naître dans la rêverie solitaire, pour croître à travers les larmes, pour s'analyser et devenir irrésistible en s'affirmant elle-même, pour se fortifier et grandir par la contradiction des événements ou des hommes, pour ajourner ses plus chers espoirs et s'obstiner plus violemment à la poursuite de son but à travers chacun de ces ajournements, pour voir surgir chaque jour devant elle de nouvelles résistances et se déployer à l'aise dans cette lutte contre l'imprévu. Quelle dépense de journées et d'heures, et qu'il faut être libre ou peu économe de son temps pour en accorder à la passion autant qu'elle en réclame! Ceux-là seuls qui peuvent affranchir leur vie de la régularité prosaïque du devoir ou du joug brillant des servitudes mondaines, ceux-là seuls peuvent se donner le luxe d'une passion. L'aliment, la substance de la passion, c'est le temps, et c'est assurément ce que possèdent le moins les gens du monde, que le tourbillon emporte. Comme d'autres, ils peuvent avoir une imagination amie du rêve et impatiente d'idéaliser tous ses sentiments. Comme d'autres, aussi, ils peuvent connaître ces secrètes ardeurs des cœurs romanesques qui veulent, à tout prix, du sublime, de l'héroïque ou du moins de l'extraordinaire dans l'amour. Pour atteindre le but, le moyen leur manque. Dans ces journées laborieusement oisives, quelle heure n'a son emploi nécessaire et marqué par la plus impérieuse des lois, la loi de la *haute vie*, *high life*, comme disent si bien nos voisins? Avec cette loi, pas de transaction possible, on le sait. S'y soustraire, c'est abdiquer. Quel courage de passion, quel héroïsme de cœur ne faudrait-il pas pour cela? La vie mondaine a précisément ce caractère et ce triste privilège de ne plus s'appartenir. Vous êtes le charme et l'ornement du monde, je le veux bien; mais vous en êtes la victime. Cette vie est une fête perpétuelle, c'est aussi une captivité enchantée. Or, pour former la passion comme pour former la vertu, il faut pouvoir vivre en soi et pour soi. Le recueillement, la rêverie, le loisir, tout ce qui nourrit la passion lui fait défaut dans ce monde privilégie; elle étouffe dans ces réunions si nombreuses où elle manque d'espace, d'air et de solitude; elle meurt de fatigue entre deux nuits de bal.

L'amour n'y perd pas ses droits; mais d'ordinaire il ne va guère au delà d'une aventure furtive du cœur et d'une émotion passagère qui, victorieuse ou réprimée, n'a pas le temps de devenir une passion. Que cette émotion soit la plus forte et triomphe, ou qu'elle cède à la voix d'une conscience délicate, en tout cas il est rare qu'elle dure; elle n'a été le plus souvent que la séduction d'un regard, d'une parole, d'une attitude même, la surprise d'un rêve bientôt envolé ou l'occupation d'un court moment d'ennui. Elle n'a troublé que la surface de la vie. Le fond appartient au monde, et le monde a bientôt repris son bien. M. Octave Feuillet excelle, dans plusieurs de ses œuvres, comme dans *la Crise* et *Péril en la demeure*, à saisir d'un crayon facile et charmant ces échappées de la vie mondaine, ces rapides tentations et ces soudaines éclosions de l'amour au milieu d'une vie si occupée. C'est l'histoire d'une soirée, d'une journée peut-être. Quelques gouttes de sang tombent d'une élegante et coquette blessure. Une main bienveillante touche la plaie, une parole attendrie la guérit. C'est un murmure bien vite étouffé, un soupir à peine, jamais un sanglot.

N'exagérons rien. Il serait injuste de prétendre que le monde ne présente à l'observateur, et que M. Feuillet n'ait su peindre que ces amours éphémères, ces légères ivresses d'une heure charmante que l'heure prochaine dissipe. Les élégances de la vie mondaine sont, par intervalles, traversées par un éclair de passion. Bien que rare, la chose arrive, dit-on.

M. Feuillet, dans ses dernières œuvres, a essayé, avec

une curiosité d'artiste, de saisir l'éclair au passage et de nous en faire sentir la flamme rapide et brûlante. C'est là une forme nouvelle de son talent et une tentative intéressante où nous aimerons à le suivre. La passion, pour être la même au fond dans ses traits essentiels, à quelque degré que ce soit de la vie sociale, change tellement d'expression, de langage et d'aspect, dans les différentes régions où elle se produit, qu'on dirait un sentiment nouveau là où il n'y a qu'un sentiment transformé. Ce sont précisément ces nuances dans l'expression de la passion aristocratique qu'il importe de bien saisir. Il faut, pour cela, une finesse et une énergie sobre, une distinction de ton soutenue à travers les crises de la passion, un mélange de gentilhommerie et de hardiesse dans le style qui font de cette tentative quelque chose de bien périlleux et de particulièrement délicat. Il faut tout et rien de trop. Le péril même a été un attrait de plus, une tentation pour le talent de M. Feuillet. Vaincre cet obstacle semble être l'ambition nouvelle de son art dans ces deux nouvelles, *la Petite Comtesse* et *le Roman d'un jeune homme pauvre*. Ce sont, pour leur donner leur vrai nom, des études d'un phénomène rare, la passion dans la vie mondaine, du caractère et des formes qu'elle y revêt, du langage qu'elle y parle, des effets imprévus qu'elle y produit.

M. Feuillet nous pardonnera sans doute de ne pas nous arrêter sur deux œuvres qu'il a jointes, on ne sait trop pourquoi (si ce n'est pour faire un juste volume) à *la Petite Comtesse*. *Le Parc* n'est que la frêle ébauche d'une idée connue. *Onesta* offre de la curiosité et de l'intérêt. C'est un travail littéraire, mais c'est un *travail*, un pastiche dans le ton et la couleur de ces contes vénitiens où excellait, il y a vingt ans, la brillante vigueur de Mme Sand.

Une âme ingénue au milieu des plus folles dissipations, et qui, à travers les plus périlleux accidents d'une vie livrée sans réflexion et sans réserve aux entraînements du monde, a su, par je ne sais quel miracle d'une nature exquise, se garder pure, mais sans pouvoir défendre sa réputation de ces calomnies courtoisement venimeuses de l'opinion qui condamne plus sévèrement l'apparence du mal que le mal sans l'apparence; cette âme, un jour touchée de l'amour vrai dont elle riait sans le connaître, foudroyée par la passion au milieu des fêtes et des enchantements de la vie, devenant la victime de cette opinion qu'elle méprisait tant qu'elle n'en avait pas besoin et qui l'écrase le jour où elle se révolte; sa lutte désespérée contre les fausses évidences qui l'accablent, le délire de la passion sans espoir la jetant en proie à une faute sans remède, une sorte de suicide cherché dans une honte volontaire, l'accablement, l'agonie de cette pauvre âme sous le poids de cette honte qu'elle a voulue, l'apaisement enfin dans la certitude de l'amour reconquis, du dernier pardon et de la mort prochaine : tel est ce drame court et navrant de *la Petite Comtesse*. Sur ce fond tragique et simple se détachent quelques brillants épisodes, comme la peinture de la vie de château, quelques conversations très ingénieuses, quelques pages où éclate, avant le drame, une vive gaieté, comme celles où Georges nous raconte les risibles terreurs de sa fuite éperdue, à travers les halliers et les buissons de la forêt, et la poursuite ardente des chasseurs. C'est l'art très heureux de l'auteur de mêler ainsi un rire franc aux émotions du récit. Il n'a pas peur du détail pittoresque, et il sait faire rire à propos son lecteur, ce qui est si rare et ce qui ne porte aucune atteinte à la distinction de son récit, bien au contraire. C'est un trait de naturel dont chacun lui sait gré. Entre le désespoir et la gaieté, quel intervalle met la vie?

Ce qui manque à cette histoire, conduite avec un brillant entrain et non sans vigueur, c'est l'accord entre l'ensemble et certains détails. Tout est possible, je le sais, dans la vie, mais tout n'est pas vraisemblable dans le roman. Quand l'auteur se décide à ravir à la petite comtesse son dernier espoir, il la précipite trop vite et trop avant dans la dernière honte. Elle se donne au premier venu, à je ne sais quel fat grossier qui l'importune. L'auteur a beau nous dire qu'elle le prend avec une sorte d'indifférence et de dédain, comme on ramasse une arme de suicide, la première venue, lorsque le suicide est résolu. Une femme aussi naïve au fond, aussi charmante, aussi noble et distinguée, doit garder une sorte de délicatesse jusque dans son désespoir. La passion ne peut pas faire aussi rapidement d'une honnête femme une courtisane. Marguerite Gauthier a recours à un expédient de cette espèce pour éloigner d'elle son amant. Ce genre de sacrifice est là tout à fait à sa place. Mais ce qui est une sorte d'héroïsme touchant dans la rue Bréda, est une très vilaine chose, tout à fait sans excuse, au château de Malouet. Je ne me console pas de voir cette ravissante petite comtesse terminer sa vie comme la Dame aux Camélias. La passion exalte la nature et ne la détruit pas.

Maxime Odiot, marquis de Champcey d'Hauterive, est un jeune homme pauvre, d'infiniment d'esprit, de tact, d'honneur. Il n'a qu'un défaut, qui, une fois qu'on l'a remarqué, vous poursuit partout. Il est noble de cœur comme de race, tout à fait aimable et spirituel, doué d'une grâce discrète, d'un charme irrésistible, d'une délicatesse, d'un courage, d'une ardeur et d'une pureté de cœur vraiment incroyables. Il est tout cela, je le reconnais; mais il le sait, et il nous le laisse trop peu deviner. C'est là l'inconvénient de ces correspondances et de ces journaux intimes qui sont la forme habituelle des récits de M. Feuillet. Ce défaut était déjà fort sensible chez

Georges, l'ami de la petite comtesse. Un homme a toujours mauvaise grâce à raconter, même avec toute la modestie possible, une bonne fortune, une séduction de cœur aussi rapide, aussi complète. Le jeune homme pauvre est encore plus content de lui, s'il est possible. Il s'applaudit trop visiblement de ses vertus.

Très légère critique, sans doute, mais non sans justesse à propos de ce dernier roman dont le narrateur et le héros se confondent en un seul et même personnage, tout à fait infaillible dans la conduite de ses plus secrets sentiments, tout à fait charmant, type un peu trop accompli pour raconter sans quelque léger ridicule sa biographie intime.

L'histoire est, du reste, de celles auxquelles l'intérêt du sujet assure le succès; c'est la lutte de la probité loyale et pauvre aux prises avec les tentations d'un impossible amour. A l'intérêt du sujet les détails ajoutent la grâce. Ce n'est pas que les critiques aient manqué. Nous avons entendu des juges habiles et délicats se refuser au charme que nous avons subi en toute sincérité. Rien n'est plus faux, disait-on, que l'application d'un mot célèbre que se fait à lui-même le jeune homme pauvre, à la fin de son journal intime : *Heureux ceux qui n'ont pas d'histoire!* Et l'on se plaisait à énumérer les rares et extraordinaires bonheurs dont un sort complaisant l'accable. Eh quoi! il se plaint d'avoir une histoire, l'ingrat! De quoi donc se plaint-il, par là? Est-ce d'avoir obtenu, dès le premier jour de sa détresse, les soins les plus bienveillant des anciens serviteurs de sa maison, ou d'avoir, dès le lendemain de sa ruine, rencontré la Providence sous les traits d'un vieux notaire retiré, M Laubépin, qui manie les cœurs et les événements à miracle, et qui les fait tourner, à son gré, à l'honneur et au profit du jeune marquis? Est-ce dans cette riche et fastueuse maison des Larroque, où on le traite, bien qu'intendant, en vrai gentilhomme, qu'il se plaint d'avoir inspiré une si forte passion à cette belle Marguerite, qui lui sacrifie si facilement son fiancé, M. de Bévallan, et ses deux cent mille francs de rente? Serait-ce, par hasard, d'avoir inventé en sa faveur une parenté lointaine avec Mlle de Porhoet, cette vieille descendante des rois de Gael, qui lui laisse en mourant une fortune de prince du sang? Et il se plaint du sort qui l'amène au dénouement, triomphant, adoré et millionnaire! Les lecteurs difficiles, que je cite, se plaignaient, au contraire, de cette prodigalité de bonheur, de fortune, d'amour, qui tombe sur la tête du jeune homme ruiné, du haut d'un ciel romanesque et invraisemblable. Et, peut-être, malgré tout le plaisir que m'a fait ce roman, dois-je avouer qu'ils n'avaient pas tout à fait tort.

Et pourtant le charme agit, irrésistible et sincère. L'invraisemblance d'un grand nombre de détails et le hasard trop complaisant des événements que l'auteur tient dans sa main, n'empêchent pas l'émotion, tant les sources de cette émotion sont vives et pures. L'amour vrai et l'honneur, c'est là tout le fond de l'histoire, débarrassée de ce romanesque facile auquel l'auteur a trop souvent recours. Or, qu'y a-t-il de plus émouvant au monde que l'épreuve de la loyauté dans la passion et les luttes intimes de cette délicatesse particulière de la conscience qu'on appelle l'honneur?

De ces deux Nouvelles que nous venons de signaler comme de curieuses études de la passion dans le monde, *la Petite Comtesse* est la plus forte, *le Roman d'un jeune homme pauvre* est la plus touchante. Ici et là l'idée première est irréprochable, intéressante à la fois et simple; le détail seul pouvait être un écueil. C'est dans le détail bien choisi, exprimé d'un trait élégant et sobre, c'est dans la nuance délicatement saisie qu'est le charmant triomphe de l'auteur. C'est aussi dans quelques détails trop invraisemblables, c'est dans quelques nuances dissonantes qu'il y aurait prise à de justes critiques. Mais l'effet général est heureux, l'impression que laisse cette lecture est toute sympathique à l'auteur, à son art délicat qui sait à propos s'attendrir. Le succès a été vif, il méritait de l'être. Il est de plein droit, et nous le saluons avec bonheur, partout où l'émotion vraie a passé.

II

L'*Histoire de Sibylle* a marqué le retour du poète prodigue au genre qui lui a valu ses meilleurs triomphes, au roman. Durant un intervalle de quelques années, pendant lequel M. Feuillet avait semblé abandonner ses chers travaux accoutumés, il ne perdait pas son temps; infidèle à sa solitude de Saint-Lô, il vivait dans le plein courant du monde parisien. Il variait de mille manières ses fines expériences sur la vie mondaine; il enrichissait son imagination de types et de caractères nouveaux au contact de ce monde si divers, si agissant et si agité, où il s'est mêlé sans s'y plonger. Il a su mettre ces occasions variées à profit pour ce talent d'observateur qui est la moitié du talent du romancier. Ceux qui ont eu le plaisir de le rencontrer souvent dans les mêmes régions seraient à même, s'ils le voulaient bien, de décrire exactement le travail par lequel l'imagination de l'artiste a transformé les matériaux vivants de son expérience de chaque jour ou de chaque soir, et de marquer au juste le degré d'idéalisation qu'il lui a plu de donner à certains types très réels, très humains de sa connaissance intime. Ils y ont acquis la preuve que rien de saillant ne passe inaperçu aux yeux de ces élégants causeurs qui poursuivent jusque dans le monde leur œuvre intérieure, et qui empruntent autour d'eux les traits décisifs d'une figure ou d'une scène. Il n'est pas de plus piquante étude que de refaire le travail inverse de celui que le romancier a fait, et comme il a transporté le monde dans son roman, de l'y rechercher, de l'y retrouver, de ressaisir la réalité sous les voiles légers qui la recouvrent sans la dissimuler. Mais cette étude, chacun doit la garder pour soi ; la confidence que l'on en ferait au public ressemblerait à un abus de confiance.

Quelque jugement que l'on porte sur l'*Histoire de Sibylle*, ce qui reste incontesté, c'est que l'auteur n'a pas eu une ambition vulgaire, et qu'il a cherché son idée dans les régions les plus élevées de l'art. La discussion peut porter sur le degré d'intérêt ou d'émotion que l'auteur a su donner au développement de son sujet, sur le degré de passion et de vie dont il a doué ses personnages. L'idée reste intacte sur les hauteurs. La critique qui cherchera à l'y atteindre se frappera elle-même de discrédit.

Ici, dans ce nouveau roman, c'est encore un problème moral qui s'agite, encore une question de délicatesse et d'honneur qui sépare deux âmes que tout le reste rapproche. Mais ce n'est plus l'honneur de l'amour vrai, tremblant devant le soupçon d'une vue d'intérêt ; c'est l'honneur d'une conscience de femme qui s'effraye, dans le partage d'un grand amour, d'être seule à posséder la plus grande joie et le seul espoir de sa vie, la vérité religieuse, et de laisser entre elle et l'âme aimée toute la distance de l'infini.

Une enfant naît dans le château de Férias, au sein d'une famille où toutes les distinctions de la race, toutes les délicatesses de la haute culture morale sont héréditaires, loin de la vie de Paris, hors de ces courants de l'atmosphère intellectuelle, où la pureté même puise, à son insu, de secrets poisons. Cette enfant porte en soi le germe des nobles qualités, la droiture, la sincérité absolue, la volonté impétueuse, tournée vers les choses difficiles et rares, le don fatal et sacré de l'enthousiasme. Elle grandit dans les innocentes joies d'une vie patriarcale.

Mais bientôt tout va se troubler; ce sont, à vrai dire, des crises d'âme qui font tout le roman. La première, la plus difficile à peindre, celle qui risquerait fort, avec moins d'art, de toucher ou à la puérilité, ou à une déclamation prématurée, c'est l'éducation religieuse de Sibylle. L'idée de Dieu est deja si haut placée dans ce jeune esprit, qu'il souffre de toutes les atteintes que reçoit cette grande idée dans le mélange de la frivolité et de l'insouciance humaines, et dans les pratiques de la dévotion banale. Il y a même, dans cette innocente vie, une heure de révolte contre la religion compromise aux yeux de cette enfant par son humble interprète, un pauvre curé de campagne, trop vulgaire dans ses habitudes, trop sensible aux tentations des dîners du château, trop familier et trop endormi dans ses explications sur les points les plus relevés de la doctrine. Un grand péril affronté avec une bravoure tranquille et simple par ce brave curé, une inspiration de dévouement le relève aux yeux de Sibylle et réconcilie cette âme fière avec la foi de ses ancêtres, qui va maintenant s'emparer d'elle profondément, la dominer, la vouer, s'il le faut, même au martyre, à ce genre de martyre que comporte le temps où nous vivons, la passion sacrifiée.

La seconde crise d'âme est plus grave; elle occupe tout le reste du roman. La première n'était que la préparation, un peu longue peut-être, de cette scène idéale où va s'accomplir le douloureux mystère.

Sibylle est à Paris, dans l'hôtel très peu ascétique de son grand-père, le comte de Vergnes, qui veut l'établir.

Ce qui serait pour une autre jeune fille une préoccupation frivole, est l'intérêt sérieux, presque religieux de sa vie. Elle cherche à réaliser, dans son existence, cette union, telle que la conçoivent les nobles esprits, où l'amour le plus profond s'associe à toutes les grandeurs, à toutes les dignités de l'âme.

Cette recherche de l'objet idéal, sur lequel son cœur doit fixer ses longues incertitudes, fera sourire quelques esprits blasés : les délicats resteront sérieux, ils comprendront que la vie de Sibylle est suspendue à ce choix et qu'elle est de ces femmes qui meurent de s'être trompées.

Elle rencontre Raoul de Chalys; elle n'hésite plus. Un souvenir romanesque de son enfance a fait vivre, dans le secret de son cœur, cette chère image. Quand elle le rencontre, Raoul n'est pas un inconnu pour elle; c'est le mystérieux ami de sa rêveuse jeunesse. Tout son cœur est à lui. Elle ne dispute pas son amour; elle le donne avec ivresse.

Mais un terrible malheur fond sur cette passion naissante et met cette jeune âme en ruines. Raoul de Chalys est atteint du mal du siècle. Il ne croit pas au Dieu que Sibylle adore. Le jour où Sibylle en acquiert la certitude, elle tombe anéantie; dès le lendemain, elle part, elle retourne dans sa solitude de Férias. Un abîme la sépare de Raoul. Mais Raoul ne peut sacrifier ni son amour qui est toute sa vie, ni sa conscience qui est son honneur à lui. Il ne peut ni échapper à sa passion, ni mentir à son doute. C'est là la grande épreuve du roman. Quand Raoul se sera rapproché, par un ingénieux stratagème, du château de Ferias, il pourra croire, à certains intervalles, que la foi renaît dans son âme dévastée, sous l'influence des prières et des larmes secrètes de Sibylle. Mais il s'apercevra bientôt qu'il est vaincu par l'amour plus que par la foi, et il reculera devant sa sincérité alarmée. La mort seule viendra dénouer ce que la vie n'aurait pas denoué. Près de Sibylle mourante, tuée par son amour plus encore que par le souffle glacé d'une nuit d'automne, il s'incline. Le désespoir se tourne en prière dans cette âme rebelle. Sibylle mourra consolée.

Voilà tout le roman, réduit à la trame un peu nue des événements, moins les épisodes qui le varient ou l'égayent ; sans les paysages qui se déroulent dans les bois, à travers les falaises, avec la mer qui brille au bord de l'horizon ; sans les vives peintures du monde parisien où excelle l'art élégant et fin de M. Feuillet ; sans la diversité des caractères : Mme de Beaumesnil, la dévote vulgaire, type excellent, trop tôt retiré du roman où il s'annonçait à merveille ; miss O'Neill, une figure dont un trait de plus ferait une caricature, et dont l'effet est comme suspendu entre un sourire et une émotion ; le comte et la comtesse de Vergnes, ces deux types de vieillesses parisiennes qui sentent si cruellement et trop tard la tristesse de leur double solitude, le néant agité de leur vie ; la duchesse Blanche de Sauves, une ravissante apparition, une de ces femmes comme les aime M. Feuillet, qui vont dans le péril aussi loin que possible sans y tomber, bien qu'on ne voie pas toujours clairement ce qui les préserve ; Gandrax, l'ami de Raoul, le chimiste qui n'aperçoit rien au delà de l'*analyse quantitative*, qui n'espère rien au delà de la désorganisation de la machine, ce qui ne l'empêche pas d'être foudroyé par la passion, dès que la passion l'effleure ; Clotilde enfin, l'antithèse vivante de Sibylle, la beauté païenne dans tout son emportement, la déesse abandonnée à sa passion en face de la sainte qui meurt de son amour.

Je ne cacherai pas que bien des observations critiques peuvent être faites sur la conduite générale et sur certains détails du roman. Le commencement n'est pas ce qui m'en plaît davantage. Malgré toute l'habileté de l'écrivain, j'estime qu'il remonte trop haut dans l'histoire de Sibylle. Si l'on m'en priait bien fort, je finirais par sacrifier l'histoire de l'étoile réclamée par l'enfant, qui me gâte un peu, en l'affaiblissant, la charmante allegorie du cygne. Il y a dans ces épisodes et dans quelques autres une certaine teinte de puérilité dont l'art le plus savant préserve malaisément cette étude biographique et morale du berceau. Je vois bien quel but poursuit l'auteur; mais peut-être suffirait-il pour préparer cette âme inflexible et tendre aux épreuves de l'avenir, de prendre l'enfant vers l'âge de huit ou dix ans, dans les bras de miss O'Neill. Jusque-là, c'est moins un roman qu'une charmante psychologie de bébés.

De même, sans diminuer la grandeur morale de Sibylle, je demanderais qu'elle se manifestât par un peu moins de miracles. Sa parole, sa présence seule agissent trop comme le coup de la grâce. Où elle est, où elle paraît, l'erreur tombe, le mal s'enfuit. Si elle ne convertit pas le curé, ce qui serait trop dire, elle l'avertit au moins; elle aide à la conversion de miss O'Neill; elle ramène à des sentiments humains le fou Feray; elle fait une vie sérieuse de la vieillesse frivole de sa grand'mère, madame de Vergnes; elle ramène à la vertu la délicieuse duchesse Blanche, un instant tentée de s'en écarter; j'en passe sans doute, et des plus éclatantes, parmi ces rapides conversions. Franchement, il y en a trop. Nous résistons au charme à mesure qu'il opère . à la fin, nous devenons tout à fait rebelles.

Enfin cette jeune fille, cette enfant (elle a dix-neuf ans quand elle meurt), est trop maîtresse d'elle-même; elle a sur ses sentiments ou du moins sur l'expression de ses sentiments une autorité invraisemblable. J'admets qu'elle disparaisse subitement de Paris, effrayée du scepticisme de Raoul. Cela est intéressant; cela est vrai et grand. Mais quand Raoul s'est rapproché d'elle par une ruse touchante, quand elle le rencontre à l'improviste, elle qui l'a aimé, qui l'aime encore éperdûment dans le secret de son cœur, qu'elle lui parle de ce ton âpre et dur, qu'elle le tienne humilié, irrité, frémissant, sous une sèche parole de dédain, cela n'est pas plus naturel qu'aimable. En revoyant Raoul, la vraie Sibylle aurait cru à un miracle ou de la foi, ou de l'amour: un flot d'espoirs insensés aurait envahi ce pauvre cœur malade. Elle aurait jeté toute son âme dans un cri d'ivresse.

Laissons ces détails et attachons-nous à l'idée mère du roman. Cette idee, je l'ai entendu attaquer très vivement et je prétends la défendre.

Rien n'est plus aisé que de ridiculiser la conception de M. Feuillet. Une jeune fille éprise d'un jeune homme beau, spirituel, accompli, et qu'elle repousse parce qu'il ne va pas à la messe. Quelle bonne occasion et quel triomphe pour la raillerie facile! Qu'on y réfléchisse pourtant. Sous cette forme, si etroite qu'elle puisse paraitre, s'agite une des questions les plus délicates de tous les temps, mais qui ne s'est jamais posée aussi clairement et aussi obstinément qu'aujourd'hui devant les consciences : Y a-t-il un Dieu? Si le mariage est autre chose que l'association de deux interêts ou de deux frivolités, n'est-ce pas un souci bien excusable, dans une âme sincèrement éprise de Dieu, que de chercher dans une autre âme la même foi qui la remplit elle-même, et de s'épouvanter si elle ne l'y trouve pas? S'il y a de l'infini même dans l'amour humain, si le premier mot de la passion est un de ces mots qui veulent prendre possession de l'eternité, n'est-ce pas chose bien naturelle que l'amour, plus il est profond et vrai, s'effraye de ne partager avec l'objet aimé ni le même infini, ni la même éternité? Est-il donc si facile, dans ce cas, de faire gaiement le sacrifice de cette communauté d'espérances sacrées et de se placer au point de vue désintéressé de quelque voltairien d'estaminet?

Ce que j'aime précisement dans l'œuvre de M. Feuillet, c'est ce qui lui vaudra les plus amères critiques : c'est la peinture du phénomène religieux, dans son essence la plus épurée, s'emparant d'une jeune âme, élevant à sa hauteur tous les autres sentiments de cette âme, n'excluant ni l'humaine tendresse, ni les troubles secrets, ni les défaillances du cœur, ni les aspirations à la félicité terrestre, ne sacrifiant rien de tout cela, mais subordonnant tout à des délicatesses d'un ordre supérieur, inspirant enfin et soutenant cette loyauté héroïque qui se fait une si haute idée de l'amour, qu'elle le repousse s'il ne s'éternise pas en Dieu. Qu'y a-t-il, en tout cela, de mesquin ou de ridicule? L'idée brille au milieu des bassesses et des hontes où se plonge le roman contemporain. Dans ce courant, dans ce torrent plutôt de littérature bruyante, banale et plate qui nous envahit chaque jour, on est heureux de recueillir, parmi le sable et la fange, quelques parcelles d'or pur. Certes, ce n'est pas à la critique de dedaigner ce trop rare butin.

III

Monsieur de Camors a renouvelé autour de l'heureux écrivain un de ces succès exceptionnels qui se composent, au premier moment, de sympathies ardentes et de critiques acerbes, de controverses et d'applaudissements également bruyants, mais non également durables ni soutenus. Il est visible que de la discussion si vivement engagée autour de *Monsieur de Camors*, l'œuvre sort triomphante, la réputation de l'écrivain agrandie et fortifiée.

Cette fidélité de la fortune littéraire, la plus changeante, la plus perfide en apparence, n'est pas un effet sans cause. Les prétendus caprices du public n'expliquent rien ; au fond, ils ont leur raison d'être, leurs lois, que la critique peut trouver en les cherchant avec quelque attention, et dès lors, s'il y a des lois à ces mouvements de l'opinion, ils ne sont pas des caprices. Le caprice du public représente dans la littérature ce que le hasard représente dans la science : l'ignorance des causes.

Le talent lui-même n'explique pas tout dans le succès constant d'un écrivain. Il est indispensable sans doute pour attirer fortement l'attention du public; mais à lui seul il ne suffirait pas pour la retenir, pour la fixer, surtout pour la renouveler d'une manière aussi intense à l'apparition de chaque œuvre, s'il ne s'y joignait certaines circonstances qui marquent d'un caractère particulier l'emploi et l'application de ce talent. Il en est à cet égard de la littérature comme de l'industrie, qui ne produit tout son effet qu'à la double condition d'une sage économie de ses forces concentrées et de leur direction précise sur un point déterminé.

Par ce temps d'expositions industrielles, on me pardonnera cette métaphore qui résume exactement ma pensée.

M. Octave Feuillet ne se prodigue pas et ne se disperse pas. C'est là une des plus simples et des meilleures explications de ce succès qui lui reste fidèle. Je ne parle ici que du romancier, non de l'auteur dramatique, dont la fortune a été plus inconstante et plus exposée. — Quatre années au moins d'intervalle séparent ces œuvres inégalement et diversement charmantes, mais dont chacune a éveillé à son heure de si vives sympathies : le *Roman d'un jeune homme pauvre*, *Sibylle*, *Monsieur de Camors*. Dans ces longs intervalles, l'écrivain et le public se renouvellent. L'auteur ne surmène ni son imagination, ni ses lecteurs. Il sait se faire d'heureux loisirs. Il réalise dans son existence sagement ordonnée cet idéal de l'écrivain qui doit rechercher avec le même zèle, pour le développement complet de son esprit, ces deux conditions en apparence contradictoires : l'excitation que donne la vie sociale portée au plus haut point d'intensité possible —, et le recueillement d'où sortent les ouvrages médités et durables. M. Feuillet est un de nos écrivains les plus parisiens, et il passe les trois quarts de sa vie hors de Paris. Là est le secret de ce talent qui se compose d'intuitions heureuses et de réflexion, d'observations vives et profondes, recueillies au cœur même de la vie moderne, et d'un art patient et délicat qui les met en œuvre dans des personnages vivants. On sent, à des signes presque infaillibles, que l'auteur prend son idée à Paris, mais qu'il la cultive dans la retraite. L'action, la conception, les traits saillants de chaque physionomie, la note du récit, la langue elle-même, tout cela révèle la zone d'exploration psychologique dont l'observateur s'est tracé à lui même les limites et dont les régions principales seraient le faubourg Saint-Honoré et le faubourg Saint-Germain en passant par les Tuileries. — Mais à d'autres symptômes on sent aussi que le germe de l'œuvre, recueilli en plein Paris, s'est développé, a mûri sous des rayons plus calmes, dans une atmosphère moins artificielle, grâce à une culture moins hâtive. On peut être plus ou moins sensible à l'attrait de la conception première, à la conduite générale du roman, à telle ou telle figure créée par le romancier; mais il n'est pas permis de méconnaître dans chacune de ses œuvres là perfection relative de l'art, le soin de l'écrivain qui n'a rien livré aux fantaisies fiévreuses d'une inspiration troublée ni à la facilité perfide d'un talent trop complaisant pour lui-même.

Quand je lis ces œuvres d'imaginations créatrices qui ont été l'émotion d'un jour, et dont quelques-unes méritent de rester dans le souvenir littéraire d'une génération, j'aime à me représenter le milieu, l'ensemble des circonstances materielles et morales, les lieux mêmes où ces pages furent tracées; j'aime à imaginer surtout le procédé de travail propre à chaque écrivain, et dont je crois retrouver des marques sensibles dans tout ce qui sort de leur plume. — Pour prendre un exemple : qui pourrait se tromper sur la méthode de composition de Balzac? Il n'est pas à cet égard de révélation biographique qui surpasse en clarté la lumière qui sort de ses propres œuvres. A voir cet amas de personnages et d'incidents qui s'enchevêtrent, cette succession d'intrigues, ces *grossissements* de figures, ces exagérations progressives de l'idée et de l'action, ce je ne sais quoi de démesuré qui se répand dans toutes les parties de l'œuvre, à mesure que l'œuvre avance, et qui à la fin détruit l'intérêt par l'invraisemblance et tarit l'émotion en lui demandant trop, on se figure aisément une puissance aveugle et non maîtresse d'elle-même, un esprit vigoureux s'agitant lourdement dans des fantaisies colossales, une imagination sans règle et sans goût, *énorme* dans la signification véritable du mot, une observation puissante, mais disproportionnée à son objet, excessive, en ce sens qu'elle épuise l'objet tout entier, sans triage, sans choix, et qu'elle l'exprime dans tous les éléments de sa grossière réalité. On se représente alors cette tête si fortement caractérisée de l'écrivain, ce visage incorrect, sanguin, où la violence du tempérament déborde, ce vaste cerveau marqué de tous les signes de la force, ce col énorme et musculeux, ce buste large et carré, tout cet ensemble *moitié Hercule, moitié satyre*, comme on l'a si bien dit, dont les deux traits dominants sont l'énergie de la volonté et la sensualité. La manière de procéder est en rapport avec le caractère de ces œuvres puissantes et démesurées. Elles sont sorties d'un effort exagéré. Elles sont le fruit bizarre et tourmenté d'un régime de réclusion succédant à des périodes de dandysme extravagant, régime maintenu pendant plusieurs mois de suite, à raison de dix-sept ou dix-huit heures de travail par jour. Labeur excessif, malsain, qui finissait par l'hallucination, où l'observation, juste d'abord, s'exagérait, se déformait; véritable orgie cérébrale, délire des nuits d'insomnie où le cerveau trop tendu éclatait en visions fantastiques, où l'imagination surmenée se débattait dans la fièvre, où l'inspiration sincère mais violentée se transformait en un lourd cauchemar.

Mauvaise méthode de travail, qui use l'homme et qui déforme le plus vigoureux talent. En voici une autre tout opposée qu'il est facile de reconnaître à l'ampleur des développements tranquilles, à la sérénité de la pensée, à la limpidité de l'inspiration dans les œuvres qui remplissent les dix dernières années de la vie de Mme Sand. On sent que l'écrivain s'abandonne de plus en plus à sa nature, à ce que les Allemands appelleraient la *génialité*. Il prend tout son temps pour poser ses personnages, pour les faire connaître par leurs conversations, pour décrire les ravissants paysages dans lesquels se meut l'action. Tout y est large, facile, aéré; tout y coule comme d'une source intarissable et toujours renaissante; le récit s'épanche d'un flot égal et uni. Mais le développement de certaines parties se montre parfois disproportionné avec d'autres parties de la même œuvre. La grâce un peu errante et prolixe des détails déborde ici et là, en dehors des lignes d'un cadre qui ne perdrait rien à être plus sévèrement tracé et plus rigoureusement maintenu. Il y a dans toute l'œuvre je ne sais quel charme lent et paresseux qui retient la plume de l'écrivain dans des sites enchanteurs, dans des dialogues d'un naturel parfait. L'art, ici, c'est l'instinct d'un heureux génie, mais l'instinct pur livré à lui-même. Nulle part trace de préméditation ni d'effort. La composition de l'œuvre est à peine fixée d'avance ; l'écrivain attend tout de cette facilité d'invention qui produit l'œuvre presque instantanément dans une sorte d'inconscience qui tient du prodige. Il sollicite la veine d'or, et bien qu'inégale dans ses dons et capricieuse à ses heures, la veine d'or, plus ou moins prodigue, répond toujours à cette main connue qu'elle a déjà tant de fois enrichie.

Ne devinez-vous pas là cette régularité du travail qui a depuis longtemps cessé d'être une peine, qui est devenue une habitude et une jouissance, et que les biographes de Mme Sand ne manqueront pas de signaler comme un des traits caractéristiques de son histoire ? On voit l'écrivain dans sa chère retraite de Nohant, après une journée passée dans les occupations les plus simples, dans quelque lecture choisie ou dans quelque conversation sans fatigue et sans excitation, s'asseoir à son bureau, le plus tranquillement du monde, devant les vingt feuillets blancs qu'elle doit remplir dans les premières heures de la nuit et s'abandonner à la calme inspiration dont elle attend les faciles trésors.

Quand les vingt feuillets sont remplis, la plume s'arrête, la tâche est faite, l'heure du repos est venue. Cette tâche est-elle bonne ou mauvaise ? L'œuvre à laquelle travaille l'écrivain sera-t-elle longue ou courte ? Est-elle supérieure au dernier roman ? L'écrivain n'en sait rien.

Tout ce qu'il sait, c'est que, pour chaque œuvre, la facilité et la joie de la production sont les mêmes. Ce que vaut au juste le résultat, il l'ignore; c'est affaire au public de comparer, d'exprimer ses préférences. C'est affaire à la critique de juger, de discuter, et s'il y a des préférences déclarées et des succès décisifs, d'en chercher la raison et de donner ses motifs.

En lisant les derniers romans de M. Feuillet, on se sent en présence d'un autre genre d'esprit, d'une autre *nature* littéraire. Je n'ai pas besoin de dire que je ne compare pas ici les talents. Je laisse en dehors tout parallèle qui mettrait en cause la richesse des dons naturels, la fécondité ou la force des imaginations créatrices. Je n'examine que les diverses manières de procéder dans la conception et dans la composition de cette œuvre d'art qui s'est fait une place presque prédominante dans la littérature contemporaine : le roman. — Je pressens que M. Feuillet a sa méthode de travail très particulière, tout individuelle, et je me plais à l'imaginer d'après ses œuvres. Ce n'est ni dans la fièvre du cerveau échauffé, tendu à l'excès et jusqu'à rompre, ni dans la merveilleuse inconscience de l'instinct créateur que je place l'origine d'une œuvre comme *Monsieur de Camors*. C'est dans la réflexion concentrée sur elle-même, et animant par la force de cette concentration les germes d'idée que lui a livrés la réalité sociale ou la vie. Rien, dans une œuvre pareille, n'est livré au hasard, et je me persuade qu'aucune objection ne trouvera l'auteur au dépourvu. Si les choses sont ainsi dans son roman, c'est qu'il a voulu qu'elles fussent ainsi, et tenez pour assuré qu'il a ses raisons de le vouloir. Il a pu se tromper au point de vue de l'art; mais ce sont des erreurs, non des négligences ou des surprises. Pendant les longs mois qu'il a vécu en face de son idée, il l'a étudiée, scrutée, sous tous ses aspects; il a échappé bien vite à cette première ivresse qui livre l'imagination au prestige d'une conception naissante; il en est devenu le maître: tout son effort a été de la transporter dans sa fraîche nouveauté en une œuvre vraiment vivante, de la régler dans tous les détails qu'elle comporte, d'ordonner son récit dans l'harmonie parfaite des éléments dont il se compose, de concevoir chaque chose à sa place et dans sa vraie mesure, de s'arrêter à propos au point juste où le but est atteint, plutôt même en deçà, s'il est possible, pour éviter le double risque de manquer l'effet en l'exagérant, et de dénaturer l'idée première en la surchargeant.

Pour tous ces soins, où se marquent la conscience d'un idéal élevé et le respect de l'art, on devine combien cette retraite périodique, cette fuite dans quelque fraîche oasis de Normandie est propice à l'écrivain. Il n'a pas besoin de disputer son temps heure par heure aux mille distractions de cette vie ardente et factice, funeste au recueillement, à la méditation calme, au travail réfléchi. Il jouit mieux de sa pensée; il la cultive dans la paix, en dehors des excitations artificielles, des curiosités qui en profaneraient d'avance le mystère, ou des discussions stériles qui diminueraient la foi de l'auteur dans son idée. Il la maintient pure de tout contact, ce qui préserve son originalité de ce genre de péril, délicat et subtil, auquel tout esprit s'expose dans ces conversations parisiennes où tout s'effleure et se déflore, où chaque idée, vivement sollicitée de paraître par l'attrait même et le mouvement des intelligences, ne revient à son maître qu'après avoir subi quelque atteinte fatale, par le fait seul de son secret profané et de sa nouveauté perdue. On cause trop et trop bien à Paris pour qu'une pensée puisse y garder toute sa fraîcheur. Elle est d'avance discutée, comparée, jugée presque avant d'éclore, ce qui est fatal particulièrement au travail de l'imagination, lequel ne se conçoit pas sans un certain degré d'enthousiasme, je dirai même sans une certaine confiance ingenue que la plus légère ironie atteint mortellement, à moins qu'elle n'ait affaire à ces prodiges, heureusement rares, d'infatuation à la Balzac.

Le public se montre fort sensible aux procédés de cet art si délicat et si consciencieux, qui n'est d'ailleurs que la forme naturelle du respect de l'écrivain pour le public. Il sait même bon gré à M. Octave Feuillet de cette rareté de ses œuvres. Il a le temps de les désirer.

Je trouve une autre raison à cette fidélite des sympathies autour du nom et de chaque œuvre nouvelle de M. Feuillet. Il a le sentiment très fin des preoccupations de l'esprit public, et comme il a lui-même sa part d'agitation et de souci intellectuel dans les problèmes contemporains, il s'en empare avec une grande habileté, les condense et les fixe dans une action vraiment humaine et fait ainsi des inquiétudes morales ou religieuses de son temps un des attraits principaux de ses romans. Dans toutes ses dernières œuvres, ce souci des grands problèmes est très sensible, et comme chacun d'eux intéresse directement la conscience humaine, on peut dire que ses romans sont autant de cas de conscience débattus, non avec des arguments d'école, mais avec des émotions, dans un recit vraiment pathétique, où chacun de ses contemporains peut retrouver une transfiguration de sa propre histoire. L'idée maîtresse de ces œuvres est bien une idée de notre temps; elle est prise au cœur de cette société complexe où la démocratie est plutôt encore dans les institutions que dans les mœurs, où l'anarchie intellectuelle est à son comble, où les croyances du passé sont de toutes parts battues en brèche, où la philosophie critique et la science conspirent pour refaire à neuf la vieille raison et l'antique conscience de l'humanité. Crise étrange et terrible qui jette un grand nombre d'esprits dans les partis les plus extrêmes et qui remplit d'angoisses les autres, ceux que leur tempérament intellectuel ou leur science plus étendue retient loin de ces redoutables extrémités.

Une heure pareille et de tels spectacles sont propices à l'inspiration de l'écrivain, s'il a le courage de les regarder en face. Le trouble des consciences, les exagérations en sens contraires amènent dans la vie des situations vraiment dramatiques, singulièrement plus intéressantes que le jeu des événements inventés à plaisir pour seconder une passion ou pour en contrarier le cours. C'est un des mérites de M. Feuillet d'avoir senti fortement dans son âme le contre-coup de ces grands événements d'idee et d'avoir essayé d'en traduire quelques aspects. Je ne prétends pas que son art ait toujours égalé un pareil sujet et n'ait pas plus d'une fois faibli dans l'exécution. C'est déjà beaucoup que d'avoir mêlé au pathetique des passions qu'il évoque devant nous, l'intérêt plus grand encore des problèmes qui se débattent dans nos âmes, et d'avoir essaye de fondre ces deux émotions dans l'unité d'une œuvre harmonieuse et vivante.

Dans le *Roman d'un jeune homme pauvre*, ce qui nous attire et nous émeut profondément, avant l'invasion romanesque de la Providence sous la forme de millions invraisemblables, c'est la virile pudeur d'une jeune conscience en face de la richesse, cette dernière aristocratie de nos sociétés démocratiques; cas de conscience assez rare d'ailleurs à l'âge du monde ou nous sommes, mais qui nous intéresse d'autant plus qu'il revêt à nos yeux un air d'héroisme. — L'*Histoire de Sibylle* nous fait assister aux luttes de l'amour avec le scrupule exalté de la foi religieuse la plus pure, la plus vive. Le problème si compliqué, si délicat de la religion positive y apparaît sous la forme de la plus noble passion aux prises avec elle-même et déchirée de ses propres mains. — Enfin *Monsieur de Camors* aborde, à travers mille incidents variés, charmants ou terribles, une de ces questions qui naissent tout naturellement dans cette crise des consciences où nous sommes tous plus ou moins engagés : le sort de la morale n'est-il pas lié à la fortune des idées religieuses? Si celles-ci succombent, la morale pourra-t-elle subsister toute seule et rester comme suspendue en l'air, sans aucun de ses appuis naturels? — Enfin, apparaît ce problème particulier enveloppé dans le problème général : pour ceux qui font abstraction de la vieille morale humaine, dans les circonstances vraiment graves et capitales où tout le cœur, toute la vie est en jeu, ce dernier rempart, l'honneur, suffit-il à protéger dans son suprême abri notre liberté morale défaillante?

Pour ma part, et je crois que l'immense majorité du public est de mon avis, je sais un gré infini à M. Feuillet d'avoir ramené sur ces graves problèmes l'attention de ses lecteurs. Que l'on discute autant que l'on voudra les solutions particulières, individuelles qui se dégagent du récit, c'est le droit de chacun; mais c'est un mérite singulier pour l'auteur de s'être montré préoccupé à un si haut degré de ces idées qui appartiennent si profondément à l'humanité et si particulièrement à notre époque. De quelle manière les a-t-il amenées dans son récit, mêlées à la trame de son action? C'est une question de mesure et d'art que nous aurons à examiner. J'ai voulu aujourd'hui rechercher les causes particulières qui attirent si vivement et retiennent l'attention du public autour de chaque œuvre nouvelle de M. Feuillet, sans aucune de ces intermittences de langueur ou de froideur qui se manifestent parfois à l'égard des talents les plus célèbres. La sensation produite par *Monsieur de Camors* a été une occasion toute naturelle de faire l'examen de conscience du public et d'y trouver les raisons de sa constante faveur pour M. Feuillet. Le public aime qu'on lui montre un grand respect, et c'est le respecter que de ne lui livrer la pensée que sous une forme parvenue à sa perfection relative. De plus, il aime à retrouver ses préoccupations et ses inquiétudes les plus hautes, c'est-à-dire à se retrouver lui-même dans la vie idéalisée du roman. Ces deux exigences si légitimes, personne parmi les écrivains de ce temps n'y satisfait avec un scrupule plus délicat que M. Feuillet. Il nous reste à examiner si l'exécution de l'œuvre répond à une conception si juste des conditions du roman contemporain.

J'ai essayé d'expliquer le genre d'intérêt que donne aux derniers romans de M. Feuillet la préoccupation visible des grands problèmes contemporains. L'auteur est bien de son temps; il en a connu les troubles et les orages; il n'a été étranger à aucune phase de cette crise morale et religieuse où s'agitent les consciences; il a ses solutions à lui, très favorables aux anciennes doctrines, auxquelles il trouve bien des avantages sur les nouvelles. Ce qui semble dominer chez lui, comme dans beaucoup d'excellents esprits, c'est une disposition très marquée à la méfiance à l'égard de ces novateurs violents et aventureux, qui renversent à l'aveugle ce qu'ils sont impuissants à remplacer.

Le péril du roman, quand il touche à cet ordre de problèmes, est de tomber dans la prédication philosophique ou religieuse. L'écueil a été généralement évité dans *Monsieur de Camors*. M. Feuillet a saisi le problème flottant dans l'atmosphère des âmes; il l'a condensé; il lui a donné des contours précis, le relief de la vie; il en a fait le trait d'un personnage vivant, l'élément de caractères bien réels, l'occasion de sentiments vrais et pathétiques; il a sagement évité la thèse; il a fait, du problème philosophique, un drame humain.

Une seule fois l'auteur me semble avoir trop sacrifié au dogmatisme; il a dépassé, à mon sens, la limite, sagement observée ailleurs, qui maintient la distinction essentielle entre la thèse et le roman. Je veux parler de ce testament philosophique que l'auteur a placé en tête du livre comme le programme des idées et de la vie de son héros. — C'est l'adieu du père de M. de Camors à son fils, au moment où il va se tuer et où il croit devoir transmettre au comte Louis, en guise d'héritage, les résultats de sa triste expérience. Je dois en citer quelques traits : « Mon fils, la vie m'ennuie, je la quitte.... Je meurs dans la foi de mon siècle. Je crois à la matière incréée, féconde, éternelle.... C'est la religion dernière de l'humanité. Elle a sa tristesse, elle isole l'homme; mais elle a sa grandeur, car elle le fait libre, elle le fait dieu.... Que peut être un homme de ce temps qui a le bon sens et l'énergie de conformer sa vie à sa foi? Le matérialisme n'est une doctrine d'abrutissement que pour les sots ou pour les faibles; assurément, je ne lis dans son code aucun des préceptes de la morale vulgaire, de ce que nos pères appelaient la vertu, mais j'y lis un grand mot qui peut suppléer à bien d'autres, l'*honneur*, c'est-à-dire l'estime de soi. Il est clair qu'un matérialiste ne peut être un saint, mais il peut-être un gentilhomme, c'est quelque chose. Vous avez d'heureux dons, mon fils; je ne vous connais qu'un devoir au monde, c'est de les développer largement et d'en jouir avec plénitude. Usez sans scrupule des femmes pour le plaisir, des hommes pour la jouissance, mais ne faites rien de bas.... N'ayez point d'amis. César, devenu vieux, eut un ami, qui fut

Brutus. Le mépris des hommes est le commencement de la sagesse.... Ne vous fâchez point. — Riez peu. — Ne pleurez jamais. — Adieu. »

Plusieurs personnes ont admiré ce testament, au point de vue de l'art, bien entendu. Pour ma part, je ne saurais souscrire aux raisons que je devine et qui ont amené l'auteur à nous donner, dans une place en vue, le résumé de l'amère sagesse du père de M. de Camors. Je vois là de graves invraisemblances. Imagine-t-on un père, si égoïste qu'il puisse être, adressant de pareils adieux à son fils, sans un mot d'attendrissement, sans une larme, rédigeant de sang-froid ces abominables maximes, entrant ou dans l'éternité ou dans le néant, tout au moins dans l'inconnu, ce testament à la main? Ces maximes et bien d'autres se pratiquent dans le cours d'une vie que l'on a vouée à la recherche exclusive du plaisir; ces choses-là se disent même, elles se proclament sous forme de boutades, dans les heures d'ivresse ou de fanfaronnade épicurienne. Mais je ne puis admettre qu'elles se rédigent solennellement sous forme d'aphorismes, « aux faibles lueurs de l'aube » qui annonce le dernier jour, quand on pense, même vaguement, comme le père de M. de Camors, à cette femme qu'il a rendue si triste pendant sa vie, et qu'on s'adresse à un fils que l'on aime pourtant et à qui on lègue une telle épouvante. A cette dernière heure et au milieu de ces suprêmes pensées qui inondent cette âme d'amertume, il n'y a pas de place pour un pareil *Credo*. On ne dogmatise pas ainsi les vices que l'on a pratiqués ni même ceux que l'on regrette, au moment où l'on succombe sous la logique de la triste vie qui, après avoir agité fiévreusement cet homme, l'écrase presque ignominieusement entre une ruine sans excuse et un suicide sans grandeur. — Cet homme, c'est un viveur du grand monde, un viveur ruiné, qui se tue parce qu'il ne peut supporter l'humiliation d'une décadence. Où a-t-il pris le temps de penser « à la matière incréée, féconde, toute-puissante, éternelle, à la Nature des anciens qu'il oppose à la vieille chimère du Dieu personnel et moral? »

On n'apprend pas ces belles choses dans les écuries, sur le turf, ni dans les boudoirs des déesses d'Opéra. De fait, sauf un certain scepticisme d'apparat, jamais les hommes de plaisir ne se prononcent, et pour cause, sur de si hautes questions. Leur première démarche est de se dispenser de ces inutiles curiosités. Ils ont bien autre chose à faire. — D'ailleurs, le père de M. de Camors, en écrivant ces quelques lignes singulièrement dogmatiques, ne craint-il pas de passer pour un pédant aux yeux de son fils? En vérité, il l'est un peu en ce moment là.

Cela nous fait toucher au doigt l'erreur philosophique de l'invention de M. Feuillet. Il me paraît avoir confondu deux choses très distinctes : la dépravation morale et la philosophie athée. Si peu de sympathie que j'aie pour cette triste philosophie, on ne peut admettre qu'elle soit directement responsable de ce système raisonné de libertinage. À tort, sans doute, mais par une inconséquence qui honore la raison jusque dans ses erreurs absolues, les matérialistes les plus décidés de notre temps prétendent avoir leur morale et s'efforcent de la construire sur des bases nouvelles.

Oui, en un sens, il y a un certain matérialisme dans le cœur de ces hommes, tels que le père de M. de Camors, qui vivent sans une pensée pour l'infini, sans un regard pour les idées éternelles, dans un oubli absolu de tout ce qui n'est pas une sensation actuelle ou une promesse de plaisir; mais c'est un matérialisme tout pratique, trop frivole pour s'élever à une idée générale, trop insouciant pour rechercher en dehors du plaisir un principe d'action, une raison à une pareille conduite; très différent, en tout cas, du matérialisme scientifique qui peut se concilier (nous en avons des exemples sous les yeux), avec une singulière austérité de vie. Entre ces deux matérialismes, il y a un abime : l'un est une philosophie, si erronée que soit d'ailleurs cette philosophie; il se compose d'idées générales liées entre elles; il est une manière de considérer l'ensemble des choses. L'autre, le matérialisme des raffinés et des talons rouges, n'a rien à voir avec cette erreur dogmatique de raisons systématiquement aveuglées. A ces viveurs du grand monde, refusons le bénéfice de la réflexion philosophique. Quand don Juan, dans une scène fameuse, veut contraindre le pauvre à renier Dieu, c'est une impiété, ce n'est pas un système; son athéisme est dans son cœur non dans sa raison. Dieu le gène comme un créancier incommode, il le supprime, comme un autre jour il supprimera M. Dimanche. Voilà le genre de matérialisme tel qu'il existe dans les cabarets élégants et animé de spirituelles boutades, les orgies où le père de M. de Camors a dépensé sa vie et sa fortune. Une des élégances de ces roués, une de leurs grâces est de ne jamais penser. Ils ont de l'esprit, de l'ironie, des idées fort plaisantes et parfois des dégoûts affreux, mais ils ne pensent pas. S'ils pensaient une fois, ils s'étonneraient d'être ce qu'ils sont; l'exercice de la pensée est tellement salutaire qu'une seule réflexion les sauverait d'eux-mêmes et du néant de leur vie; ils deviendraient peut-être matérialistes en raisonnant mal, mais du moment qu'ils raisonneraient, ils cesseraient d'être des libertins.

Ce n'est pas d'une doctrine quelconque que procèdent de pareilles existences, c'est bien plutôt de l'absence de doctrine, de l'indifférence absolue à la vérité, de l'égoïsme surtout qui n'a besoin d'aucun raisonnement pour s'établir. D'ailleurs, s'il s'agit de logique, je ne comprends pas que le matérialisme, impuissant à fonder le principe du devoir, soit moins impuissant à fonder le sentiment de l'honneur. Ce n'est pas le matérialisme qui nous inspire le sentiment de l'honneur, c'est le besoin pour un homme du monde de la considération de ses semblables. Il ne peut aboutir logiquement qu'à l'horreur instinctive de la destruction de notre être, c'est-à-dire de l'agrégat de molécules dont on veut bien nous laisser l'usufruit. S'il s'agit de conséquences à tirer de cette doctrine, c'est la seule qui s'en déduise naturellement.

Mais laissons là tout ce dogmatisme invraisemblable sous la plume du père de M. de Camors et, d'ailleurs, fort inutile à l'action. Le problème peut parfaitement se poser sans cela dans toute son étendue. En dehors de toute notion positive sur le bien et le mal, quelle peut être la garantie de la vie morale, la dernière tutelle de notre liberté dans les grandes épreuves? Quelle sécurité peut nous inspirer tout autre principe que le principe du devoir établi à la base de nos idées et de nos sentiments? Voilà le problème tel que M. de Camors se l'est posé en entrant dans sa vie d'homme, et qu'il a cru résoudre par ce grand mot : l'honneur. Indifférent aux idées, absolument sceptique sur la valeur des principes, n'ayant gardé de sa mère qu'un souvenir vague que chaque jour efface, élevé presque au hasard de ses instincts par un père égoïste, du reste très avide de lui-même par instinct de fortune et de voluptés, fort en appétit de la vie et de toutes les jouissances que l'on en peut espérer, il a cependant gardé quelque chose des traditions de sa race, un sentiment inné de vague grandeur et de dignité personnelle Il a pris la résolution de développer largement tous les dons qui sont en lui, de jouir avec plénitude de l'existence qu'il se fera aux dépens des autres, de ne s'arrêter devant aucune barrière, sauf une seule. Il s'est juré à lui-même de ne faire rien de bas, de conserver intacte l'estime de soi, de rester gentilhomme pour compléter par ce dernier trait la culture la plus savante de son égoïsme raffiné. Y réussira-t-il? Il s'aime, il s'estime, il se respecte comme un dieu. Restera-t-il dieu comme il l'a rêvé, simplement même gentilhomme? Que vaut l'honneur et de quelle force est-il dans les luttes suprêmes de la passion? Appuyé sur la morale, il est inébranlable et ce sentiment donne au devoir même une grâce et un charme tout particuliers. Séparé de la morale, à quoi tient-il? Est-il autre chose, dès lors, ou pour les uns que la fleur du savoir-vivre, ou pour d'autres qu'une manière commode de se dispenser de la moralité la plus vulgaire en invoquant l'épée?

Tel est le problème. On le voit, c'est un problème intéressant, actuel, qui est bien de notre temps, de notre pays, qui sort tout naturellement du spectacle de cette société sceptique, égoïste et civilisée jusqu'au raffinement. La réponse de M. Feuillet ne se déduit pas didactiquement. C'est la vie elle-même, avec ses mille incidents variés, avec les ressources infinies de la passion et de l'imprévu, qui se charge de répondre à la question posée par le roman. Ce n'est qu'avec la plus louable discrétion que l'auteur intervient dans cette logique en action qui se déroule devant nous, et dont le plus éloquent discours n'égalerait pas le saisissant effet.

Jouir aussi largement que possible de la vie, sans autre idéal que cela, mais sans faire jamais rien de bas, sans manquer jamais à l'estime de soi, voilà le programme que s'impose M de Camors. Mais comme ce programme est promptement déchiré, bafoué par les circonstances! Il ne tient pas une heure contre la passion, pas une minute contre les terribles fatalités que la passion amène à sa suite. Dès la première épreuve, le fragile rempart de l'honneur cède, et tous les efforts de M. de Camors ne parviennent pas à en ressaisir dans la suite les inutiles ruines. Que de contradictions terribles, que de démentis sanglants accumulés dans la vie de cet homme qui ne tient qu'à sa propre estime et qui ne parvient pas même à garder intact le culte de son orgueil! Ruiné par son père, il refuse l'offre généreuse d'un parent, le général de Campvallon, qui lui propose de l'adopter; l'honneur a parlé; M. de Camors refuse, avec le nom du général, les sept cent mille livres de rente qu'on lui offre. Mais voyez comme les oracles de ce genre sont perfides et changeants! Quelques mois plus tard, il deviendra presque sans scrupule l'amant de la jeune marquise de Campvallon et déshonorera sans pitié ce vieillard, qui ne demandait qu'à être pour lui un second père. Un jour, pour soustraire la marquise à un danger terrible, il acceptera de sa main l'infamie d'un mariage, qui doit, en condamnant une jeune fille au malheur et presque au ridicule, détruire les soupçons du mari trompé. Et cet homme de tant d'honneur jouera pendant une année cette comédie indigne, jusqu'à l'heure où un incident vulgaire livrera son secret à la femme outragée. Dès lors la situation l'emporte sans rémission et le dénouement se prépare. Nous n'avons pas l'intention d'analyser ici cette succession de scènes si émouvantes, si fortement inventées, si logiquement enchaînées, où éclate à chaque instant la contradiction entre le programme d'une volonté qui doit s'affranchir de toutes les sujétions de la nature et de toutes les conventions sociales, qui ne doit obéir qu'à l'honneur, et la triste réalité de cette vie qui, n'étant plus protégée par le devoir, cède à toutes les atteintes, à toutes les surprises, et peu à peu se voit avec épouvante dépossédée même de son abri suprême et ramenée jusqu'à cette limite fatale où il s'en faut de peu que la faute change de nom et devienne le crime!

C'est dans cette contradiction flagrante que réside la moralite de l'œuvre, si vivement censurée par d'austères scrupules, dans lesquels je ne puis entrer. Il faut, à mon avis, pour condamner cette œuvre comme immorale, une certaine étroitesse d'esprit; il faut, pour cela, ne s'attacher qu'aux details, qui sont parfois très vifs, sans vouloir en comprendre la nécessité logique et la significa tion. Ces details mêmes, ces tableaux de sensualité ou de passion, cette perversité élégante, si vigoureusement retracée par un pinceau qu'on avait souvent accusé de mollesse, tout cela pouvait-il être évité, la donnée du roman une fois posée par l'auteur et acceptée par ses lecteurs? Je ne le pense pas. La signification de l'œuvre est dans l'enchainement logique et la force irrésistible de ces situations.

Oui, nous aurons suffisamment senti la moralité de ce roman original, ingénieux, hardi, quand nous aurons suivi dans le détail, et scène par scène, cette vie orgueilleuse et voluptueuse de M. de Camors, entraînée en dehors des limites que sa volonté s'était prescrites par des circonstances terribles et passant ainsi par le fatal engrenage des passions, jusqu'à la catastrophe finale où elle s'abîme sans retour.

Ce denouement, que la critique n'a pas loué suffisamment à mon gré, me semble de la plus grande beauté. Je ne voudrais en retrancher qu'une horreur inutile, la pensée vague du crime que la marquise de Campvallon laisse entrevoir un instant et qui doit la debarrasser d'un dernier obstacle, la pauvre et triste vie de Mme de Camors. Il suffisait du soupçon terrible que cette touchante victime a pu concevoir un jour dans l'amertume désespérée de sa souffrance. Donner à ce soupçon une ombre seulement de réalité, c'est soulever une émotion qui n'a plus rien de littéraire. Nous sortons ici de la note habituelle du roman; nous côtoyons le mélodrame. Ce n'est plus là un de ces crimes élégants, civilisés, tout à fait parisiens, pour lesquels le monde a de singulières indulgences : on entrevoit la cour d'assises, et cela est de trop. Sauf cette dissonnance assez grave avec le ton général du roman, tout dans cette dernière partie contribue au plus grand effet; tout saisit l'âme du lecteur. On suit avec anxiété les progrès de cette étrange maladie, d'abord toute morale, qui détruit lentement chez M. de Camors ses facultés les plus actives, ses goûts les plus vifs, ses ambitions et jusqu'à ses passions. On assiste avec effroi à l'agonie de cette vie si orgueilleuse, frappée au cœur par une parole de mépris sans vengeance possible. Cette mort, tragique en ses lenteurs, qui n'est qu'une impossibilité de vivre; le long supplice de ces deux êtres superbes et charmants, M. de Camors et la marquise de Campvallon, liés par cette parole de mépris sous un joug de fer, et condamnés à souffrir si cruellement l'un par l'autre dans l'apparente prospérité de leur coupable bonheur, jusqu'à ce que l'un d'eux, le plus faible, M. de Camors, tombe pour ne plus se relever, sous la mortelle atteinte portée à son honneur, à cet honneur qui devait être le gardien de sa vie et qui devient son bourreau; il y a là une de ces inventions fortes et simples qui sont la marque décisive des talents supérieurs.

Dans ces pages rapides, je n'ai pu toucher qu'au problème philosophique posé et résolu par le roman. Je n'ai analysé aucun des autres éléments de l'intérêt passionné qui s'attache à cette œuvre : la variété et la vérité des caractères, le charme de certaines scènes, le pathétique de certaines autres. Mme de Campvallon, la femme païenne, cette âme altière et passionnée qui porte sans défaillir la responsabilité de la destinée qu'elle s'est faite, en contraste avec son élégant complice, M. de Camors, qui a essayé en vain d'être impassible, qui reste accessible au trouble, au remords même, parce qu'il n'a pu s'enfuir hors de l'humanité et que « tout en etant un grand coupable, il a été un homme »; le général de Campvallon, cette brusque et brave figure que l'on a vue une fois quelque part et que l'on reverra toujours; cet honnête Lescande, *Tête-de-Loup*, qui ne fait qu'apparaître; et cette ravissante *miss Mary*, si délicieuse en ses ingénuités, si fine dès avant l'expérience, si bien faite pour le bonheur et que sa mauvaise étoile condamne à souffrir si cruellement sous le nom de Mme de Camors... — Sur toutes ces physionomies s'est répandu un rayon de vie que l'observation du romancier a dérobé à la réalité et que son art a fixe en l'idéalisant. J'aurais aimé à m'entretenir successivement avec tous ces personnages, si sincères chacun dans sa nature, si vrais, si individuels, Peut-être, par compensation à tant de louanges, aurais-je essayé d'inquieter M. Feuillet sur le sort de Mme de Tècle dans le monde où l'on a jugé quelque peu bizarres les transactions de sa vertu avec l'inclination de son cœur, où l'on a souri de cette idée qu'elle conçoit un beau matin de proposer sa fille à l'homme qui vient de lui déclarer son amour. Peut-être aurais-je eu à critiquer dans la conduite de l'histoire l'emploi de quelques moyens qui manquent de nouveauté et que les romans vulgaires ont discrédités, tels que les lettres anonymes et le *traître* Vautrot. Mais, en revanche, j'admire sans restriction tant d'idees ingénieuses, de conversations d'une élégance et d'un naturel parfait, de détails fins et delicats, et surtout avec quelques scènes vraiment neuves, cette logique d'un art arrivé à la pleine possession de lui-même, superieur à tout ce qu'il avait montré jusqu'ici, conduisant et développant une pensée hautement morale, sans pédantisme, servi par une imagination heureuse qui a répandu dans toute cette histoire la terreur et le charme. Pour ma part, et contrairement à des critiques dont je m'explique difficilement la sévérité inattendue, j'estime que jamais, jusqu'à ce jour, M. Octave Feuillet n'avait réuni dans la même œuvre autant d'éléments d'un succès durable, un de ces succès qui dépassent l'heure présente, que n'explique pas seulement la curiosité frivole d'une émotion momentanée, et qui vont rejoindre l'élite des romans consacrés dans la littérature française. Ajouter une page à cette élite, un nom à ce livre d'or, n'est-ce pas l'ambition la plus haute que puisse se proposer un écrivain, qu'il soit ou non de l'Académie? Dans cent ans d'ici, c'est la seule chose qui comptera.

PAUL ET VIRGINIE [1]

Je viens de relire *Paul et Virginie* dans la belle édition que M. de la Charlerie a commentée avec son délicat et poétique crayon. J'ai relu l'adorable poème surtout par l'imagination, en suivant la série des dessins, des figures et des paysages, qui me rappelaient à chaque page des souvenirs enchanteurs : Les *Ruines des deux cabanes*, le *Berceau des deux enfants*, l'*Esclave fugitive*, le *Passage du torrent*, *Virginie à la source*, le *Bain de Virginie*, le *Départ*, le *Retour*, le *Saint-Géran*, la *Mort de Virginie*. A travers la diversité de ces situations et ces scènes retracées à mes yeux, presque toutes avec un sentiment juste et profond, avec une finesse et une élégance de trait que la gravure me semble avoir quelquefois trahie, je me suis plu à revivre une heure avec le bon vieillard et à ressaisir le parfum évanoui de son mélancolique récit. Quelle innocente volupté que de pouvoir se rendre ainsi, par une sorte d'artifice, les impressions d'autrefois et se replacer dans l'ingénuité d'esprit où l'on était alors, loin des savantes dépravations de notre littérature romanesque! Mais si nous avons ressenti de nouveau ces émotions, comment les rendre? Que pourrions-nous dire qui fût digne de ce poème? Je sais que la critique y découvre aisément, sous cette apparente ingénuité, bien des sub-

1. Édition nouvelle, 1 vol. in-folio, dessins par M. de la Charlerie.

tilités de sentiment et des raffinements. Pour moi, je n'y veux voir et goûter en ce moment que l'immortelle candeur qui nous a ravis, lorsque chacun de nous, enfant, s'est enchanté de cette idylle Il nous semblait alors, pour parler la langue du temps, que cette œuvre était comme un autel virginal dont les hommes ne devraient s'approcher qu'avec une conscience pure, des mains chastes et des fleurs.

Ne faisons pas en ce moment œuvre de critique. Essayons seulement de nous rendre compte, sous le charme de ce poétique commentaire dont la douce magie les évoque successivement devant moi, des impressions de la première heure et de la première lecture. Refaisons-nous enfant, par l'imagination, si nous pouvons.

On ne pourrait mieux comparer la marche de ce doux poème qu'à celle d'une journée d'été. Voyez, quand l'idylle commence, comme le ciel est calme et pur, qu'elle fraîche limpidité de l'air. Mais le soleil monte à l'horizon. L'air s'échauffe, une secrète ardeur circule et se répand sous la voûte des bois; la terre s'embrase. Soudain des nuages obscurcissent le ciel; la tempête se prépare, elle éclate. La nature s'agite dans les convulsions de l'orage. Les arbres foudroyés, les cabanes détruites, les champs dévastés, voilà ce que laisse la colère du ciel quand elle a passé sur ce paysage si calme et si harmonieux.

Voyez aussi quelle fraîcheur au début du roman, cette paix intérieure des deux cabanes où se sont réfugiées, où se reposent enfin deux existences brisées, cette amitié des deux pauvres femmes, *victimes intéressantes, l'une de l'amour, l'autre du préjugé*, et qui oublient leurs douleurs près d'un berceau. Autour d'elles, que le paysage est riant! C'est une solitude, sans doute, mais une solitude qui vous pénètre de calme et de sérénité.

Sur leurs genoux jouent ces deux enfants qui seront

tout le poème. A la porte des deux cabanes s'élèvent de jeunes palmiers. Il y aura comme une amitié fraternelle, qui est tout à fait dans le genie de Bernardin de Saint-Pierre, entre ces deux enfants et ces arbres qui portent leur nom et qui marqueront leur âge. Tout n'est, à cette heure, dans ce delicieux abri, que bonheur, simplicité, harmonie.

Et déjà le récit marche, l'action commence. Les enfants grandissent : Paul, l'espoir de la petite colonie; Virginie, la grâce même et le charme. Ils ne connaissent le monde que par la bonté de tout ce qui les entoure. Comment ne seraient-ils pas bons eux-mêmes et devoués? Ils partent, ils vont à l'aventure, à travers les escarpements des mornes et les torrents, prenant avec eux la pauvre esclave fugitive. Nous tremblons avec eux, quand ils abordent le cruel planteur. Nous sommes inquiets pour eux, quand ils reviennent à travers les bois, nous avons peur avec eux. Ils sont sauvés. Mais déjà le courage de Paul s'est annonce; tous deux ont souffert ensemble; leur amitié mutuelle, qui n'était qu'un affectueux instinct et une chère habitude, s'est accrue, elle change de caractère; elle devient une tendresse déjà prête à s'émouvoir.

Le soleil monte à l'horizon; la poésie se colore et s'échauffe. L'affection croissante et déjà inquiète va se revêtir de mélancolie. Virginie, atteinte la première, languit; elle souffre d'un mal inconnu; elle n'en sait pas le nom, mais elle cache sa souffrance avec un pudique effroi. Innocente et pourtant troublée, elle cherche l'ombre comme un abri. Elle s'étonne elle-même d'éviter les caresses de son ami. L'air s'embrase autour d'elle comme son cœur; la nature souffre comme elle. Tout est accable. Virginie cherche en vain quelque apaisement à cette secrète ardeur dans la fraicheur de la fontaine. Nuits brûlantes! Tourments inconnus! C'est l'âme qui souffre, et la fraîcheur des eaux n'en éteindra pas la flamme.

A partir de cette heure mélancolique, le bonheur se trouble. Même la paix matérielle des choses est menacée Un terrible ouragan se déchaîne et désole le frais vallon. Les berceaux, les gazons sont détruits. « Tout périt sur la terre, s'écrie Virginie, il n'y a que le ciel qui ne change point. »

Ainsi déjà s'amasse, autour des deux figures aimées du poète, quelques ombres, quelques nuages. Ce sont des tristesses soudaines qui éclatent, ce sont des retours subits sur la destinée, des paroles mystérieuses qui échappent à ces âmes naïves. L'idée d'un péril inconnu se révèle de toutes parts à eux. Ils sentent vaguement que c'est la tempête, que c'est la mer qui leur raviront tous les trésors de leur innocente vie. Voyez Paul s'avançant, dans ses jeux d'enfant, sur les récifs au-devant des lames, et Virginie jetant des cris perçants à la vue de cette vague élancée vers son ami. C'est Paul encore s'écriant dans son délire, quand il apprend le départ de Virginie : « Puisse cet Océan, où vous l'exposez, ne jamais vous la rendre ! » L'Océan entendra son vœu impie.

Le dénoûment arrive. De toutes parts le paysage s'est assombri. La nuit pèse avec sa secrète horreur sur cette nature si souriante au début. Une suite d'impressions tristes et graves nous dispose à quelque chose de lugubre : le départ de Virginie, sa première lettre si navrante dans sa simplicité, ces graines d'Europe qu'elle envoie à la petite colonie et qui refusent de germer sur cette terre nouvelle, comme pour annoncer que Virginie n'y pourra plus jamais refleurir dans sa grâce, cette longue conversation du vieillard qui semble être un appel à la résignation ; la tempête qui accueille presque au port le navire, objet de tous ses vœux ; la dernière scène enfin, si solennelle, toutes ces émotions qui se succèdent, produisent dans l'âme un attendrissement graduel d'un irrésistible effet; et il n'y a pas que les lecteurs de quinze ans qui répètent en gémissant avec le poëte : « O jour affreux, hélas! tout fut englouti! »

On a beau se roidir contre l'émotion; on la subit chaque fois qu'on relit ces dernières pages. On se sent mourir de la douleur de Paul, de cette douleur morne qui le ramène sans cesse des lieux témoins de ses joies à la grève où le flot déposa un soir le corps inviolé de Virginie.

Je me suis plu à me rendre à moi-même toutes ces émotions graduées avec tant d'art jusqu'à la catastrophe. Je n'ignore pas les graves critiques que l'on a élevées contre le poëme, moins naturel, moins ingénu qu'il ne le paraît au premier abord. Hier encore, dans un beau livre, complément d'un grand ouvrage, un juge sévère et délicat, M. de Laprade, a tracé une sentence qui mériterait d'être discutée de près et avec attention. Il déclare qu'il n'est pas très frappé de la vérité de *Paul et Virginie*, qu'elle ne lui paraît pas plus vraisemblable que la poésie d'Atala. « C'est une vérité analogue à celle des situations de l'*Emile* et de l'*Héloïse*, de toutes ces productions si artificielles que le goût factice de la nature inspirait au dix-huitième siècle. Jusque dans cette catastrophe de Virginie, qui a fait verser tant de larmes, notre admiration hésite, car l'auteur ne nous a pas donné la clef de ce mystère d'héroïsme. Le *Code de la nature*, même idéalisé, aucun code sérieux, aucun idéal ne prescrit à la jeune fille son sacrifice. La mort de Virginie me fait pleurer, mais il est impossible de deviner de quel devoir, de quelle passion elle est martyre. Je vois bien que l'auteur a voulu grandir son héroïne, mais son intention est perdue pour moi. Je suis suffisamment attendri du trépas de la jeune fille en vue des côtes de l'île, en face de son amant désespéré; la fausse pudeur qui cause cette mort est un raffinement qui sent sa *Nouvelle Héloïse* et la poésie de décadence, et qui n'ajoute rien à l'émotion vraie. »

Philosophiquement, il se peut que cette critique sévère ait raison contre notre émotion; mais ce qu'il y a d'excessif dans la pudeur de Virginie n'apparaît qu'à la réflexion. L'attendrissement, porté à son comble, ne réfléchit pas si savamment. L'art du romancier nous paraît fort supérieur chez Bernardin de Saint-Pierre à ce qu'il est dans son maître, chez Jean-Jacques Rousseau. A l'heure qu'il est, la *Nouvelle Héloïse* n'attendrit plus personne depuis longtemps déjà. Je ne crois pas que le dénoûment de *Paul et Virginie* rencontre dans les générations nouvelles une émotion moindre que dans la nôtre ou dans celles qui nous ont précédés. Le dernier trait d'héroïsme peut être exagéré; mais le sentiment en est vrai, et cela suffit pour que les jeunes imaginations le consacrent par leur enthousiasme et par leurs larmes. Elles l'ont adopté; la critique ne pourra la leur ravir; cette émotion cruelle, elles y tiennent comme elles tiendraient à un bonheur. C'est leur trésor, c'est leur bien.

Quand on ferme ce beau volume, édité avec tant de soin et d'art, il semble qu'on vienne de vivre quelques heures à l'Ile de France. On emporte, gravés dans son imagination, en caractères ineffaçables, tous les traits du tableau. On croit avoir vu, on croit reconnaître le chemin des *Pamplemousses*, les avenues de bambous qui mènent à l'église, la petite rivière des *Lataniers* et son vallon tranquille, le morne de la *Rivière-Noire*, la montagne des *Trois-Mamelles* où s'égarèrent un jour les deux enfants; le quartier de la *Poudre-d'or*, où Paul veilla sa nuit d'agonie; l'*île d'Ambre*, où se brisa le navire. Tous ces noms résonnent dans notre pensée comme les notes éparses d'une ravissante mélodie. On emporte au fond de son âme le parfum de cette nature splendide, comme ce voyageur dont parle Bernardin, et qui garde longtemps encore dans ses vêtements les odeurs aromatiques de la forêt qu'il a traversée.

GUSTAVE FLAUBERT

La *Sorcière! Salammbô!* La mode littéraire est aux évocations. Tandis que M. Michelet, enivré d'un philtre, évoque, dans une sorte d'hallucination, tout un moyen âge grotesquement hideux; tandis qu'il célèbre dans une Priapée mignarde et à la fois lyrique, la gloire de Satan libérateur et la rédemption de la chair par les jeux immondes du Sabbat, voici que M. Gustave Flaubert rappelle, des ombres de l'histoire lointaine, la Carthage d'Hamilcar, et nous l'expose dans une lumière éclatante, ressuscitée par un grand effort.

Ce que c'est pourtant que la destinée des livres! Imaginez un modeste volume arrivant au public avec un nom obscur et un titre tel que celui-ci : *Étude d'après Polybe sur la guerre des Mercenaires, épisode de l'histoire de Carthage* (241-238), l'indifférence du public était acquise d'avance à l'auteur et à son œuvre. Peut-être un aimable et jeune académicien, qui sait? M. Beulé, touché par l'analogie du sujet avec ses études de prédilection, aurait accordé quelques paroles d'encouragement à ce laborieux inconnu dans un coin du *Journal des Savants*. Mais l'humble *essai* n'en accomplirait pas moins sa carrière sur les rayons érudits de la librairie Durand. Hospitalité honorable, pourvu qu'elle ne dure pas toujours.

Au contraire, voyez *Salammbô*. Sa notoriété a précédé de plusieurs années sa naissance. Salammbô! un nom rempli de mystère, associé au nom retentissant de M. Gustave Flaubert! Salammbô, cette histoire ou cette légende retrouvée dans les profondeurs des siècles; un rêve de volupté orientale, ressaisi par une science presque magique, dans le lointain des civilisations évanouies, rendu mille fois plus piquant encore par la nouveauté des mœurs, des sites, des climats. Tant d'attraits réunis : la surprise pressentie des yeux et des esprits jointe à l'étrange séduction, moins littéraire que sensuelle, du souvenir de Mme Bovary! Voilà ce qu'on disait, ce qu'on espérait; et même avant que le livre parût, son succès n'était pas douteux. L'honnête et fière Sibylle de M. Feuillet, non moins que la grimaçante Sibylle de M. Michelet, les voilà donc contraintes de faire une place à leur côté, à cette nouvelle venue, impérieuse et triomphante, une troisième Sibylle, celle de Carthage.

Je doute un peu que les curiosités frivoles trouvent tout leur compte à cette lecture. Le livre causera bien, dans ses premières parties, quelques déceptions aux imaginations affolées, qui avaient rêvé une sœur orientale de Mme Bovary. Et ce sera bien fait. Ces déceptions, qu'on n'avouera pas, c'est déjà un châtiment.

Le thème que Polybe fournissait à M. Flaubert se réduit à peu près à ceci : On sait que Carthage, cette Venise africaine, formait ses armées de mercenaires qu'elle allait recruter, avec ses flottes, au bord de toutes les mers. Dans la triple enceinte de ses murs, elle rassemblait, à certains jours où la guerre commençait, des bataillons de toutes les origines, de toutes les armes, de toutes les langues. Il y avait des milliers de Numides et de Maures, des milliers d'Ibères, de Gaulois et de Ligures, des milliers de frondeurs baléares et de Grecs : il y avait des troupes de nègres venues des profondeurs secrètes de l'Afrique.

Étrange et formidable rassemblement de populations

historiques ou fabuleuses, accourues des contrées les plus diverses et les plus lointaines. La riche Carthage achetait le sang d'une partie du monde et le versait à flots sur tous les rivages où elle avait un comptoir à établir, un commerce rival à ruiner. Ce n'était pas le sang de la patrie qui coulait sur les champs de bataille; c'était son or. Que lui importaient ces torrents de sang barbare dont elle inondait la Sicile, pourvu que ses vaisseaux fussent maîtres des rivages et des mers ?

Mais, une fois la guerre achevée, la paix rejetait ces cohortes mercenaires sur Carthage, qui frémissait de les voir revenir affamées et avides. De là de fréquentes révoltes, dont la plus terrible est celle que nous décrit M. Flaubert et qu'on appela la *guerre inexpiable*. Elle éclata entre la première et la deuxième guerre punique, et ne fut étouffée que sous le poids des hécatombes humaines.

Mathos et Spendius, un Africain et un esclave fugitif de Rome, furent les chefs de cette grande révolte. Un suffète, Hannon, fut égorgé et mis en croix. Il ne fallut rien moins que l'épée d'Hamilcar pour avoir raison des rebelles. Il les enferma dans le défilé de la Hache et en massacra quarante mille en un seul jour. Une dernière bataille lui livra Mathos, qui périt sous les coups de la populace, dans une fête horrible où les Carthaginois vainqueurs montrèrent une barbarie égale à celle des vaincus.

Voilà la trame des événements, telle que l'histoire la livrait à la fantaisie du poète.

Il faut reconnaître que M. Flaubert, avec l'instinct d'un art élevé, s'est appliqué à ne pas trop déconcerter nos souvenirs et qu'il a su conserver les grandes lignes de l'histoire dans leur tragique simplicité. Le détail est orné jusqu'à l'excès; le fond n'est pas sensiblement altéré.

Mathos et Spendius sont restés au premier rang dans le roman, comme ils y sont dans l'histoire. La grande figure d'Hamilcar Barca les domine tous, Annibal, enfant, se montre à ses côtés. La seule création véritable parmi les personnages, c'est la sœur d'Annibal, la belle Salammbô. Mais la véritable héroïne du roman, c'est l'héroïne donnée par l'histoire, Carthage elle-même, avec son luxe et ses richesses incroyables, avec ses statues en or pur, ses temples couverts de lames d'or; avec les quatre étages de ses tours et ses trois enceintes hautes de trente coudées; avec ses remparts gigantesques dont l'épaisseur abritait des écuries pour trois cents éléphants et quatre mille chevaux, des casernes pour vingt-quatre mille soldats; avec ses ports et ses jetées colossales dont la mer, après deux mille ans, n'a pas encore usé les dernières assises; avec ses entrepôts immenses où étaient enfouis les produits et les tributs du monde. Voilà ce qui a tenté l'imagination de M. Flaubert, et ce n'est pas seulement dans la reconstruction de la ville que s'est déployé son talent, c'est aussi dans la peinture des mœurs politiques de Carthage, des dissensions violentes de ses citoyens, de sa constitution jalouse et défiante, de ses mœurs fastueuses et bizarres. C'est toute une renaissance matérielle et morale; ce n'est rien moins que la résurrection d'une civilisation morte.

Cette œuvre (roman ou étude, nous tâcherons tout à l'heure d'en définir le caractère) s'analyse sans aucune peine. C'est comme un panorama historique illustré, qui se déroule devant nos yeux en scènes parfaitement distinctes, en tableaux mobiles et détachés, comme au théâtre. On pourrait en marquer les principaux aspects, successivement déroulés devant nous, en les séparant par des titres particuliers.

Premier tableau. Le Festin. Les mercenaires se livrent à une monstrueuse orgie dans les jardins d'Hamilcar, absent. Déjà une sourde colère agite ces âmes barbares.

On pressent la perfidie de Carthage, la fureur de ces foules armées. A l'heure où l'ivresse se déchaîne et s'anime jusqu'au sacrilège, voici que du faîte de son palais descend la fille d'Hamilcar, la vierge vouée à la Vénus carthaginoise, à l'équivoque déesse, à Tanit, avec son escorte de prêtres eunuques. Elle calme par des chants divins le grossier délire de ces brutes repues de viandes et de vins, et se retire à pas lents, laissant derrière elle comme une flamme invisible, dont deux de ces barbares vont être dévorés, Narr'-Havas, le jeune roi des Numides, et le terrible Mâtho.

Deuxième tableau. L'armée des mercenaires à Sicca. Le conseil des Anciens obtient, à force de promesses, que les chefs des mercenaires emmèneront à quatre journées de Carthage ses terribles hôtes qui finissaient par affamer et ruiner la ville. C'est un véritable ouragan d'hommes. L'amour de Mâtho s'exalte de plus en plus par l'absence. Spendius, le Grec, un rusé, un esclave savant et corrompu, excite, aiguillonne sa fureur et la dirige où il veut, du côté de Carthage.

Nous ne continuerons pas cette analyse par tableaux. Nous avons voulu indiquer d'avance une critique. Les divisions du livre sont trop artificielles et ont quelque chose de mécanique. Un peu plus de liberté et d'imprévu dans la disposition des scènes ajouterait assurément à l'agrément du livre.

Pendant que les barbares prennent les armes, Salammbô, comme une victime prédestinée à d'étranges sacrifices, s'agite et s'inquiète. Sa virginité est vaguement troublée par la curiosité des mystères de la déesse Tanit; elle est impatiente des révélations du grand-prêtre, elle les sollicite et s'étonne de les trouver toujours vagues et fuyantes. Un mal inconnu l'accable.

Mais déjà les mercenaires sont sous les murs. C'est ici

que l'auteur place la description de Carthage, de ses remparts, de son acropole, de ses marchés. La révolte éclate. Des scènes effroyables se succèdent. Nous entendons de toutes parts les cris, le bruit des armes, le fracas de la guerre barbare. Spendius, en promettant à Mâtho de lui faire revoir Salâmmbo, s'introduit la nuit avec lui, à Carthage, par le canal du grand aqueduc, pénètre dans le temple de Tanit, où repose le Voile sacré, le Zaimph, le palladium de la république. Mâtho l'enlève, s'en enveloppe, apparaît un instant aux yeux épouvantés de Salâmmbo, sur le seuil de la chambre virginale, dans la gloire sinistre de son sacrilège, et transporte dans le camp des barbares ce gage de la fortune de Carthage. Les provinces sujettes se joignent aux mercenaires. Hannon est écrasé. Par bonheur, Hamilcar arrive. Ce ne sera pas trop du courage de ce grand homme de guerre et du dévouement de sa fille pour sauver la patrie des derniers désastres.

Tandis qu'Hamilcar tient la campagne avec des peines inouïes contre l'innombrable armée des barbares, des paroles vagues d'abord, puis precises, du grand-prêtre, préparent Salammbô à son rôle. Elle sera la Judith de Carthage, Judith, moins l'assassinat.

Elle doit (les dieux le veulent) reconquérir le voile sacré en se donnant elle-même à Mâtho. Ce n'est pas à un prix moindre que Carthage peut être sauvée.

Dès lors le sacrifice accompli et raconté jusqu'au bout, avec une abondance extraordinaire de détails, tout change. La fortune de la patrie se relève, les mercenaires sont écrasés. On célèbre les fiançailles de Salammbô avec le chef des Numides, Narr'Havas ; c'est la rançon dont Hamilcar paye la trahison du jeune roi. La mort de Mâtho, captif promis à la fureur et aux coups du peuple, marquera l'heure de la cérémonie. Il vient mourir aux pieds du trône où siège Salammbô. Mais elle-même n'appartient plus à la terre. Elle tombe! Tanit, la terrible déesse de la Volupté et de la Mort, l'a prise. Elle ne survivra pas à son barbare amant, massacré sous ses yeux.

Dans tout cela, dira-t-on, où est le roman? Il n'y en a pas, assurément, si l'on attache à ce mot la signification que lui ont donnée nos habitudes littéraires. Si le roman est une étude du cœur humain dans ses émotions les plus profondes et les plus délicates, dans ses combats et dans ses mystères, rien ne ressemble moins à un roman que cette œuvre où retentissent d'un bout à l'autre le bruit des armes, la mystérieuse colère des dieux, et que traverse d'un bout à l'autre un souffle de fatalité. Ce serait un poème plutôt, ou un drame, réglé par l'implacable Nécessité. Mâtho est saisi d'une sorte de furieux délire à l'aspect et au nom de Salammbô. C'est une possession plus encore qu'une passion. Salammbô a horreur de ce Mâtho auquel elle vient se livrer. Quand elle cède en frémissant à ses sauvages étreintes, elle le maudit encore, mais elle obéit à l'ordre secret des dieux avec une sorte d'innocence inspirée et subjuguée; c'est une profanation mystique qu'elle subit avec épouvante. Il n'y a, en tout cela, d'émotion que la curiosite étonnée, ou les orages des sens. Les émotions du cœur n'y sont nulle part.

Que faut il donc chercher dans ce livre? Des portraits d'abord : ceux de Spendius, de Mâtho, d'Hamilcar, d'Annibal qu'on aperçoit de loin en loin, et sur le front duquel tombe déjà le rayon sacré; de Salammbô enfin, en qui s'agite l'inquiète et douce folie des victimes désignées par les dieux. Des scènes ensuite; il y en a de fort belles. Les plus remarquables, à mon sens, sont l'invasion nocturne du Temple de Tanit, dont l'horreur sacrée pénètre l'âme de Mathô, et toutes les scènes qui suivent le retour d'Hamilcar à Carthage : la revue de ses vastes domaines, de ses richesses, de ses esclaves ; l'examen qu'il fait de la gestion de ses intendants ; le dédain qui se révèle dans ses attitudes et dans ses paroles pour ses lâches concitoyens, l'empire que prend sur eux cette âme forte ; sa lutte au milieu des Anciens contre l'envie furieuse qui veut l'accabler ; ses doutes sur la vertu de sa fille, sa colère gigantesque, sa dictature. Il y a dans toutes ces scènes qui se succèdent, je ne sais quelle grandeur et quelle simplicité biblique qui saisissent l'imagination. D'autres préféreront, sans doute, le drame rapide et silencieux, qui s'accomplit sous la tente de Mâtho. Je dirai franchement pourquoi cette scène de volupté féroce et d'abandon mystique me répugne. J'y vois trop sensiblement une amorce aux curiosités vulgaires. Je préfère de beaucoup celles où domine l'art.

C'est qu'il faut le dire, M. Flaubert n'a pas eu le courage de renoncer, entièrement même dans cette entreprise d'une grande étude historique, aux procédés qui ont tant contribué à la vogue de *Mme Bovary*. Il est encore, dans certaines parties de sa dernière œuvre, de l'école de M. Michelet : il aime à irriter les imaginations. Je ferai cependant une distinction entre ces deux écrivains : dans M. Michelet (l'*Amour*, la *Femme*, la *Sorcière*), on sent une sorte de contagion nerveuse que lui communiquent ses sujets de prédilection, les détails les plus secrets de la physiologie amoureuse ; chez M. Flaubert, même dans les peintures les plus risquées, on sent le parti pris, le système impassible, une impatientante sérénité. Je ne sais vraiment ce que j'aime le moins, du lyrisme érotique de M. Michelet, ou de la froideur non moins irritante de M. Flaubert dans ses descriptions voluptueuses.

Rappelons seulement ces deux scènes, celle où Mâtho, vaincu par son délire, rend à la fille d'Hamilcar le voile sacré de la déesse, et la scène qui la précède immédiatement, la plus périlleuse de toutes, la toilette de Salammbô, les rites préparatoires du sacrifice, le symbole plus que bizarre de ce serpent monstrueux et familier qui vient comme l'initier, de la part de la déesse, à sa destinée. Insister serait trop. Le goût réclame par ses repugnances contre de pareilles audaces d'imagination. Je ne vais pas jusqu'à dire que de telles scènes, dont on ose à peine comprendre le sens, nuiront au succès du roman. Je suis persuadé du contraire. De tout le roman, c'est cette partie qui sera le plus avidement recherchée. Le succès des derniers livres de M. Michelet est là pour le prouver. Mais devant ces aberrations d'imagination sans frein ou ces entraînements de curiosité malsaine, la critique garde tous ses droits.

Une dernière question se pose naturellement devant l'esprit, quand on ferme le livre : Cette érudition, étalée dans ces cinq cents pages sur un des sujets les plus obscurs de l'histoire ancienne, est-elle de bon aloi ?

Je n'hésite pas à croire que, dans son ensemble, l'érudition est exacte et approfondie. Les savants spéciaux relèveront peut-être un certain nombre d'anachronismes et d'invraisemblances de détails. L'ensemble, je le crois, restera vrai et témoignera d'un grand effort de volonté, de recherches très intelligentes et très bien dirigées.

La science de M. Flaubert, dans cette partie de l'histoire, me paraît digne des plus grands éloges. Mais l'art, dans la disposition et l'emploi de cette science, n'est pas à l'abri de tout reproche.

M. Flaubert sait beaucoup de choses sur cet épisode de l'histoire de Carthage et sur toute cette histoire en général. Il a épuisé à peu près tout ce qui a été écrit touchant cette civilisation singulière ; il en possède à fond les détails. Tous les vocabulaires lui sont familiers. Mais il en abuse. Il a la faiblesse de ne vouloir rien perdre de ce qu'il a appris avec tant de peines et de soins. Il trouve le moyen d'utiliser aussi bien sa science du bric-à-brac carthaginois que les parties les plus élevées de son érudition.

Il y a là un vrai délit contre notre patience. On est parfois tenté de fermer le livre sur une page hérissée de mots quasi-barbares, dont le cliquetis fatigue les yeux et assourdit l'oreille. Le réalisme érudit n'est pas sans quelque vague parenté avec le pédantisme. N'est-ce pas toujours le même principe : ne faire grâce à ses lecteurs d'aucune preuve de son travail et de son savoir-faire ?

Mon grief le plus grave porte sur le caractère du style qui me semble souvent manquer de justesse et en dissonance avec le sujet. Je ne sais trop ce qu'était le style carthaginois; mais je sais à peu près ce qu'était le style antique, oriental ou romain. Celui de M. Flaubert n'est ni biblique ni latin. Quand Mâtho s'écrie : « Je la veux! *Il me la faut!* j'en meurs! » Je me demande si ce n'est pas M. Mélingue que j'entends. Il passe ainsi parfois, dans ces poétiques et lointains horizons, comme un écho de la Porte-Saint-Martin. Le style manque de simplicité et surtout de sobriété. Il a cependant des parties de vigueur et arrive parfois à des effets saisissants.

Apres tout, sachons gré à M. Flaubert d'avoir visé haut et d'avoir souvent atteint son but ; il nous a rendu l'impression éclatante et vive de l'antique Carthage. Malgré trop de retours à ses anciens procédés et trop de complaisances pour les curiosités d'un public blasé, il sort de la science des influences si saines et si fortes, qu'elles se font sentir dans presque toutes les parties du livre et qu'elles en assurent le succès auprès de l'opinion réfléchie, devant le goût éclairé du lendemain. Il y aurait encore de la grandeur dans son œuvre, parce qu'il y en a dans son dessein, quand bien même il serait vrai que ses forces l'aient parfois trahi, ou le système, trop souvent égaré.

DE BALZAC

Son œuvre et son influence.

« Je serai bientôt en mesure d'affirmer que le dix-neuvième siècle m'appartient. » Ces mots, échappés un jour à l'orgueil de Balzac, devant un des esprits les plus fins et les plus délicats de ce temps, qu'il voulait éblouir. méritaient vraiment d'être recueillis et sauvés de l'oubli. De quelque manière qu'on interprète cette confidence, elle a sa valeur. Est-ce le pressentiment irrésistible par lequel un puissant esprit s'empare de l'humanité et met d'avance sa main sur tout un siècle? Faut-il y voir un des éclats de cette fatuité énorme et presque inconsciente qui remplit la vie et les œuvres de Balzac? Est-ce une naïveté gigantesque, dont il faut rire, ou l'un de ces oracles devant lesquels on s'incline? Le doute n'était pas possible il y a vingt ans; il est permis à l'heure où nous sommes, en présence des ovations immodérées qui célèbrent à l'envi ce génie défunt. Il fait bon mourir en France. C'est surtout chez nous qu'il est vrai de dire avec le poète :

La memoire est reconnaissante,
Les yeux sont ingrats et jaloux.

Nous sommes, à coup sûr, le peuple littéraire le plus facile aux enthousiasmes posthumes. On ne s'est pas contenté, dans un discours académique, d'inviter l'ombre de

Balzac à venir prendre place sur un de ces illustres fauteuils, au milieu de la célèbre compagnie, un peu effarouchée du voisinage de Vautrin : on a récemment nommé Balzac le Molière du dix-neuvième siècle, et mis de pair, sans sourciller, la *Comedie humaine* avec l'œuvre immortelle du génie même de la comédie. Alexandre Dumas avait dit de Shakspeare : « Shakspeare, l'homme qui a le plus créé après Dieu. » Et ce mot, légèrement risqué, on déclare aujourd'hui qu'il est encore plus juste si on l'applique à Balzac. L'école, plus bruyante que feconde, des réalistes se réclame à grands cris de sa prétendue paternité. Comme pour tous les demi-dieux de la littérature et de l'histoire, sa légende est déjà prête. Des écrivains distingués s'y dévouent avec une sollicitude incomparable et un soin infini du détail. Sa vie privée a été scrutée, fouillée, retournée dans tous les sens; l'anecdote la plus mince a pris, dans des mains habiles, des proportions inattendues. Le théâtre, si rebelle autrefois à Balzac, rend aujourd'hui à sa mémoire le plus délicat des hommages, en faisant à ses œuvres des emprunts avoués ou non. L'imagination appauvrie de nos auteurs dramatiques ne se lasse pas de lui demander l'inspiration et les sujets qu'elle ne trouve plus en elle-même. Voici qu'on remonte de tous les côtés, sur le boulevard et ailleurs, ces pièces infortunées dont Balzac avait espéré tant de richesse et de gloire, et qui lui ont valu de si célèbres désastres. Hier, c'était *Pamela Giraud;* aujourd'hui, *la Marâtre;* avant-hier, on reprenait *Mercadet*, on le reprendra demain. *Quinola* aura son tour; et pourquoi ce pauvre *Vautrin*, le frère aîné de cette lamentable famille, ne rentrerait-il pas dans la carrière que ses revers ont illustrée? Des editions multipliées, grand, moyen et petit format, répandent l'œuvre de Balzac en Europe et au delà. Il y a comme une conspiration d'enthousiasme en sa faveur dans plusieurs régions de la haute et de la basse critique; c'est une réhabilitation absolue de toutes les idées, de toutes les œuvres, du style même de Balzac; l'oraison funèbre éclate sur tous les tons; ce n'est plus de la critique, c'est une apothéose. Si Balzac revenait au monde un jour seulement, qu'il parcourût les journaux et visitât les théâtres, les clubs et les estaminets littéraires, il serait étonné de cette recrudescence inouie d'une gloire si contestée de son vivant. En voyant son nom triomphant à la vitrine des libraires, sur les affiches de spectacles, au feuilleton et à l'article *Variétés* des grands et des petits journaux, il pourrait vraiment croire que son aventureux pressentiment se réalise et que le dix-neuvième siècle lui appartient.

Tout est-il sérieux dans ce mouvement d'opinion littéraire et de faveur posthume autour du nom de Balzac? En dehors des préventions d'école, des engouements ou des denigrements de parti pris, quelle estime doit-on faire de son œuvre? quel genre d'influence a-t-il exercé sur la société et la littérature de son temps? à quel fonds d'idées générales se rattache la création de ses principaux types, le jeu de ses principaux ressorts, l'emploi des passions maîtresses qui dominent la société fictive dont il est l'auteur? En quoi consiste, au juste, cette force créatrice, ce don d'invention et de combinaison, l'originalité, en un mot, et l'art de Balzac? D'où tient-il ce singulier prestige, qui, pour un si grand nombre d'imaginations, est un charme en même temps qu'un péril certain? Quelques esprits, plus équitables ou plus moroses, qui ont résisté à la contagion de l'enthousiasme, ont accusé Balzac d'immoralité. Qu'y a-t-il de fondé dans cette accusation? Si elle est fondée, je crains qu'on n'ait pas toujours assez nettement indiqué la source et le caractère de cette immoralité, et que la violence un peu vague des critiques n'ait fait la partie trop belle aux enthousiastes, qui ont rejeté bien loin ce grief comme une banalité et ces réquisitoires comme une déclamation. Enfin Balzac a-t-il ou n'a-t-il pas une postérité? Est-ce un homme qui meurt ou une littérature qui naît? Ce sont là autant de questions dont pas une seule n'est étrangère aux préoccupations littéraires ou morales de notre époque. Pour résoudre chacune d'elles, nous apportons une sincérité absolue et la consciencieuse autorité que donnent à un écrivain de longues réflexions sur un sujet. Je ne parle que pour mémoire de ce qui n'est pourtant ni un mérite vulgaire ni un médiocre effort, la lecture attentive, complète et plusieurs fois recommencée des œuvres de Balzac, à des époques très différentes de la vie et sous les impressions les plus diverses. Peut-être ainsi avons-nous pu atteindre ce point si désirable de la perspective littéraire où l'objet se montre dans sa vraie lumière, dans son juste relief, sans obscurité comme sans éblouissement pour l'œil qui l'a saisi.

I

Je n'ai pas vu, et je le regrette, le célèbre portrait de Balzac par M. Louis Boulanger; mais j'ai souvent examiné, dans l'atelier de Berthall, la première esquisse du vigoureux dessin popularisé maintenant par tant de milliers de copies et de reproductions. C'est peut-être le chef-d'œuvre de ce jeune maître qui, avec un peu plus d'ambition, prendrait un rang si élevé dans l'art. Je ne sache personne aujourd'hui qui saisisse plus profondément un type et le fixe d'un trait plus net et plus hardi. Il s'est surpassé dans ce dessin. Il est impossible, avec quelques coups de crayon, de donner une idée plus vraie de cette tête si fortement caractérisée, de ce visage incorrect, sanguin, où la violence du tempérament déborde, où la trivialité des traits est rachetée par une expression saisissante de force, où la vie éclate en volonté et en pensée dans ce front vaste et sillonné; en railleries immodérées dans ces yeux noirs, d'une insoutenable vivacité, qui ne rêvent pas, mais qui observent et qui rient; en désirs, en passions, en sensualités imaginées ou satisfaites, dans ces lèvres épaisses et dans toute la partie inférieure du visage, si particulièrement développée et marquée au sceau très reconnaissable des curiosités et des goûts d'un certain ordre. Voyez, pour achever, cette chevelure luxuriante, désordonnée, rejetée en arrière, une chevelure comme celle de Samson; ce col énorme et musculeux, ce buste large et carré, enveloppé dans le célèbre froc de flanelle blanche, tout cet ensemble que M. Théophile Gautier peint en quelques mots, « cet homme trapu, robuste, vivace, qui résumait en lui les vigueurs du sanglier et du taureau, *moitié Hercule, moitié satyre*.... L'expression habituelle de la figure était une sorte d'hilarité puissante, de joie rabelaisienne et monacale — le froc contribuait sans doute à faire naître cette idée — qui vous faisaient penser à frère Jean des Entommeures, mais agrandi et relevé par un esprit de premier ordre. » Moitié Hercule, moitié satyre, c'est bien là l'idée qui résume ce vivant portrait de Balzac. Partout la force, le tempérament, la vie; mais ne cherchez nulle part trace de délicatesse, de grâce, de mesure et de goût. Tout est puissant, excessif, dans cette physionomie, l'observation et la raillerie, le travail et le plaisir, la pensée comme la passion. Deux traits dominent, la volonté et la sensualité.

Nous ne ferons pas ici d'étude biographique sur Balzac. Sa famille et ses amis ont eu soin de rendre inutile un nouveau travail sur ce sujet, dont tout l'intérêt et le charme ont été épuisés par la curieuse publication de Mme de Surville, la sœur de Balzac, par la piquante fantaisie de M. Léon Gozlan, par la vive et pittoresque étude de M. Théophile Gautier[1]. Après de pareils travaux, si bien informés et si justes d'accent, il ne nous reste qu'à résumer rapidement les traits caractéristiques de l'homme, ses habitudes, ses manies même, et aussi le développement de ce vouloir tenace qui fut le ressort de sa vie entière.

Cette volonté se tendit sans relâche, d'un prodigieux effort, vers un but unique, moins noble, il faut bien le dire, que le moyen. On regrette de voir que le mobile de cette dévorante activité fut l'hallucination d'une richesse énorme, gigantesque, qui le mît à même de réaliser des désirs insensés, d'accomplir des extravagances babyloniennes, de défrayer des fantaisies et des passions de Titan. Son talent, ses succès, sa réputation ne valaient à ses yeux que comme des instruments de richesse, ou, pour parler la langue qu'il aime, comme la première mise de fonds qui, d'après d'effrayantes martingales, devait le rendre en peu d'années le plus riche capitaliste de France. Sa gloire, s'il l'avait tenue, il l'aurait mise en actions. En tout cela, il faut faire la part de l'enfantillage, de l'excentricité volontaire, du désir d'étonner. Au fond, pourtant, il semble bien que toutes les passions de sa vie furent subordonnées à une seule, que toutes ses ambitions furent conduites à l'assaut de sa destinée par une ambition plus forte que toutes les autres, l'ambition fiévreuse d'une immense et rapide for-

1. 1° *Balzac*, avec de nombreux fragments de sa correspondance, par Mme de Surville (1857);
2° *Balzac en pantoufles*, par Léon Gozlan (1857);
3° *Honoré de Balzac*, par Th. Gautier (1859).

tune. Sa vie fut réellement en proie au mirage de l'or. De là tant de spéculations bizarres, d'ingénieuses absurdités, de rêveries colossales, d'imaginations superstitieuses qui sont devenues l'inépuisable texte de la légende formée autour de son nom. De là cette entreprise d'imprimerie et de librairie, par laquelle Balzac entra dans la féconde carrière des mécomptes et des dettes; de là l'histoire célèbre des cent mille pieds d'ananas, qui devaient lui rapporter un revenu net de quatre cent mille francs: les innombrables anecdotes dont la patrie naturelle est la maison des *Jardies*, cette propriété ruineuse dont les murs s'écroulaient chaque nuit et qui attendit les splendeurs du mobilier promis, jusqu'au jour où elle fut saisie; tant de projets fantasques conçus dans le délire éveillé des nuits sans sommeil et qui ne s'évanouissaient pas tous au premier rayon du matin, capture de trésors inconnus ou depuis longtemps oubliés, découvertes de mines en Sardaigne, association d'amis pour aller secrètement déterrer, près du morne de la Pointe-à-Pitre, le butin enfoui par Toussaint Louverture, consultations de pythonisses et de somnambules, curieuse et inoffensive folie d'une imagination affamée d'or; de là aussi ces luttes célèbres de ruse et d'industrieuse rapacité avec quelques libraires, qui rappellent de loin les luttes de Bas-de-Cuir avec les Indiens des Grandes Prairies; de là enfin ces efforts tardifs pour conquérir par les succès du théâtre la fortune que le roman s'obstinait à lui refuser, et cette idée magnifiquement bouffonne qui le poussa. le jour de la première représentation des *Ressources de Quinola*, à prendre la place du caissier du théâtre et à faire lui-même l'adjudication des places au plus offrant.

Les millions étaient le rêve, la réalité c'étaient les dettes. Tous ces efforts et ces projets n'aboutissaient qu'à creuser l'abîme. Ce fut le tourment de sa vie. Personne ne fut plus à même que Balzac d'étudier sur le vif la question des échéances à payer, de l'intérêt usuraire, croissant dans un rapport inverse avec le capital d'emprunt, de jour en jour plus rare et plus mince, des traités onéreux à remplir; personne mieux que lui ne fut à même d'observer les relations délicates du débiteur et du créancier, le caractère particulier, l'humeur que cette situation réciproque développe chez l'un et chez l'autre; l'instinct essentiellement fugace du débiteur, son obstination à disparaître, son goût inné ou acquis pour la retraite, son habileté pour inventer d'inaccessibles refuges et des stratagèmes inédits; l'humeur maussade du créancier, la tenacite de sa poursuite, sa defiance envers tout nouvel emprunteur, son industrie pour dépister les ruses et déconcerter l'humeur voyageuse de ses clients, sa férocité pateline à l'égard de ceux qu'il égorge. Je doute que Balzac ait fait un seul roman où quelqu'un des principaux rôles ne soit pas tenu par ces mystérieux agents, le crédit, l'emprunt, la dette. Il a multiplié à l'infini dans ses œuvres la situation dominante de sa vie. En attendant cette veine d'or qui devait traverser son existence et ce trésor des *Mille et une Nuits* que le jour dissipait en fumée, Balzac épuisait ses forces à lutter contre le nombre croissant de ses dettes et la formidable troupe de ses créanciers. Il y eut bien des époques maussades où l'ombre d'un Gobseck se dessinait pour lui de profil, de trois quarts ou de face, à chaque carrefour, à chaque coin de rue. Il ne se trouvait plus pour lui d'asile sûr à Paris que Clichy. Force était de disparaître. Quelque maison secrète de la banlieue, quelque hospitalité d'ami en province épargnait la dernière humiliation à ce millionnaire de l'avenir qui portait dans son cerveau toute une Californie d'idées, de romans, de drames, de spéculations de toute nature, et qui manquait d'argent pour payer son tailleur. Cinq à six mois d'un travail de reclus acquittaient les dettes les plus pressantes. M. de Balzac reparaissait, un beau soir, à l'orchestre de l'Opéra, dans toute la gloire du dandy, avec l'habit bleu à boutons d'or massif que tout Paris connaissait, et la fameuse canne à pommeau de turquoises, que Mme de Girardin a immortalisée. Toute une partie de sa vie fut remplie par ces intermittences d'ombre et de lumière. Mais la période des ténèbres revenait plus vite et durait plus longtemps.

C'était une tyrannie intolérable du sort de refuser obstinément quelques millions à Balzac et de paralyser en lui l'essor de tant de magnifiques facultés, créées exprès par la nature pour l'emploi savant des grandes richesses. Aussi prenait-il autant de revanches qu'il pouvait contre sa destinée ingrate. Tantôt, dans un jour de veine heureuse où un libraire s'était montré généreux, ce grand enfant, pressé de jouir, réalisait partiellement son rêve ; il courait acheter des meubles rares, des faïences précieuses, des débris de tentures splendides, des curiosités de toute sorte ; il préparait, pour sa propre joie et pour la surprise de ses amis, quelque petit appartement encombré d'un luxe bizarre. Dans les jours malheureux, c'était l'imagination qui faisait l'intérim de la fortune absente, et de complaisantes inscriptions à la craie, sur les parois vides des *Jardies*, invitaient le visiteur à supposer qu'ici était un magnifique trumeau, là une glace de Venise. Puérilités sans doute, mais qui peignent la ténacité de la chimère et l'idée fixe.

Ses fuites et ses disparitions fréquentes avaient heureusement d'autres causes que la crainte des créanciers. La plus honorable était la nécessité du silence absolu et d'un recueillement complet pour mener à bien son œuvre.

Il ne se contentait pas de cette solitude relative que l'on peut à la rigueur se créer dans son cabinet de travail, en plein Paris. Il fallait qu'il fût à l'abri de ces coups de main que l'amitié tente sur les consignes les plus sévères, et qu'il s'enfermât seul avec son idée, ayant devant lui la perspective de longues heures, indépendantes de tout autre devoir et de tout autre souci.

Ses plus chers amis n'avaient pas le secret de ces retraites, souvent changées, et s'ils parvenaient à le découvrir, ce n'était rien encore; il fallait un mot d'ordre pour forcer l'entrée du refuge. Il y avait sans doute, dans cet étalage de précautions, un luxe d'incognito, une manie du mystère, et quelque peu de ce désir assez puéril de dramatiser sa vie, qui a toujours eu tant de part dans toutes ses actions; mais c'était surtout passion et besoin d'un travail concentré, solitaire, acharné, non distrait de son idée. C'est à ce régime de reclusion, maintenu pendant plusieurs mois de suite, à raison de seize ou dix-huit heures de travail par jour, qu'il dut de produire autant d'œuvres et presque toutes de longue haleine. Mais quel travail! M. Gautier l'a décrit avec une verve singulière dans une page où abondent les plus curieux détails. On croit voir à l'œuvre le fondeur obstiné qu'il nous peint, rejetant dix ou douze fois au creuset le métal rebelle : « Quelquefois une phrase seule occupait toute une veille; elle était prise, reprise, tordue, pétrie, martelée, allongée, raccourcie, écrite de cent façons différentes, et, chose bizarre! la forme nécessaire, absolue, ne se présentait qu'après l'épuisement des formes approximatives; sans doute le métal coulait souvent d'un jet plus plein et plus dru, mais il est bien peu de pages dans Balzac qui soient restées identiques au premier brouillon. Sa manière de procéder était celle-ci : quand il avait longtemps porté et vécu un sujet, d'une écriture rapide, heurtée, pochée, presque hiéroglyphique, il traçait une espèce de scenario en quelques pages qu'il envoyait à l'imprimerie d'où elles revenaient en placards, c'est-à-dire en colonnes isolées au milieu de larges feuilles. Il lisait attentivement ces placards, qui donnaient déjà à son embryon d'œuvre ce caractère impersonnel que n'a pas le manuscrit, et il appliquait à cette ébauche la haute faculté critique qu'il possédait, comme s'il se fût agi d'un autre. Il opérait sur quelque chose; s'approuvant ou se désapprouvant, il maintenait ou corrigeait, mais surtout ajoutait. Des lignes partant du commencement, du milieu ou de la fin des phrases, se dirigeaient vers les marges, à droite, à gauche, en haut, en bas, conduisant à des développements, à des intercalations, à des incises, à des épithètes, à des adverbes. Au bout de quelques heures de travail, on eût dit le bouquet d'un feu d'artifice dessiné par un enfant. Du texte primitif partaient des fusées de style qui éclataient de toutes parts. Puis c'étaient des croix simples, des croix recroisetées comme celles du blason, des étoiles, des soleils, des chiffres arabes ou romains, des lettres grecques ou françaises, tous les signes imaginables de renvois qui venaient se mêler aux rayures. Des bandes de papier, collées avec des pains à cacheter, piquées avec des épingles, s'ajoutaient aux marges insuffisantes, zébrées de lignes en fins caractères pour ménager la place, et pleines elles-mêmes de ratures, car la correction à peine faite était déjà corrigée. Le placard imprimé disparaissait presque au milieu de ce grimoire d'apparence cabalistique, que les typographes se passaient de main en main, ne voulant pas faire chacun plus d'une heure de Balzac. Le jour suivant, on rapportait les placards avec les corrections faites, et déjà augmentées de moitié. Balzac se remettait à l'œuvre, ampliant toujours, ajoutant un trait, un détail, une peinture, une observation de mœurs, un mot caractéristique, une phrase à effet, faisant serrer l'idée de plus près par la forme, se rapprochant toujours davantage de son tracé intérieur, choisissant comme un peintre parmi trois ou quatre contours la ligne définitive. Souvent ce terrible travail terminé avec cette intensité d'attention dont lui seul était capable, il s'apercevait que sa pensée avait gauchi à l'exécution, qu'un épisode prédominait, qu'une figure qu'il voulait secondaire pour l'effet général saillait hors de son plan, et d'un trait de plume il abattait courageusement le résultat de quatre ou cinq nuits de labeur. Il était héroïque dans ces circonstances. Six, sept et parfois dix épreuves revenaient raturées, remaniées, sans satisfaire le désir de perfection de l'auteur. » Certes, on peut porter contre Balzac bien des genres divers d'accusation ; mais il est au moins étrange de lui reprocher, comme on l'a fait, son procédé d'improvisation hâtive et négligée. Je connais peu d'exemples, dans notre siècle, d'un labeur aussi difficile pour lui-même, aussi persévérant à se surveiller, à se corriger, à conduire son œuvre et son style à ce dégré relatif de perfection que pouvait concevoir une intelligence puissante, mais démesurée, désordonnée, une sorte de génie confus, sans règle et sans goût.

Contraste étrange de la nature et de la destinée! Balzac aspira toujours, de toutes les forces de son imagination et de son tempérament, à la vie la plus large, la plus copieuse en jouissance et en luxe ; où sa fantaisie souveraine dompterait les résistances des hommes les plus forts et les scrupules des femmes les plus belles par la puissance illimitée de l'or, liberté rêvée de tous ses instincts affranchis enfin de la nécessité, capricieuse royauté de tous ses désirs, excentrique et splendide orgie de fabuleux trésors et de voluptés idéales, et son existence réelle fut l'antithèse exacte de cette existence féerique dont il caressait amoureusement la chimère. Souvent la détresse, toujours la lutte; quelques intervalles bien rares de luxe précaire et de jouissances dévorées à la hâte, comme un larcin fait à sa destinée. En revanche, un acharnement au travail et un déploiement magnifique de volonté auquel il faut rendre hommage, quelque peu de sympathie qu'on puisse d'ailleurs avoir pour le mobile qui inspirait cette volonté et pour les résultats qu'elle a produits. On peut vraiment dire qu'il créa son talent, contre les résistances de sa famille d'abord, et contre les résistances plus difficiles à vaincre d'une nature indocile à l'art, rebelle, qu'il dut dompter et assouplir au prix des plus grands efforts.

Sa famille ne croyait point en lui, et pour persister dans la voie choisie en dépit de tant d'incrédulités obstinées, il fallut à Balzac une dose rare de confiance et d'énergie. Un écrivain qui débute s'attend d'avance à être nié par ses rivaux et méconnu par la foule compacte et distraite des indifférents. Il sait que c'est une première épreuve qu'il faut à tout prix traverser, eût on le génie de Shakespeare et de Molière. Il n'ignore pas, à moins d'être trop naïf, qu'on ne l'acceptera pas et qu'il faut qu'il s'impose. Mais ce qui est dur à soutenir, c'est l'indifférence railleuse d'une famille qui se refuse à une vocation littéraire. Il y a là des froissements de l'amour-propre le plus délicat, des souffrances secrètes, des révoltes douloureuses, tout un drame qui ne se raconte pas et dont le dénoûment n'est pas toujours à la gloire du héros. Le dénoûment fut à la gloire de Balzac; mais après quelles péripéties et combien de catastrophes!

On comprend, du reste, la répugnance de sa famille pour la carrière dont Balzac força l'entrée, et son obstination à ne pas croire au grand homme en germe. Né avec le siècle, dont il devait être le peintre, après une enfance insignifiante, Balzac avait été l'un de ces écoliers moroses que nous avons tous connus, chez lesquels tout le travail se fait en dedans, et qui opposent aux méthodes ordinaires et aux efforts de l'enseignement commun je ne sais quelle indomptable inertie, signe équivoque ou d'une complète inaptitude ou d'une puissance concentrée. Tel il s'était montré chez les oratoriens du collége de Vendôme, dont il garda de si tristes souvenirs, fortement retracés dans la première partie de *Louis Lambert*. Avec quelle verve il peint ces humbles et obscures souffrances de collége, qui, pour n'être que des souffrances d'enfant, n'en sont pas moins de vraies douleurs, aussi dignes de pitié que les douleurs d'un homme? Tel il se montra dans les deux ou trois institutions de Paris où il acheva péniblement de stériles études, portant, au milieu de ses camarades, un silence ennuyé, et à la classe, une fainéantise apparente, une sorte d'engourdissement sous lequel germaient, sans que personne s'en doutât, une activité d'observation et une hardiesse de pensée entretenues par d'innombrables et furtives lectures.

Son droit fait, ses examens passés, après deux ans de stage dans l'étude d'un avoué, Balzac, en qui sa famille pressentait le plus tranquille des notaires, jeta aux orties l'habit noir et la cravate blanche de la basoche, et déclara ses intentions lentement mûries. Il voulait être homme de lettres. Remontrances, conjurations, instances, proposition d'une charge de notaire à des conditions inespérées, tout fut inutile. Sa mère, consternée, repartit pour la Touraine en lui allouant la plus maigre des pensions, et l'installant dans la plus pauvre des mansardes du quartier de l'Arsenal, le plus triste de Paris. Balzac s'enferma résolument dans son sépulcre aérien, et dès le jour même commença cette âpre lutte d'où si peu sortent victorieux. Il avait alors vingt et un ans. C'était un duel de trente années qu'il engageait avec le Sort. Le Sort devait le briser, agiter sans pitié son existence, disperser, épuiser ses forces dans un travail furieux, sans cesse renaissant, et ne se laisser fléchir qu'une année environ avant la mort de Balzac, comme pour le laisser se reposer de la vie.

Du premier coup, Balzac demande à son génie méconnu un chef-d'œuvre. Il ne lui fallait rien moins que cela pour justifier sa résolution aux yeux de son père incrédule et de sa mère doucement railleuse. Les œuvres vinrent en foule, mais le chef-d'œuvre n'arriva pas. C'est ici qu'il est curieux de se donner le spectacle de cette forte intelligence, se cherchant elle-même, se tourmentant dans les angoisses du stérile désir et du labeur ingrat, ébauchant plans, esquisses, comédies, opéras-comiques, drames, une tragédie même, un *Cromwell*, puis brisant successivement ses ébauches, et se rejetant avec une douloureuse ardeur dans ce chaos qu'il fallait féconder. Où sera le germe utile parmi tant de germes avortés? D'où sortira le rayon propice qui lui donnera la vie? Que d'essais en tout genre tour à tour abandonnés et repris! Balzac finit par comprendre que la forme poétique ne pourrait être la forme de sa pensée laborieuse, confuse, lourde et lente, à laquelle s'adaptaient si mal le rhythme et la rime, *ces deux ailes du vers*. Il eut le courage d'y renoncer. Les difficultés de la composition scénique, du dialogue, de l'action dramatique où tout doit être la vie même et non l'analyse de la vie, le rebutèrent également après d'assez nombreuses tentatives. Il désespéra de la poésie et du théâtre. Ce double désespoir le rejeta dans son vrai domaine, la prose et le roman.

Mais ici encore, que de sillons péniblement creusés, effacés le lendemain, et dont la trace même a disparu! Que d'efforts perdus avant l'heure de la tardive moisson!

Balzac racontait plus tard que, dans cette douloureuse période d'un travail sans gloire et presque sans profit, il avait écrit au moins une trentaine de volumes pour *se délier la main*. Il eut beau faire, la main resta lourde et ne se délia jamais complètement. Si l'on cherchait bien au fond des cabinets de lecture de province, on finirait par recueillir ces œuvres inavouées, lamentable postérité d'un père inconnu qui se déguise sous divers pseudonymes, L. de Vieillerglé, Horace de Saint-Aubin. Je ne jurerais pas qu'à l'heure qu'il est, quelque douairière du Béarn ou quelque jeune écolier du Périgord ne fassent encore leurs délices secrètes de *l'Héritière de Biragues*, de *la Dernière Fée*, du *Vicaire des Ardennes*, de *l'Israélite*, de *Jeanne la Pâle*, de *Don Gigadas* ou de *l'Excommunié*. Laissons là cette bibliothèque oubliée, et paix aux morts!

Dans cette sorte de biographie littéraire que je voudrais établir rapidement, pour faire apprécier les lentes évolutions et les phases du talent de Balzac, la première œuvre avouée, signée, que je rencontre, et très digne de cet honneur, c'est le roman des *Chouans*. La date est 1827. Dès lors, Horace de Saint-Aubin disparaît. Balzac monte lentement, lentement à l'horizon. Mais qu'il lui faudra de temps et de peine pour arriver à son zénith!

Dans cette œuvre, où l'on rencontre de belles descriptions, des combats vigoureusement menés entre les bleus et les blancs, et où se répand comme une forte saveur du pays breton, on sent que l'influence de Walter Scott prédomine sur l'originalité de l'auteur. C'est le roman historique dans toutes les conditions du genre : un amour au milieu d'une guerre de partisans, dans un admirable pays qui encadre l'action et fournit à l'auteur toutes les ressources du paysage le plus varié; deux adversaires dignes l'un de l'autre; l'intrigue, la trahison venant compliquer et obscurcir la lutte loyale qu'ils se livrent; le dénouement saisissant et non sans une certaine grandeur épique. Walter Scott, s'il avait connu *les Chouans*, aurait applaudi, je n'en doute pas, à cette œuvre qui semblait lui promettre un héritier. Deux traits seulement font pressentir Balzac : l'origine souillée qu'il donne à sa triste héroïne, Marie de Verneuil, et le rôle attribué dans l'intrigue à Corentin, c'est-à-dire à la police de Paris, qui, plus tard, devait fournir tant de dénouements à Balzac, et faire remplir tant de fois, par ses agents, le rôle du *Deus ex machinà* dans *la Comédie humaine*. La police, son action dans les sociétés modernes, le pouvoir occulte et irresponsable qu'elle exerce, le mystère dont elle s'enveloppe, tout cela, exagéré par une imagination dramatique, préoccupa constamment Balzac, comme, avant lui, Stendhal. Sauf ces deux traits caractéristiques, Balzac n'est pas encore lui-même; il n'est qu'un imitateur, arrivant, après un long noviciat et une patiente étude, à la reproduction très habile des procédés et de l'art du maître, dont les aimables et faciles récits charmaient alors l'Europe.

De 1828 à 1833 le progrès est bien nettement marqué, l'originalité se forme et se dégage. C'est alors que Balzac produit en foule ces esquisses d'une valeur très inégale, mais où déjà se montre, par vives échappées, le vrai Balzac : la première partie de *la Femme de trente ans*, *le Bal de Sceaux*, *Madame Firmiani*, *la Femme abandonnée*, *la Grenadière*, *le curé de Tours*. Ce sont comme autant d'ébauches par lesquelles s'essaye le pinceau avant les grandes œuvres. Beaucoup de ces ébauches survivront aux œuvres qu'elles annoncent et qu'elles préparent. Que d'opéras dont il ne reste que l'ouverture!

Vers cette époque, il semble que Balzac se laisse tenter par le succès de la littérature fantastique dont la France était alors fort engouée. Hoffmann succède à Walter

Scott, et, comme tant d'autres, Balzac subit son prestige. Une imagination avide d'émotions l'y prédisposait. En imitant Hoffmann, il cédait à l'une des pentes de son esprit. *L'Auberge rouge*, *Melmoth réconcilie*, *l'Élixir de longue vie*, d'autres nouvelles du même genre et du même temps, portent la trace très sensible de cette influence. Cette veine vint aboutir à *la Peau de chagrin*, le premier en date des grands romans, œuvre étrange où se mêlent deux instincts contraires, associés de force dans le talent de Balzac : la curiosité passionnée des phénomènes fantastiques, l'instinct profond de la réalité sociale.

La période suivante, qui comprend huit années de la vie de Balzac, de 1833 à 1841, fut la plus féconde en œuvre et en succès. C'est alors que la plupart des grands romans furent ébauchés ou publiés, tels (pour citer les principaux) que *le Medecin de campagne*, *Eugenie Grandet*, *l'Histoire des Treize*, *le Père Goriot*, *la Recherche de l'absolu*, *le Lys dans la vallée*, *les Illusions perdues*, *César Birotteau*, *Beatrix*, *Pierrette*, *les Memoires de deux jeunes mariees*. Ici nous entrons définitivement dans le royaume de Balzac, sous le despotisme absolu de sa fantaisie, dans le cercle magique du monde qu'il a créé, que sa providence capricieuse gouverne et qui porte la marque bizarre de sa souveraineté. Dès lors, bon ou mauvais, inoffensif ou funeste, admirable ou absurde, un genre littéraire est definitivement constitué, où Balzac est maître. Il possède sa manière et l'imposera autour de lui, aux libraires, aux critiques, au public, à tout le monde. Il se fait une large place à côté de cette pléiade d'illustres contemporains, Lamartine, Victor Hugo, de Vigny, George Sand, Sainte-Beuve, Mérimee, Alfred de Musset, qui representaient l'imagination affranchie sous ses formes les plus brillantes et les plus elevées. Il se place tout à côté, mais en dehors de cette sphère enchantée, d'où la Poésie, gardienne impitoyable, dut exclure toujours son génie pédestre et roturier. Du reste, son vaste orgueil n'eut pas trop à souffrir de cette exclusion aristocratique. Isolé, il était plus en vue. Il avait au moins cette satisfaction de régner sans rival dans cette province nouvelle, conquise sur l'inconnu. Il n'était pas *plusieurs*, il était *seul*. La poésie avait plus d'un nom, le roman de mœurs n'en avait qu'un, le sien.

Ce succès tardif, mais assuré, sa réputation très étendue, la conscience de jour en jour accrue de son talent, ne le consolaient pas de la fortune absente. C'est alors qu'il tenta de nouveau le théâtre, sans ambition littéraire, paraît-il, mais seulement comme on tente la roulette, pour s'enrichir. On sait de quelles chutes il marqua ces premiers pas dans cette carrière nouvelle : en 1840, *Vautrin*, arrêté par la police après la première représentation; en 1842, *Quinola*, et cette éclatante déroute contre laquelle Quinola se trouva sans ressources; en 1843, *Pamela Giraud*, et ce médiocre succès plus cruel qu'un échec pour un homme de la trempe de Balzac. Il ne se découragea pas et revint à l'assaut du public en 1848, avec le drame de *la Marâtre;* deux ans après, il laissait en mourant la vigoureuse esquisse de *Mercadet*. Le temps seul lui a manqué pour saisir ce succès de théâtre qu'il poursuivait avec une furieuse ardeur. Cette puissante compréhension, servie par une volonté de fer, aurait triomphé de toutes les difficultés du genre, son instinct des sujets dramatiques aurait fait le reste. Déjà *la Marâtre* contenait deux ou trois scènes traitées avec une supériorité réelle, et la simple esquisse de *Mercadet*, appropriée au théâtre par une main habile, a saisi très fortement et à plusieurs reprises l'attention publique. Une ou deux tentatives encore, et Balzac serait arrivé à cette éblouissante fortune du théâtre, son rêve le plus cher qui fût devenu pour lui la plus lucrative des réalités. Je ne vois pas, en vérité, pourquoi il aurait laissé à d'autres le soin fructueux d'exploiter le demi-monde dont il connaissait si profondément les brillantes infamies, ou d'exhiber cette curieuse procession des faux bons hommes qui s'échappent en foule de chaque page de *la Comédie humaine*.

Il n'eut pas le temps d'échouer assez souvent au théâtre pour arriver à un grand succès. Ce fut la préoccupation et le regret de ses dernières années. A chaque instant il était troublé par de rapides visions qui lui montraient une salle émue, frémissante de sa parole, tout entière soulevée par sa puissante fantaisie, ces applaudissements, ces rappels frénétiques, cette gloire immédiate, instantanée, rejaillissant du public enthousiaste vers l'auteur, et surtout cette gloire monnayée, cet enthousiasme changé en or, ce Pactole sans fin, coulant de la caisse du théâtre dans la sienne. Il ne put jamais prendre son parti de tant de bonheur et d'argent perdus.

Dans les intervalles de ses espérances et de ses mécomptes il revenait au roman avec une ardeur doublée par la colère. A vrai dire, le roman n'avait jamais cessé, même dans ces dernières années, d'être l'occupation principale, sinon la préoccupation de sa vie. *Albert Savarus*, *Modeste Mignon*, *le Curé de village*, deux grandes études enfin provoquées par le fabuleux succès des *Mystères de Paris* et du *Juif errant* et très supérieures à ces deux ouvrages par l'invention et le talent : l'une sur les *Paysans*, l'autre sur les *Parents pauvres*, ce fut là le dernier effort du rude athlète. Après 1848, Balzac put connaître un instant ce que depuis trente années il n'avait connu pas un jour, pas une heure, la sécurité, le repos. Un mariage longtemps désiré avec une riche étrangère, une existence fastueusement tranquille, tous les bonheurs de la vie privée et les joies de la fortune, moins grande sans doute, mais aussi moins chimérique que la fortune rêvée, il y avait dans tout cela comme une prodigalité de cette destinée marâtre, contre laquelle il avait si rudement lutté. Mais cette prodigalité même, cette faveur si rapide, n'était-ce pas une ironie et comme un dernier coup du sort? Balzac mourait quelques mois après de ce mal rapide, invincible à la médecine, dont meurent, à notre époque, tant d'écrivains foudroyés, et dont la cause complexe n'est autre que l'excès de la pensée constamment tendue, l'exagération de l'effort, la violence des émotions, l'abus de la vie. Il mourut en 1850, avec la première moitié de ce siècle, dont il restera comme un des phénomènes littéraires les plus étonnants et les plus complexes.

Nous serions incomplet dans ce tableau de la vie intellectuelle de Balzac, si nous omettions de marquer deux courants parallèles qui la traversent en tout sens, l'un d'esprit mystique, l'autre d'esprit pantagruélique et gaulois. Ces deux genres d'esprit, si contraires en apparence, s'accordent comme ils peuvent dans le cerveau de Balzac. On pourrait en suivre la trace dispersée, errante, mais toujours reconnaissable dans ses œuvres les plus diverses de ton et d'inspiration. L'influence de sa mère, lectrice assidue de Swedenborg, le souvenir de Saint-Martin, *le Philosophe inconnu*, très répandu dans la Touraine, son goût particulier pour les phénomènes merveilleux, tout cela explique cette forte dose de mysticisme dont quelques-uns de ses romans sont pénétrés, *le Lys dans la vallée*, par exemple, et particulièrement *Louis Lambert* et *Seraphita*. Mais un autre de ses compatriotes, Rabelais, n'eut pas une moindre influence sur son esprit, naturellement enclin, dans ses heures si rares de loisir, à d'énormes accès de gaieté plantureuse, de scabreuse et d'exorbitante bouffonnerie. Ajoutez-y une curiosité de gravelures, un goût très prononcé pour le détail physiologique, un libertinage immodéré d'imagination, et vous comprendrez comment a pu naître, à côte du *Lys dans la vallée, la Physiologie du mariage*, comment Louis Lambert a pu se complaire dans les récits bouffons des *Petites misères de la vie conjugale*, comment l'âme angélique, la sœur terrestre et la confidente de *Seraphita*, consola sa nostalgie du ciel en *vuidant le piot* dans la compagnie peu mélancolique de Pantagruel et amusant le joyeux compère avec les *Contes drolatiques*. Tout cela, pêle-mêle dans le même esprit. Je serais tenté de comparer le cerveau de Balzac à une vaste auberge où se rencontrent les hôtes les plus disparates. Là seulement peuvent s'attabler ensemble Rabelais et Swedenborg, Pantagruel et Saint-Martin; et si la salle est obscure, si le cerveau est mal éclairé, ne vous en étonnez pas trop. Il est rempli des fumées d'une double ivresse, l'ivresse de la dive bouteille, versée à flots par Pantagruel, et l'ivresse de l'azur mystique dont Swedenborg sature ses tristes convives.

II

Nous connaissons l'homme; essayons maintenant de pénétrer dans l'intimité de son œuvre et de sa pensée.

Si peu que l'on ait pratiqué Balzac, on sait quel puéril désir il avait de paraître tout autre chose que ce qu'il était réellement, un romancier. Il voulait que l'on considérât ses innombrables récits comme l'expression analytique, préméditée, savante, d'un ensemble d'idées générales, d'une grande synthèse d'où ils tiraient, à ses yeux, leur principale valeur. Sa prétention n'allait à rien moins qu'à élever son œuvre à la hauteur d'une institution sociale et à établir sur des bases nouvelles ce que l'on pourrait appeler la philosophie du roman.

C'est là une idée toute moderne et qui peint une époque. Il n'y a pas d'ambitions limitées en ce temps-ci, et aucun genre, aucun art ne se résigne à être simplement ce qu'il est. Une confusion universelle est le résultat de cette universelle ambition. Ce n'est plus assez pour l'amour-propre de tel peintre ou de tel musicien d'exceller dans son art; il faut qu'il devance son temps, qu'il exprime par les couleurs ou par les sons les sensations et les idées inconnues de l'humanité future : il cherchera péniblement la formule de l'avenir; d'excellent peintre ou musicien qu'il était, il deviendra le déplorable Messie d'un art énigmatique, et je ne sais quel précurseur social dont le moindre défaut sera d'être incompréhensible. Le roman n'a pas de moins hautes visées. Il embrassera modestement *l'histoire et la critique de la société, l'analyse de ses maux et la discussion de ses principes.* Ce ne sera plus assez pour lui de créer des types supérieurs ou charmants, d'analyser les sentiments les plus délicats de l'âme humaine, d'enchanter l'imagination de ses contemporains, de consoler par d'aimables et naturelles fictions les ennuis, les chagrins ou les douleurs de toute une époque. Amuseur public! Fi donc! quel rôle pour un si grand personnage! C'était bon pour le roman de Mme de Lafayette, ou de cet excellent abbé Prévost, ou de ce patriarcal Bernardin de Saint-Pierre; mais le roman du dix-neuvième siècle! d'autres destinées l'attendent. Il sera tantôt le résumé en action d'une théorie sociale, d'une utopie humanitaire: tantôt l'expression d'une immense synthèse, la démonstration animée et vivante d'une métaphysique nouvelle. Et nous verrons deux imaginations puissantes, créées avec des facultés exceptionnelles pour cette œuvre d'analyse et de sentiment, nous les verrons à chaque instant détournées de leurs voies par l'ambition philosophique, fourvoyées dans des formules, abandonnant la proie pour l'ombre et le roman où elles excellent pour de vaines et vides speculations qui les égarent et les épuisent. Que de forces perdues, dissipées, que de trésors anéantis par Mme Sand et par Balzac dans cette nouvelle recherche de l'absolu!

A quoi donc se réduit la philosophie de Balzac, puisqu'il tient tant à en avoir une, quel idéal s'est-il fait du genre littéraire qu'il a choisi, quels principes l'éclairent dans l'invention et la conduite de ses œuvres, si tant est que l'on puisse définir ses conclusions sociales, politiques ou religieuses? Qu'il nous montre enfin par quelles lumières il remplacera ces massives ténèbres de préjugés et de superstitions au milieu desquelles l'humanité vivait avant lui.

La Comédie humaine, telle qu'elle est publiée aujourd'hui avec les retouches et les soudures que Balzac n'a pas cessé d'y faire, se relie sans trop de peine à une sorte de théorie dont l'auteur nous a donné libéralement la clef. Ses amis eux-mêmes assurent pourtant, avec grande vraisemblance, que la moitié de l'œuvre était publiée avant que Balzac eût imaginé son système. M. Théophile Gautier, qui l'a si particulièrement connu, rapporte à l'année 1836 la conception du plan de *la Comedie humaine*. « Balzac, nous dit-il, rattacha adroitement les œuvres déjà parues à son idée générale, et leur trouva place dans des catégories philosophiquement tracées. Quelques nouvelles de pure fantaisie ne s'y raccrochent pas trop bien, malgré les agrafes ajoutées après coup; mais ce sont là des détails qui se perdent dans l'immensité de l'ensemble. » La préface qui proclame la théorie et l'annonce au monde est de 1842.

Nous raconterons l'invention, en exprimant le plus fidèlement possible l'esprit de cette préface, moins connue qu'elle ne devrait l'être, et en la contrôlant par quelques passages recueillis ici et là dans ses œuvres. Ce sera pour nous une occasion naturelle d'examiner les tendances générales, d'apprécier les innovations vraies ou fausses du roman de Balzac.

L'idée qui fut le trait de lumière, *le coup de la grâce*, pour appliquer à l'art une belle expression de la foi, ce fut, à ce que nous assure gravement Balzac, une comparaison entre l'Humanité et l'Animalité. Cette idée jaillit de la grande querelle émue entre Cuvier et Geoffroy Saint-Hilaire sur l'*unité de composition*, et qui passionna l'Europe. Il n'y a qu'un animal, disait Geoffroy Saint-Hilaire. Le Créateur ne s'est servi que d'un seul et même patron pour tous les êtres organisés. L'animal est un principe qui prend sa forme extérieure, ou pour parler plus exactement, les différences de sa forme dans les milieux où il est appelé à se développer. Les Espèces zoologiques résultent de ces différences. La Société ressemble en ce point à la Nature. Elle fait de l'homme autant d'hommes différents qu'il y a de variétés en zoologie. Les différences entre un soldat, un ouvrier, un administrateur, un avocat, un oisif, un savant, un homme d'État, un commerçant, un marin, un poëte, un pauvre, un prêtre, sont, quoique plus difficiles à saisir, aussi considérables que celles qui distinguent le loup, le lion, l'âne, le corbeau, le requin, le *veau marin*, la brebis. Il a donc existé, il existera de tout temps des Espèces sociales comme il y a des Espèces zoologiques. Si Buffon a fait un magnifique ouvrage en essayant de représenter dans un livre l'ensemble de la Zoologie, n'y a-t-il pas une œuvre de ce genre à faire pour la Société?

Mais ici l'œuvre est bien autrement compliquée. La

Nature a posé, pour les variétés animales, des bornes entre lesquelles la Société ne devait pas se tenir. Quand Buffon peignait le lion, il achevait la lionne en quelques phrases; tandis que dans la Société *la femme ne se trouve pas toujours être la femelle du mâle.* Il peut y avoir deux êtres parfaitement dissemblables dans un ménage. La femme d'un marchand est quelquefois digne d'être celle d'un prince, et souvent celle d'un prince ne vaut pas celle d'un artiste. L'État social a des hasards que ne se permet pas la Nature, car il est la Nature plus la Société. La description des Espèces sociales est au moins double des Espèces animales, à ne considérer que les deux sexes.

Voici d'autres différences : Entre les animaux, il n'y a pas de drames; ils courent sus les uns aux autres, voilà tout. L'intelligence, chez les hommes, rend le combat bien autrement compliqué. Puis, Buffon a trouvé la vie excessivement simple chez les animaux. L'animal a peu de mobilier, il n'a ni arts ni sciences; tandis que l'homme, par une loi qui est à rechercher, tend à représenter ses mœurs, sa pensée et sa vie dans tout ce qu'il approprie à ses besoins. Les habitudes de chaque animal sont, à nos yeux du moins, constamment semblables en tout temps; tandis que les habitudes, les vêtements, les paroles, les demeures d'un prince, d'un banquier, d'un artiste, d'un bourgeois, d'un prêtre et d'un pauvre sont entièrement dissemblables et changent au gré des civilisations.

Ainsi l'œuvre à faire, pour Balzac, devait avoir un triple objet : les *hommes*, les *femmes* et les *choses;* en un mot, l'*homme* et la *vie*.

Telles sont les origines de la théorie. Y a-t-il vraiment là une découverte, comme le croit Balzac?

Si ce n'est qu'une comparaison, prolongée à plaisir, entre l'Animalité et l'Humanité, si Balzac se borne à penser qu'il y a les analogies les plus curieuses et les plus piquantes à poursuivre entre les *Espèces sociales*, comme il les appelle ingénieusement, et les Espèces zoologiques, nous n'y trouvons rien à redire. Il y a là une série de similitudes approximatives dont on peut rire et s'amuser un instant, pourvu que l'on ne compte pas enrichir la science de pareils jeux d'esprit. Si c'est une théorie, elle ne tient pas un instant devant la plus simple réflexion. J'y vois ou une grande naïveté, ou une intolérable exagération. Je n'insisterai pas sur la naïveté, qui serait de transporter la loi de Geoffroy Saint-Hilaire dans l'histoire morale de l'homme où elle règne depuis la *Genèse*, de proclamer l'unité du genre humain, et d'expliquer les différences des Espèces (pour parler comme Balzac et avec la solennité des majuscules) par les circonstances variables à l'infini de la civilisation et du climat, du milieu naturel et social. Ce serait là un tour de force par trop simple et dont Balzac lui-même, avec tout son impérieux aplomb, n'aurait jamais osé s'applaudir si bruyamment. Reste donc à interpréter autrement la grande découverte, et je ne puis y voir dès lors qu'une risible exagération. Elle consiste à soutenir, *scientifiquement*, que des différences égales séparent les Espèces sociales et les Espèces zoologiques. En vérité, ce serait faire trop d'honneur à de pareilles excentricités que de les discuter. Quel séide ingénu Balzac espère-t-il persuader? La limite si mobile et si vague que la civilisation etablit entre les classes et les professions sociales peut-elle être sérieusement assimilée à la distinction que la nature pose entre les variétés du règne animal? Que l'ouvrier n'ait ni les mœurs, ni les goûts, ni la forme des idées, ni l'expression des sentiments d'un homme d'État, et que cette difference tienne au milieu qui lui sert d'élement, c'est là une vérité trop vraie pour valoir la peine d'être énoncée; mais entre les Espèces animales c'est le fond de l'être et sa loi qui diffèrent, ici c'est l'accident. Chaque Espèce animale s'agite entre d'étroites limites qu'elle ne dépasse et ne déplace jamais. Ici la limite se déplace à chaque instant; Balzac le reconnaît lui-même et, dès lors, que devient la théorie? Et cela doit être, parce que l'homme est toujours l'homme, qu'il passe sa vie courbé sur le sillon ou sur les livres. La passion et la douleur prouveront toujours qu'il n'y a de l'un à l'autre que des différences de vêtement, de surface, d'éducation physique ou de culture intellectuelle, c'est-à-dire des accidents de forme et de temps qui n'atteignent ni le fond de l'être ni sa loi. Où en serions-nous, si nous prenions la théorie de Balzac à la lettre? Si les Espèces sociales ressemblaient vraiment aux variétés zoologiques, elles devraient en avoir l'immobilité. Chacune d'elles serait invinciblement parquée dans son milieu propre, comme l'Espèce animale est confinée, sous peine de périr, dans son élément. Nous aboutissons au système indien, non des classes sociales, mais des castes. Que devient non plus seulement la théorie, mais *la Comédie humaine* elle-même, énergique et vive peinture de ces transfusions et de ces mélanges de classes, qui sont le mouvement de la société moderne et la loi de sa vie?

C'est trop insister sur le caprice d'une préface, élevé tout d'un coup à la hauteur d'un principe. Les comparaisons ingénieuses sont un piège presque infaillible pour ces esprits infatués d'une science hâtive et superficielle. Une similitude ou un contraste finement saisis leur semblent des arguments sans réplique, et, quand ils ont improvisé un parallèle entre deux idées ou deux séries d'idées, rapprochées arbitrairement, quand ils arrivent à une analogie spirituelle ou à une antithèse piquante, cela suffit, leur système est fait.

Il semble que la logique du système aurait dû amener Balzac à diviser ses œuvres d'après les Espèces sociales, puisqu'il prétend recommencer sur les variétés de l'homme le travail de Buffon sur les variétés de l'animal. Si l'idéal du roman est, en effet, l'histoire naturelle transportée dans l'humanité, nous devrions avoir une série de *Physiologies*. celle du soldat, de l'ouvrier, de l'avocat, de l'homme d'État, etc., etc., représentant chaque espèce dans sa sphère d'action et son milieu social. Balzac n'a pas poussé si loin, il faut le dire, les conséquences de sa théorie; il s'est contenté de ramener à des cadres très généraux une multitude de figures, d'existences et de caractères, liés entre eux par une chaine très lâche et souvent très artificielle. De là la division de l'œuvre en *Scènes de la Vie privée, de la Vie de province, de la Vie parisienne, politique, militaire, Scènes de la Vie de campagne*. Division très suffisante, d'ailleurs, très acceptable, et à laquelle nous ne trouverions rien à redire si Balzac, dans une page d'une excessive prétention, n'avait voulu démontrer l'importance de ce plan dont chaque partie, selon lui, a *son sens invariable, sa signification absolue, et formule non seulement une phase sociale, mais une époque de la vie humaine*. « Telle est, dit-il, en achevant un commentaire grandiose des *Études de mœurs*, telle est l'assise pleine de figures, de comédies et de tragédies sur laquelle s'élèvent les *Études philosophiques*, seconde partie de l'ouvrage, où *le moyen social de tous les effets* (?) se trouve démontré, où les ravages de la pensée sont peints, sentiment à sentiment, et dont le premier ouvrage, *la Peau de chagrin*, relie en quelque sorte les *Études de mœurs* aux *Études philosophiques* par l'anneau d'une fantaisie presque orientale où la Vie elle-même est peinte aux prises avec le Désir, principe de toute Passion. Au-dessus, se trouveront les *Études analytiques*, desquelles je ne dirai rien, car il n'en a été publié qu'une seule, la *Physiologie du mariage*. D'ici à quelque temps, je dois donner deux autres ouvrages de ce genre : d'abord la *Pathologie de la vie sociale*, puis l'*Anatomie des corps enseignants* et la *Monographie de la vertu.* » Voilà où l'infatuation de la formule conduisait Balzac. Les titres séduisants que ceux-ci : la *Monographie de la vertu* ou la *Pathologie de la vie sociale!* Quel genre de traités est-ce là? S'agit-il de chirurgie, de jurisprudence ou d'anatomie?

N'attachons pas à une division, établie après coup, plus d'importance qu'elle n'en comporte. Remarquons seulement, comme trait de caractère, la peine que se donne Balzac pour établir *les bases scientifiques* de son œuvre. Depuis le jour où cette théorie sortit tout armée de son cerveau olympien, ce fut une des grandes préoccupations de sa vie de l'imposer au lecteur et de convaincre le public que toutes les parties de la *Comédie humaine* ne sont que les anneaux d'une chaîne inflexible d'idées, que la fantaisie n'a aucune part dans son œuvre, que chaque élément de l'œuvre est l'expression successive de la nécessité absolue, mathématique, qui la domine. On ne peut s'empêcher de sourire en pensant qu'un recueil d'anecdotes graveleuses, comme la *Physiologie du mariage*, avait sa place nécessaire, inflexiblement marquée dans le cadre de la Science du dix-neuvième siècle. En tout cela, et dans cette solennité des préfaces, et dans ces prétentions exorbitantes aggravées par l'emphase de l'accent, n'y a-t-il pas quelque involontaire réminiscence d'un des types favoris du romancier, et comme un écho sonore de l'*illustre Gaudissart?* Seulement, Gaudissart ne *travaille* plus dans la parfumerie; il a changé de spécialité; *sa partie* est maintenant la philosophie du roman; il ne débite plus de prospectus, il écrit des préfaces.

Certes, même dans cet *avant-propos*, souvent si amphigourique et si faux d'accent, en faisant abstraction du style compliqué, prétentieux, diffus, il y a bien des observations excellentes, des points de vue justes et fins, d'autres vraiment neufs et hardis. Malheureusement Balzac a l'infaillible privilège de gâter ses meilleurs idées à mesure qu'il les développe; on assiste à la dégradation rapide de ces idées, on les voit tour à tour se fausser en s'exagérant. On était tout près d'applaudir à une vérité neuve et piquante; tournez la page, la vérité altérée, corrompue, devient un lourd paradoxe qui vous irrite, si peu que vous ayez de nerfs.

Balzac a raison de croire que le plus grand intérêt du roman contemporain, et particulièrement du sien, c'est l'étude toujours neuve de la femme, de la *femme moderne*, création très complexe à laquelle contribuent inégalement la nature, qui est toujours la même dans ses instincts, et la civilisation la plus raffinée, qui a transformé ce fond primitif en créant le monde variable et mystérieux des sentiments.

C'est la femme qui, dans nos sociétés modernes, fait la *passion* et les *mœurs*, c'est-à-dire deux des éléments principaux du roman, puisqu'en dehors de la passion et des mœurs il ne lui reste à peindre que des caractères. L'importance que donne Balzac à la femme dans l'ensemble de son œuvre n'est donc que justice; il abonde dans le vrai quand il essaye de justifier le rôle capital qu'il lui attribue et d'établir l'infériorité, ou tout au moins la monotonie de Walter Scott dans la peinture de ses héroïnes. Je trouve à ce propos quelques idées très justes dans les *Illusions perdues* C'est Daniel d'Arthez qui parle, le grand écrivain de la *Comédie humaine*, l'idéal réalisé de Balzac : « Walter Scott est sans passion, il l'ignore, ou peut-être lui était-elle interdite par les mœurs hypocrites de son pays. Pour lui, la femme est le devoir incarné. A de rares exceptions près, ses héroïnes sont absolument les mêmes ; il n'a pour elles qu'un seul *poncif*, selon l'expression des peintres. Elles procèdent toutes de Clarisse Harlowe ; en les ramenant toutes à une idée, il ne pouvait que tirer des exemplaires d'un même type variés par un *coloriage* plus ou moins vif. La femme porte le désordre dans la société par la passion. La passion a des accidents infinis. Peignez donc les passions, vous aurez les ressources immenses dont s'est privé ce grand génie pour être lu dans toutes les familles de la prude Angleterre. » Il reprend la même idée ailleurs ; mais voyez déjà comme elle se gâte et s'exagère ! Ce qu'il y a de plus difficile pour Balzac, c'est de soutenir longtemps, dans le ton juste, le développement d'une pensée délicate. « Le malheur de Walter Scott, dit-il dans son *avant-propos*, c'est de n'avoir eu à peindre que des *modèles schismatiques. La femme protestante n'a pas d'idéal.* Elle peut être chaste, pure, vertueuse ; mais son amour sans expansion sera toujours calme et rangé comme un devoir accompli. *Il semblerait que la Vierge Marie ait refroidi le cœur des sophistes qui la bannissaient du ciel, elle et ses trésors de miséricorde.* Dans le protestantisme, il n'y a plus rien de possible pour la femme après la faute ; tandis que dans l'Église catholique l'espoir du pardon la rend sublime. Aussi n'existe-t-il qu'une seule femme pour l'écrivain protestant, tandis que l'écrivain catholique trouve une femme nouvelle dans chaque nouvelle situation. » Il y aurait de la naïveté à discuter cette singulière théologie intervenant à l'improviste dans la théorie du roman et le rôle qu'y remplit le dogme de la *Vierge Marie*, créant dans la société française la passion comme l'entend Balzac : l'amour effréné, un désordre immodéré de l'âme et des sens. S'imagine-t-il que le catholicisme soit fait pour mettre plus à l'aise les consciences et que ce soit pour autoriser la faute que le pardon ait été inventé ? Quelle vue superficielle et tranchante! Croit-il que si la religion était pratiquée dans son vivant esprit et non pas seulement dans sa lettre morte, la passion serait plus libre dans notre pays, sous la discipline catholique, qu'elle ne l'est sous le joug du puritanisme anglais? D'ailleurs, Balzac se trompe dans l'appréciation des deux sociétés. La différence qui les sépare est bien plus dans l'apparence que dans les mœurs, dans les manifestations de la vie plus que dans vie même, dans la tenue extérieure de la passion plus que dans la passion. La pruderie sociale domine tout en Angleterre, mais ne supprime rien. La tyrannie du *cant* impose des attitudes, mais ne crée pas de vertus. Tout cela est une affaire de climat et de tempérament, bien plus que de religion et de dogme. Balzac ne sait-il pas que la haute société britannique produit, en plus grand nombre encore que la nôtre, des *princesses de Cadignan*, mais que, mieux avisées, les duchesses anglaises ne disent pas leurs secrets, surtout à leurs amies intimes? La France, dit quelque part Balzac, fournit au romancier une matière inépuisable dans *les mœurs brillantes et les fautes charmantes du catholicisme*. J'admets, si Balzac le veut absolument, que les fautes soient plus charmantes en France qu'en Angleterre; mais je croirais volontiers que cet avantage tient aux coupables elles-mêmes plutôt qu'à leur religion.

Que de paradoxes et d'exagérations il faut d'abord écarter, pour amener à leurs points de justesse les vues de Balzac! On ne peut nier pourtant qu'il ait eu un profond instinct de la vérité sur des questions très délicates, la nature complexe de la *femme moderne*, le rôle qu'elle remplit dans la société et qu'elle doit prendre dans le roman, la difficulté d'en saisir les aspects mobiles, les éléments si subtils, d'en fixer les nuances fuyantes. Une autre prétention qui lui tient fort au cœur et qu'il n'a que trop justifiée, c'est de créer dans le roman un élément nouveau, la *science des choses.*

Ici encore, en élaguant et en choisissant beaucoup dans les pages confuses où il cherche à definir le roman tel qu'il l'a conçu, on arriverait à un ensemble d'idées très dignes d'attention. Les *choses* complètent les *personnes;* le milieu explique l'existence, chaque existence modifiant son milieu; notre pensée s'imprime au dehors, elle revêt, pour ainsi dire, de son caractère propre, elle transforme et anime la physionomie des objets. L'intensité, la puissance de la vie est si grande qu'elle s'assimile insensiblement tout ce qui l'entoure. De là l'importance des costumes, des meubles, des intérieurs, des détails infinis de l'existence considérée sous son aspect le plus intime et le plus familier. Il faut que le roman s'applique à saisir cette représentation matérielle des personnes par les choses, cette vivante empreinte de la pensée sur les objets. A cette condition, quelle valeur toute nouvelle ne prendra pas ce genre littéraire si dédaigné des savants! Il deviendra l'histoire sous une autre forme, l'histoire de la vie privée. Ce sera là vraiment l'utilité sociale et scientifique du roman. Que ne donnerait-on pas pour avoir un livre semblable sur les différents âges de l'Égypte, de la Grèce ou de Rome! Et quel riche complément ce serait pour les histoires générales qui nous sont restées sur ces siècles et sur ces pays! « Avec beaucoup de patience et de courage, nous dit Balzac, dans un style qui ne vaut pas la pensée, je voudrais réaliser, sur la France au dix-neuvième siècle, ce livre que nous regrettons tous, que Rome, Athènes, Tyr, Memphis, la Perse, l'Inde, ne nous ont malheureusement pas laissé sur leurs civilisations, et qu'*à l'instar* de l'abbé Barthélemy, le courageux et patient Monteil avait essayé pour le moyen âge, mais sous une forme peu attrayante. » On sait si le vœu de Balzac a été réalisé pour tout ce qui regarde l'homme extérieur, le costume et le mobilier. Quelques-uns de ses livres pourront servir aux *Monteils* de l'avenir qui seront curieux de savoir comment s'habillait le dandy de 1825 à 1846, et quelles formes a prises successivement dans les boudoirs, pendant ces vingt années, cet éternel canapé si fatal à la vertu de ses heroines.

Un dernier trait, et nous aurons achevé de marquer ce qui est vraiment intéressant et nouveau dans les vues de Balzac sur les conditions du roman moderne.

Comme il saisit la vie privée, celle d'un individu, dans les choses qui en sont le symbole, le roman doit saisir la vie publique, celle d'une génération, dans les sciences diverses ou les arts qui en sont l'expression, et que Balzac définit d'un mot juste et vrai, les *sciences sociales*. Chaque civilisation, chaque société porte la marque précise de sa date, son millésime, dans ces sciences et dans ces arts par lesquels sa vie se révèle, dans leurs progrès, dans leurs découvertes, dans leur langage particulier. L'historien des mœurs ne saurait négliger une source si abondante d'informations. S'il veut peindre une société vraie, non une société ideale et factice, pour que ses personnages soient réels, il faut les placer dans leur milieu réel et vrai, il faut que les situations et les événements soient exacts comme les caractères, que tout vive enfin de la même vie d'ensemble recomposée pièce à pièce par la science de l'auteur, magiquement ranimée par son talent. L'industrie, les arts mécaniques, les professions diverses, les beaux-arts, la médecine, la jurisprudence, la philosophie de l'époque qu'il veut peindre, tel est le modeste abrégé de ce que doit savoir le romancier, non d'une vue générale et approximative, mais d'une connaissance spéciale, détaillée avec le langage propre à chaque métier, à chaque art, à chaque science. Il faut dire, à l'honneur de Balzac, que son opiniâtre volonté a réalisé cet immense programme aussi fidèlement qu'une volonté humaine peut le faire, beaucoup plus assurément que le goût ne le permet et que le plaisir de ses lecteurs ne le tolère. Maître Jacques, de Molière, ne change que deux fois de livrée et de langage; Balzac change mille fois de costume et de jargon : il n'est pas seulement cocher et cuisinier, comme maître Jacques, il est tour à tour avocat, notaire, magistrat, industriel, médecin, négociant, inventeur, fabricant, musicien, peintre, poète, dandy, commis voyageur, ingénieur, philosophe, ministre, chef de bureau, théologien à sa manière, que sais-je encore? Qu'est-il et que n'est-il pas? Et tout cela avec un luxe de détails et d'expressions techniques qui fait de son œuvre une gigantesque succursale de l'*Encyclopédie des Manuels-Roret*. Pour en bien comprendre toutes les finesses, il faudrait être autant de fois *une spécialité* qu'il y a d'œuvres différentes. C'est le triomphe du genre que des parties entières de romans aient l'air d'être rédigées par un avoué, d'autres par un médecin, d'autres par un industriel, et que l'auteur soit proclamé très fort précisément par ceux qui ne l'ont pas compris. « Comme c'est bien cela! » s'écrie un avocat devant une tirade de Desplein ou de Bianchon, les grands médecins de *la Comédie humaine*. « Il est plus procédurier qu'un homme de loi normand, » s'écrie un étudiant en médecine en lisant *César Birotteau*. Tous les deux, l'avocat et le médecin, s'accordent à dire que Louis Lambert est un mystique sublime. Les âmes mystiques (car il y en a) déclarent que Balzac était une capacité financière du premier ordre. J'ai ouï dire que M. de Rothschild émettait des doutes à cet égard, et qu'il riait beaucoup de certaines inventions du baron de Nucingen. En revanche il veut être de bonne composition avec l'illustre mémoire de Balzac, et lui accorde le plus gracieusement possible une force de métaphysicien trop méconnue en Sorbonne, et un talent d'écrivain correct et pur, obstinément nié à l'Académie. « Mais aussi, quelle philosophie que celle de la Sorbonne! » s'écrie M. Taine. « A l'Académie, sait-on écrire? » ajoute M. Champfleury.

Parlons sérieusement. L'originalité de Balzac est d'avoir entièrement changé le point de vue du roman. Il a véritablement innové dans ce genre, à ses risques et périls. Jusqu'à lui, le roman était essentiellement œuvre d'analyse et de passion. A tort ou à raison, il a voulu faire tout autre chose, le résumé complet d'une époque, l'expression de la vie moderne, si raffinée et si complexe, l'histoire des mœurs au dix-neuvième siècle. Jusqu'à quel point a-t-il réussi? Son idée, certes, n'est pas sans grandeur. L'a-t-il réalisée de manière à satisfaire à la fois aux conditions éternelles de l'art et aux conditions particulières qu'il s'était imposées à lui-même? Le roman peut-il tenter impunément de devenir autre chose que ce qu'il est, d'être moins le roman que le résumé encyclopédique d'un siècle ou d'un pays? A poursuivre de trop près la réalité, ne perdra-t-il pas la vie? Ne risquera-t-il pas de dégénérer souvent en ce qu'il y a de plus triste au monde, une sorte d'inventaire social? Autant de doutes que j'émets. George Sand ne fait ses beaux romans qu'avec sa passion, et quelle vie la passion leur donne! Nous avons connu ses plus beaux personnages; notre cœur ne les oublie plus quand nous les quittons des yeux. Toute la science de Balzac ajoutera-t-elle un élément de plus à cette réalité idéale qui nous suffit? Je ne le crois pas. Il se nomme lui-même quelque part, avec orgueil, le nomenclateur des professions, l'enregistreur, l'archéologue du mobilier social. Je n'aurais pas osé le qualifier si sévèrement moi-même, mais j'estime toutes ces dénominations parfaitement exactes. Et cependant, je me demande si, le genre étant défini comme l'a fait Balzac, ces périls, qui sont ceux du genre, ne pouvaient pas être évités, non à force de talent (on n'en a pas plus que Balzac), mais à force de tact et de goût dans la conduite du talent. Montaigne aurait répondu : *Peut-être*, et je suis tenté de répondre comme lui. La vigueur même avec laquelle Balzac a échoué, l'intérêt extraordinaire qu'il a su donner à certaines parties de son œuvre, montrent que tout n'était pas faux dans son idée, et si le résultat s'est trouvé inégal à son ambition, cela prouve moins, à bien voir les choses, contre la justesse de son entreprise que contre la dispensation maladroite et l'intempérance de sa force.

Ce qui ne me laisse du moins aucun doute, c'est la valeur des prétentions philosophiques qui, dans Balzac, se mêlent à chaque instant à sa théorie ou à ses romans. Nous ne pouvons cependant pas nous dispenser d'en dire deux mots. Balzac a d'imprudents amis qui n'ont pas craint de le louer de ce périlleux côté, et il parle lui-même avec tant de complaisance de ses doctrines, que force est à la critique de chercher où elles sont.

« La loi de l'écrivain, dit superbement Balzac, ce qui le fait tel, ce qui, je ne crains pas de le dire, le rend égal et peut-être supérieur à l'homme d'État, est une décision quelconque sur les choses humaines, un dévouement absolu à des idées. Machiavel, Hobbes, Bossuet, Leibnitz, Kant, Montesquieu, sont la science que les hommes d'État appliquent. L'ouvrage que j'ai entrepris aura la longueur d'une histoire, j'en dois la raison encore cachée, les principes et la morale. »

Or, voici les plus importantes de ces révélations. On en jugera. Nous avons conservé avec soin les lettres majuscules qui semblent à chaque instant nous dire, dans le texte de Balzac : « Voyez comme ce mot est grand, admirez comme cette idée est belle! » Sans les majuscules, à quoi, grand Dieu, se réduirait le système!

L'homme n'est ni bon, ni méchant; il naît avec des instincts et des aptitudes : la Société, loin de le dépraver, comme l'a prétendu Rousseau, le perfectionne, le rend meilleur; mais l'intérêt développe aussi ses penchants mauvais. Le Christianisme, et surtout le Catholicisme, étant un système complet de répression des tendances dépravées de l'homme, est le plus grand élément d'Ordre Social.

Si la pensée, ou la passion, qui comprend la pensée et le sentiment, est l'élément social, elle est aussi l'élément destructeur de la Société. En ceci, la vie sociale ressemble à la vie humaine. On ne donne aux peuples de longévité qu'en modérant leur action vitale. L'enseignement, ou mieux l'éducation par des Corps Religieux, est donc le grand principe d'existence pour les peuples, le seul moyen de diminuer la somme du mal et d'augmenter la somme du bien dans toute la Société. La pensée, principe des maux et des biens, ne peut être préparée, domptée, dirigée que par la religion. L'unique religion possible est le Christianisme. Il n'y a jamais eu, d'ailleurs, qu'une religion depuis l'origine du monde. Le Christianisme a créé les peuples modernes, il les conservera. De là, sans doute, la nécessité du principe monarchique. Le Catholicisme et la Royauté sont deux principes jumeaux. C'est aux Institutions à régler dans de justes limites leurs développements. « J'écris à la lueur de deux Vérités éternelles : la Religion, la Monarchie, deux nécessités que les événements contemporains proclament, et vers lesquelles tout écrivain de bon sens doit essayer de ramener son pays. »

« J'écris à la lueur de deux Vérites éternelles : la Religion, la Monarchie! » N'est-ce pas sublime? Est-ce M. de

Bonald ou M. de Maistre qui font leur profession de foi? Non, c'est l'auteur de la *Physiologie du mariage* et des *Parents pauvres*. Et remarquez qu'il était relativement sincère avec lui-même. Ce dernier trait rend la chose plus plaisante et plus rare. Même dans ses conversations intimes, il ne s'est jamais démenti sur ces deux points, sans trop s'entendre avec lui-même. Il s'est toujours porté le protecteur du trône et de l'autel, comme il aurait, à l'occasion, protégé la Police et la Gendarmerie. Il avouait un jour ne croire au Catholicisme que comme à un instrument d'Ordre Social; mais il joignait à cet aveu un raisonnement sans réplique : « *Moins j'y crois*, disait-il, plus j'ai d'autorité pour le défendre. Mon désintéressement dans la question fait ma force, et je puis donner à la Religion un appui d'autant plus utile qu'elle a en moi un défenseur impartial, attaché à son principe non par sentiment, mais par convenance et par raison. » Sa philosophie et sa politique sont de la même force que sa théologie.

Monarchique de l'école de Bonald, il l'est ou croit l'être. A travers les obscurités d'une pensée qui ne s'éclaircissait pas toujours par elle-même, on peut comprendre qu'il aurait voulu réformer l'Élection d'après les principes de la *législation primitive*. L'élément social, selon lui, étant la famille et non l'individu, c'est le chef de famille qui seul devrait avoir le droit de suffrage. Ce seraient alors les familles qui seraient représentées au vote, non les individus. Du reste, il met une certaine prétention à se séparer des novateurs modernes, croyant en cela faire preuve de force d'esprit. Je ne partage point, dit-il, la croyance à un progrès indéfini, gérant nos sociétés ; le seul progrès auquel je crois, c'est au progrès de l'homme sur lui-même.

Voilà une parole raisonnable et sensée. Voici qui l'est

moins. Toutes les fois qu'il essaye d'énoncer une opinion sur la question des origines et des principes, sur les causes et les lois de l'être, sa pensée se noie dans une sorte de panthéisme vague, lourd, ténébreux, mélange incohérent des rêveries de Swedenborg et des découvertes de Mesmer, associés tous deux, comme ils peuvent, avec Gall et Cabanis. Il reproche à quelques savants de se refuser encore à admettre que l'*Animalité se transborde dans l'Humanité par un immense courant de vie.* Son idée favorite est l'existence d'un nouveau monde moral électrique, inconnu avant la fin du dix-huitième siècle, à peine soupçonné par quelques génies mystiques, pleinement révélé maintenant par les phénomènes du magnétisme, nouveau monde ou plutôt monde unique qui enveloppe, explique et contient la matière et l'esprit. C'est dans le célèbre *Traité de la volonté*, commencé dès le collège, confisqué par le père Haugoult, plusieurs fois recommencé depuis et cité par fragments dans plusieurs ouvrages de la *Comédie humaine*, que devait paraître d'ensemble la cosmogonie nouvelle. Les principaux points sont ceux-ci : Il n'y a qu'une substance d'une infinie ténuité, et qui échappe à nos sens, même agrandis par tant de moyens mécaniques ; c'est une *substance éthérée*, dont tout ici-bas est le produit. Cette substance est la base commune de plusieurs phénomènes improprement connus sous les noms d'*électricité*, *chaleur*, *lumière*, *fluide galvanique*, *magnétique*, etc., etc. L'universalité des transmutations de cette substance constitue ce qu'on appelle vulgairement la matière. Le cerveau est le matras où l'Animal transporte ce que, suivant la force de cet appareil, chaque organisation peut absorber de cette substance, d'où elle sort transformée en Volonté, milieu et principe de la Pensée. Du plus ou moins de perfection de l'appareil humain viennent les innombrables formes qu'affecte la Pensée. Ici, on le voit, se rejoignent Cabanis et Swedenborg, dans je ne sais quel jargon matérialiste et mystique où Balzac est vraiment maître, et qui fait parfois l'illusion de signifier quelque chose. La vie de chaque homme, sa puissance, ses facultés, son mode d'action, tout cela dépend et de la dose de substance assimilée à l'organisation, et de la force de projection imprimée au fluide pensant par la Volonté. L'homme vraiment fort est celui dont le fluide triomphe des resistances des autres hommes, je veux dire des autres fluides et des obstacles du milieu social, je veux dire du fluide accumulé. Dompter la Société, l'imprégner de son fluide, voilà le triomphe. César et Napoléon furent les grands Fluidistes du monde, les grands Magnétiseurs de l'Humanité.

Balzac dit quelque part que le jour où Daniel d'Arthez initia Lucien de Rubempré à ses pensées et à ses travaux, bien qu'il se découvrît modestement, il parut gigantesque à Lucien. — Balzac se découvre moins modestement que Daniel d'Arthez. Mais qu'il se rassure, nous serons aussi moins naïfs que Lucien. En tout ceci, nous ne voyons rien de gigantesque. Beaucoup de mots agités dans le vide, une prétention philosophique qui n'a d'égale dans Balzac que la crédulité, une rare intempérance d'affirmation, de prétendus axiomes laborieusement insignifiants, et, pour tout dire en deux mots dont la bizarre alliance exprimera bien ma pensée, une grossière subtilité.

III

Ce n'est pas sur le terrain des croyances et des théories qu'il faut chercher Balzac. A part quelques vues neuves et fortes sur les conditions du roman tel qu'il le conçoit, toutes les fois qu'il touche à des idées générales il se fourvoie, et sa trace se perd dans un labyrinthe de contradictions. On dirait que sa puissance même de romancier, cette faculté qu'il a de se transformer dans tous les personnages, dans tous les caractères, dans toutes les pensées, s'oppose à ce qu'il puisse constituer d'une manière fixe sa personnalité intellectuelle. Il n'arrive jamais, dans l'ordre des principes, qu'à d'impuissantes velléités ou à d'impérieuses fantaisies. Là seulement où il est à l'aise et où il se porte tout entier, avec sa curiosité intrépide, l'effrayante profondeur de son observation, l'ampleur et la hardiesse de ses conceptions, la féconde vigueur de tous ses talents réunis et concentrés, c'est dans la peinture de ce monde qu'il a tiré de son cerveau et qui vit par lui. Examinons ce monde, les types dont il l'a peuplé, les passions qui en font le mouvement et le drame; étudions chez Balzac l'étonnante puissance du talent qui crée, les ressources très inégales de l'art qui dispose et combine, le style, enfin, sans lequel tout est si précaire et si incomplet. Nous verrons à l'œuvre une des plus extraordinaires imaginations dont la littérature nous ait jamais donné l'exemple, servie par des moyens très incomplets, mais qui, en somme, ne pouvait se produire dans les proportions de ses qualités et de ses défauts qu'au milieu d'une civilisation aussi compliquée, aussi ardente et aussi corrompue que la nôtre.

C'est vers 1834, dans le *Père Goriot*, que se noua l'immense trame de la Société de Balzac. Presque tous ses romans, postérieurs à cette époque, se rattachent par quelques liens à ce livre, où paraissent déjà, indiqués ou développés, les grands rôles de *la Comédie humaine*. L'idée de ce monde, une fois conçue, ne cessera pas de hanter le cerveau de Balzac; elle l'obsédera, elle s'y développera par une sorte de génération bizarre, elle produira dans l'œuvre entière des ramifications à l'infini. Cette société finira par être au grand complet. Elle aura ses paysans et ses bourgeois, ses négociants et ses hommes d'État, ses médecins et ses fonctionnaires, ses bohémiens et ses roués, ses artistes et ses courtisans, ses femmes de tout rang et de toute vertu, ses Parisiennes et ses provinciales, ses mystificateurs et leurs dupes, ses oppresseurs et leurs victimes, ses criminels et ses héros. On y naît, on y meurt, on se marie, on s'aime, on se hait, on s'illustre ou on se déshonore, on se ruine ou on s'enrichit, on gagne ou on perd à la grande loterie de la vie, par une sorte de logique secrète et de convention tacite qui remplace la Providence, et, dans cet immense jeu que joue pendant vingt volumes la souveraine fantaisie de Balzac, ce sont toujours les mêmes noms qui se mêlent, les mêmes personnages qui s'entre-croisent, se poursuivent, s'injurient, s'embrassent ou s'assassinent. Il y a une dizaine de noms pour représenter l'amour pur, une centaine pour représenter celui qui ne l'est pas; quatre ou cinq noms sont affectés à la magistrature, trois ou quatre au notariat de Paris; cinq ou six abbés résument l'Église, trois banquiers la Bourse; une vingtaine de coquins travaillent dans les bas-fonds; un grand médecin, un illustre chirurgien, rassurent ce petit monde sur sa santé, deux parfumeurs et un tailleur sont alloués à sa toilette, quinze journalistes l'amusent, trente employés, deux préfets, trois ministres le gouvernent, un capitaine de la garde nationale le défend; quelques grandes dames, peu honnêtes, quelques courtisanes qui le sont un peu plus, y résument toutes les variétés de la passion et de l'intrigue. Au-dessus de cette société apparaît une sainte que Balzac admire fort et qu'il met presque sur la même ligne qu'un sublime forçat, la plus haute expression, à ce qu'il semble, du drame social. Il sort de tout cela un âcre parfum de mauvais boudoir, mêlé à je ne sais quelles émanations d'hôpital et de bagne. C'est dans cette atmosphère irritante et malsaine que s'agite ce personnel étrange, dont les splendeurs et les infamies remplissent la *Comédie humaine* et lui donnent l'apparence et le bruit, tous les mouvements et tous les échos de la vie, sinon la vie elle-même. Une lecture prolongée de Balzac finit infailliblement par produire le vertige. Tous ces noms et ces personnages tournoient devant vos yeux, passent et repassent sans cesse devant vous. La brillante et sinistre procession revient en cercle sur ses pas, et le cercle magique ne s'achève que pour recommencer. Au bout de quelques heures, une sorte d'hallucination vous prend; vous entrez de force dans l'illusion fantastiquement réalisée de l'auteur. Un intérêt passionné et douloureux, une curiosité haletante, ne vous laissent plus de trêve. Vous tombez en proie à la torture d'un mauvais rêve, horriblement logique, savamment ordonné comme la vie ellemême, plus que la vie, puisque le hasard en a disparu.

On ne peut nier qu'il ne résulte un grand effet de cette conception de Balzac et qu'il n'ait fallu une singulière vigueur d'esprit pour la soutenir dans l'innombrable variété de ses œuvres. Créer non plus seulement une existence et un type, mais tout un milieu social, une multitude d'existences liées entre elles et de types subordonnés dans une hiérarchie tumultueuse et pourtant réglée; fondre un si grand nombre de romans dans une sorte de roman unique, immense, dont chaque œuvre n'est qu'une page, et dont toutes les pages se relient entre elles; porter dans son cerveau ce monde de fictions et le réaliser logiquement dans un ensemble vivant de la même vie, c'est le signe d'une grande force et d'une originalité rare. Il faut pour cela non pas seulement une longue étude de la réalité, une curiosité universelle, une faculté toute particulière d'assimilation et d'intuition, une sorte de pouvoir créateur qui s'empare de la réalité, s'impose à elle et la décompose pour la transformer : il faut tout cela, sans doute, mais il faut une autre chose qui est plus rare peut-être, la croyance de l'artiste à sa propre création, l'illusion de son œuvre subie par celui-là même qui l'a créée, la bonne foi complète au milieu d'une complète fiction.

Si j'ai bien saisi l'âme même de l'auteur dans une longue fréquentation de son œuvre, c'est là le trait caractéristique de Balzac. Par la magie d'un cerveau incandescent, il vit dans ses personnages d'une vie ardente, jouissant, pleurant, souffrant avec eux, mourant de leurs désespoirs, amoureux de leurs amours, se livrant avec une sincérité absolue au prestige de ce monde bizarre qui n'agit si fortement sur le public que parce qu'il a d'abord agi sur l'auteur. Les violentes émotions de son existence ne l'agitent pas plus que les aventures passionnées et terribles de ses héros. Ce don de seconde vue, cette faculté plutôt d'une seconde vie qui annule ou transforme la première, ajoute une grande force à son art; tout ce qu'il invente prend un accent singulier et saisissant de joie et de volupté réelle, de terreur ou de souffrance sincère; il se jette dans l'ardente mêlée des intérêts et des passions qu'il a créés, il y reçoit le premier tous les coups, il rugit de la défaite, il s'exalte de la victoire, il sent son cœur battre convulsivement de toutes les émotions de l'histoire inventée par lui; il s'entraîne lui même dans le vertige de sa délirante fiction. Je ne connais qu'un seul écrivain qui possède au même degré cette redoutable et puissante faculté, c'est Hoffmann. Pour tous deux, il s'accomplit une sorte d'incarnation de leur être dans chacun de leurs personnages; pour tous deux, c'est toute leur âme qui se jette dans leur poème et qui se confond avec lui dans l'ardent creuset où il s'élabore; c'est leur âme qui devient le drame.

Voyons de plus près ce monde et ces types: voyons-les se mouvoir et agir.

Les bourgeois d'abord. Le tableau de la petite bourgeoisie est peut être la plus forte partie de la *Comédie humaine*. Pas un de ses vices ou de ses ridicules n'échappe au peintre; il saisit avec verve, en les exagérant à plaisir, ces implacables jalousies qui s'agitent dans une sphère médiocre, ces rancunes immenses dans de petits cerveaux, la violence des passions aux prises avec une destinée obscure, la trahison et les pièges au service des plus vulgaires intérêts, des haines furieuses, homicides, nées d'une misère; il nous montre des Capulets et des Montaigus séparés par le ruisseau de la rue Saint-Denis, des crimes auxquels il ne manque pour être illustres dans l'histoire que la grandeur de l'occasion, des personnages qui seraient terribles s'ils n'étaient grotesques. Il excelle à peindre l'envie, cette plaie de la vie bourgeoise, et la rapacité sordide qui en est le déshonneur. Il analyse sans pitié les petites hypocrisies, les capitulations de conscience, le libertinage secret, l'immoralité et l'athéisme social se conciliant avec le décorum de l'existence officielle, les petites infamies qui peuvent s'accorder avec le respect sournois de la légalité, l'idolâtrie des conventions établies, la superstition du fait accompli, les lâchetés sans nombre; il remue jusqu'au fond le bourbier des vices bourgeois. Non pas que Balzac prétende que ces vices soient l'apanage exclusif d'une classe, ce qui serait pis qu'une insolence, une ineptie; mais il pense, non sans raison peut-être, que l'obscurité d'une destinée qui commence, l'humilité première d'une condition qui s'élève, l'obligation de ménager autour de soi l'opinion régnante et de se concilier des alliances, que tout cela prédispose les âmes à certaines bassesses et donne un tour particulier aux mauvais instincts.

Quelle effroyable peinture il nous trace de ces haines hypocrites qui germent parfois sous la surface des existences les plus banales et qui font lentement leur œuvre de destruction et de mort! Il a un attrait tout particulier pour l'histoire et l'analyse de ces forfaits impunis que la légalité ignore, de ces drames domestiques qui ont pour théâtre quelque arrière-boutique, un cabinet d'homme d'affaires, le coin d'une maison obscure. Toutes les mesures sont si bien prises dans le développement de ces crimes bourgeois, qu'ils s'accomplissent sans explosion, sans bruit, par une lente succession d'incidents prémédités et de hasards que dispose la plus savante industrie sur le chemin de la victime. Voyez la suite des pensées mauvaises qui se succèdent si naturellement dans l'esprit de Minoret-Levrault, le maître de poste de Nemours. Comme l'idée du crime germe naturellement dans ce lourd cerveau! Comme le crime lui-même prend dans ses mains une allure triviale et basse! Sa jalousie concentrée, sa rage secrète contre Ursule Mirouet, la persécution clandestine de cette pauvre fille, cette manière cauteleuse de la faire périr de chagrin sans l'assassiner, ensuite, ces terreurs de Minoret qui sont plutôt encore une nouvelle lâcheté qu'un réveil de la conscience, ce remords rampant, cette imbécillité peureuse qui avilit jusqu'au repentir, voilà certes un tableau saisissant, et pourtant Balzac ne s'en est pas contenté. Lisez les premières pages de *Pierrette*. On frémit rien qu'à voir ce froid salon *meublé d'acajou et si bien ciré*. On frémit bien davantage en lisant le portrait de Denis Rogron, cet idiot bavard, capable de devenir un bourreau, et celui de sa digne sœur, Sylvie, cette vieille fille pateline, qui joue si naturellement son boston au moment où elle médite un crime. Mais c'est dans les *Parents pauvres* que Balzac a donné pleine carrière à son imagination. Le type abominable de ce genre de criminels que la société et la loi n'atteignent pas, c'est la cousine Bette. Jamais jalousie plus lentement et plus sûrement couvée, plus savantes intrigues et plus homicide hypocrisie n'amenèrent dans une famille de ces malheurs étranges, dont les causes restent un mystère insaisissable, et qui déshonorent une maison ou l'anéantissent.

A côté de ces criminels impunis, les déclassés. L'envie, la fureur d'arriver, l'impatience du néant où ils s'agitent, retenus hors du monde par une misère flétrissante, la hâte fébrile avec laquelle on les voit se précipiter vers la vie, dès qu'une issue leur est ouverte, la prostitution empressée de ces consciences à la première occasion de fortune qui tente leur désespoir, cette éternelle et triste histoire que de fois et sous combien de formes Balzac l'a recommencée, depuis du Tillet, le commis infidèle de *César Birotteau*, jusqu'à Petit-Claud des *Illusions perdues*, jusqu'à Goupil d'*Ursule Mirouet*, jusqu'à Fraisier du *Cousin Pons!* A quel prix et par quelles voies impures ils réussissent! Balzac nous étale cet odieux spectacle avec une complaisance infinie. Il semble même leur tenir bon compte de tant d efforts et de sacrifices de conscience, de leur âpre volonté dans la lutte. Il les établit avantageusement et les pousse dans le monde à l'aide d'une belle place ou d'un riche mariage. Du Tillet avait commencé sa carrière en puisant par mégarde dans la caisse de Birotteau. Il continue cette lucrative carrière à la Bourse, dont il devient, en ce genre, une des premières capacités. Petit-Claud sera bientôt le principal avoué d'Angoulême et la plus forte tête de son département. Fraisier, l'impur Fraisier, la lèpre faite homme, obtient une place dans la magistrature de Paris; au lieu d'aller au bagne, il y enverra les autres. Goupil finit par acheter l'étude de son maître. On le regarde à juste titre comme l'homme le plus spirituel de Nemours; mais il est puni dans ses enfants qui sont horribles, rachitiques, hydrocéphales. Il s'en console en pensant qu'ils seront riches, partant assez beaux, et qu'il leur léguera, avec sa fortune, l'estime de ses concitoyens.

Au début de leur carrière, c'étaient des déclassés; ils réussissent et vont grossir la classe des parvenus. Du Tillet est du monde du baron de Nucingen. Entre du Tillet et Nucingen il n'y a que le titre de baron, moins que la main. Chez l'un et chez l'autre les procédés se ressemblent, la moralité est la même. Quel sinistre tableau que celui de la haute, de la moyenne et de la petite banque! Quand on vient de lire Balzac, et que l'on traverse la place de la Bourse, on est tout surpris de n'avoir perdu ni sa montre ni son porte-monnaie. Quelle collection d'oiseaux de proie de toute taille, mais d'une égale voracité! Quelle ménagerie d'animaux féroces, hurlante et glapissante! « Nucingen avait compris ce que nous ne comprenons qu'aujourd'hui : que l'argent n'est une puissance que quand il est en quantités disproportionnées. Il possédait cinq millions, il en voulait dix; avec dix millions, il savait pouvoir en gagner trente, et n'en aurait eu que quinze avec cinq. Il résolut d'opérer une troisième liquidation. » Et voilà Balzac entrant avec une sorte de furie de curiosité dans la peau de Nucingen, s'enflammant pour ses idées, baragouinant avec délices son infâme jargon, se plongeant jusqu'au cou dans des vilenies financières, inventant les faux dividendes, les actions postiches, les commandites véreuses, cédant sa femme à quelque beau jeune homme qui lui racolera des dupes, se grisant d'inventions scélérates, de fortunes éventrées, de mystifications gigantesques, de millions volés. Puis derrière les rois de la Banque, les petits voleurs, les Claparon, les banquiers de paille, éditeurs responsables, agents provocateurs, les chacals de la finance auxquels on jette quelques os de la grande curée, pour qu'ils soient prêts à recevoir les coups de bâton, et le reste, si la police s'en mêle. Enfin, dans les quartiers sans nom, dans les ruelles perdues, dans la boue du ruisseau se tapissent les Grandet, les Gobsek, les Molineux, les Werbrust, les Gigonnet, liquidateurs des créances douteuses, escompteurs, usuriers, toute la sinistre tribu des *naufrageurs* de la vie sociale qui allument sur les écueils des feux perfides, attirent les navigateurs désorientés, démantellent le navire quand il est brisé, et, après avoir vendu les derniers clous et la dernière planche, vendent les cadavres à une fabrique de noir animal. Mais sur le butin, ils réservent quelques bijoux, un anneau, un diamant pour leur femme ou leur fille, car ces honnêtes praticiens sont, par une ironie suprême, d'excellents époux, de tendres pères de famille; ils exercent au plus juste prix toutes les vertus que la légalité comporte et que le gendarme constate. Ils ont même des affections, ils se donnent des plaisirs; quelques-uns se livrent avec passion tous les soirs au jeu de dominos, dans un petit café borgne, au Marais.

Nous ne parcourrons pas le monde infini des employés dont Phellion et Poiret sont la caricature, dont Rabourdin est l'honneur, dont Bixiou est la gaieté, dont Marneffe est la calomnie. Mais il y a dans l'ouvrage qui porte le nom de ce monde un brio d'esprit comique, du moins délicat sans doute, une verve de plaisanterie peu choisie, mais sans cesse renaissante, une variété de dialogue étincelant, bestial, grave et guindé, absurde et fantasque, qui abasourdit le lecteur, tantôt l'assassinant d'ennui, tantôt le faisant périr dans les convulsions d'un rire fou. Puis, voici venir l'innombrable galerie des commerçants, logés depuis le haut de la rue Saint-Denis jusqu'au bas de la rue des Bourdonnais, ces tribus marchandes, douées d'une fécondité chinoise, se répandant à tous les étages de la vie sociale par des ramifications sans nombre, les dynasties intarissables des Cardot et des Camusot, rois de la soierie, des Ragon et des Birotteau, princes de la parfumerie, des Chiffreville et des Matifat, seigneurs de la droguerie et des produits chimiques.

Et que de variétés du libertinage bourgeois! Il y a le libertinage timide, celui du négociant qui s'efforce de concilier la régularité de ses livres avec la satisfaction de ses fantaisies secrètes, de mener de front ses vices qui le ruinent et son commerce qui l'enrichit. Voyez fleurir la galanterie chez les Camusot et les Matifat, déserteurs tremblants de leurs comptoirs et de leurs familles : le matin, despotes intelligents dans leur boutique; le soir, esclaves, dupes et victimes dans les boudoirs de Florine et de Coralie, où leur vieillesse, exploitée et raillée, perd à la fois sa raison et ses billets de banque. Il y a le libertinage effronté, bretteur et à l'occasion escroc, de Philippe Bridau. Il y a enfin la débauche dans le grand monde bourgeois, dans le monde officiel; un type, le baron Hulot, l'effroyable proie du vice, chez qui, successivement, les beaux instincts s'éteignent, l'intelligence se dégrade, et qui parcourt, de chute en chute, tous les degrés du libertinage, sacrifiant, à chaque degré, les derniers scrupules de son honneur militaire, les derniers remords de sa probité, jusqu'à ce qu'il ait touché le fond de l'abîme, d'où il rapporte, avec l'idiotisme, l'ignominie d'un mariage infâme.

En face de tant de lâchetés et de crimes, on aimerait que Balzac eût célébré avec une verve égale les sévères grandeurs de la vie bourgeoise, qui a ses vertus aussi, et des plus rares. Certes, au premier abord, rien ne semble très poétique dans ces intérieurs nus et froids, dans ces existences monotones et ternes. Mais, sous la surface si prosaïque et si morne de cette vie, souvent que de rayons perdus et de trésors enfouis! C'est là qu'on trouvera le courage de la conscience, intrépide à travers les tentations de la vie moderne, la patience dans une fortune ingrate, les privations que s'imposent tant d'humbles existences pour créer après elles des bonheurs dont elles ne jouiront pas, ces sacrifices accomplis sans phrases par de grands cœurs méconnus, les résignations simples, les silences stoïques d'un héroïsme qui s'ignore, les mœurs fortes, le patrimoine des traditions et des exemples de scrupuleuse honnêteté, l'immensité des labeurs souvent sans espoir, le mérite sans horizon, la science sans la réputation; voilà le luxe modeste, voilà les splendeurs secrètes de ces existences obscures que soutient le travail, que console la probité, cet honneur bourgeois qui vaut bien l'autre.

Il serait injuste de dénier à Balzac l'intelligence de ces grandeurs et de ces vertus bourgeoises. Le notaire Mathias, dans *le Contrat de mariage*, est un beau type de l'honneur propre à chaque profession. Le banquier Keller rachète, par la dignité de son attitude, les infamies de Nucingen; et si quelque Camusot devient président de chambre à la cour d'appel de Paris par les intrigues de sa femme, si Fraisier déshonore de sa présence le tribunal de la Seine, en revanche, la magistrature offre dans le juge Popinot la simple et forte grandeur d'un caractère antique. Anselme Popinot, tout droguiste qu'il est, hérite des vertus de son oncle (il y a dans l'œuvre de Balzac des noms prédestinés, autre ressemblance avec la vie). Un bourgeois stoïque, Pillerault, résume en lui de grands dévouements. César

Birotteau, enfin, qui paye si cher un jour d'ambition et une nuit de vanité, nous donne le touchant spectacle des angoisses du négociant honnête aux prises avec la faillite. Si son intelligence est petite, son cœur est grand, très supérieur à sa destinée et à son commerce; il meurt martyr de sa probité, ce qui est la plus belle des morts, même quand elle n'a pour théâtre qu'une boutique. Au-dessus de cette région, Z. Marcas est un noble type de vertu politique, de génie fier et méconnu. Enfin, nous pouvons rapporter au monde de la bourgeoisie, auquel ils appartiennent par leur naissance, les prêtres qui paraissent dans quelques scènes de la *Comedie humaine* : l'abbé Loraux, le vicaire de Saint-Sulpice, qui bénit d'une si belle parole la mort de Birotteau; le curé Chaperon, le consolateur et l'ami d'Ursule Mirouet; le curé de village, l'ange du pardon, qui délivre enfin Véronique mourante de son remords. Il est vrai de dire que Balzac porte un enthousiasme un peu monotone dans la peinture de ces saintes figures. Tous ses prêtres ont le regard enflammé du martyr; leur unanime laideur est rendue sublime par l'exercice des vertus catholiques; dans leurs rides se jouent les Grâces chrétiennes : l'Espérance, la Foi, la Charité; la conviction ardente marque leur front du sceau des grandeurs divines; l'eloquence, qui convertit les cœurs et réconcilie les crimes, coule de leurs lèvres. Aussi, malgré ces types de piété angélique, de conscience delicate et de probite sévère, tirés de l'Église, de la magistrature et du commerce, ce ne sont pas là, il faut bien le dire, les sujets de prédilection de Balzac. Il traverse ces regions pures et benies, mais il n'y reste pas; sa vraie curiosite, sa passion est ailleurs; il admire le paradis, mais l'enfer l'attire irrésistiblement, et quand il l'a quitté, il y revient vite. C'est là que triomphent tous ses instincts, que s'exalte son talent. Si une pareille comparaison pouvait être tentée, je dirais qu'il en est de *la Comédie humaine* comme de *la Divine comedie*. Combien l'enfer de Dante l'emporte sur son paradis! Peut-être pourrait-on dire que le mal prête à l'art des ressources plus variées et, en ce sens, une plus riche matière que le bien. Le mal est infini dans ses formes, le bien ne l'est pas; il est toujours, il n'est jamais que le bien : c'est la passion qui fait le drame, ce n'est pas la vertu.

En dehors du monde bourgeois qu'il effraye par les hasards de sa vie, le monde artiste. « Là, dit Balzac, sont des visages marqués du sceau de l'originalité, mais brisés, fatigués, sinueux. Excédés par un besoin de produire, dépassés par leurs coûteuses fantaisies, lassés par un génie *dévoreur*, affamés de plaisir, les artistes de Paris veulent tous regagner par d'excessifs travaux les lacunes laissées par la paresse et cherchent vainement à concilier le monde et la gloire, l'argent et l'art. En commençant, l'artiste est sans cesse haletant sous le créancier; ses besoins enfantent les dettes, et ses dettes lui demandent ses nuits. Après le travail, le plaisir. Le comédien joue jusqu'à minuit, étudie le matin, répète à midi; le sculpteur plie sous sa statue; le journaliste est une pensée en marche comme le soldat en guerre; le peintre en vogue est accablé d'ouvrage, le peintre sans occupation se ronge les entrailles, s'il sent son génie. La concurrence, les rivalités, les calomnies assassinent ces talents. Les uns, désespérés, roulent dans les abîmes du vice, les autres meurent jeunes et ignorés pour s'être escompté trop tôt leur avenir. Peu de ces figures, primitivement sublimes, restent belles. Un visage d'artiste est toujours exorbitant, il se trouve en dessus ou en dessous des lignes convenues pour ce que les imbéciles nomment le beau idéal. Quelle puissance les detruit? La passion. » A travers les exagérations familières à Balzac, il y a là une vive esquisse de ce singulier monde où tout est excessif, le travail et le plaisir, et que la passion agite, gouverne, disperse et brise. C'est ici que se rencontrent les peintres, les sculpteurs, les musiciens de la *Comédie humaine*, chacun avec son trait particulier, les Joseph Bridau, les Léon de Lora, les Schinner, ces grands artistes ; Pierre Grassou, le peintre médiocre et riche, l'artiste cher à la bourgeoisie, laquelle a son goût à part et prétend créer ses grands hommes ; Conti le compositeur, esprit ambitieux, âme sèche et personnelle, qui a cherché dans l'amour de la marquise de Rochefide une occasion de s'illustrer dans le grand monde ; Wenceslas, le sculpteur polonais, et cette corruption candide, cette élégante et paresseuse sensualité, cette facilité d'émotions contradictoires qui donnent si souvent à l'artiste une sorte de ressemblance avec la courtisane. Puis viennent les écrivains, les vaudevillistes, les journalistes surtout, tribu tumultueuse, désordonnée, aussi peu flattée que possible par le peintre. Certes, si la critique des journaux a été souvent dure à M. de Balzac, M. de Balzac le leur a bien rendu. Comme Dante plongeait ses ennemis de Florence dans les abîmes de son Enfer, inventant pour eux la poésie des supplices les plus raffinés et les fouettant, à travers les pluies de soufre, de son immortel sarcasme, Balzac déchaîne contre les journalistes toutes les fureurs vengeresses de son ironie ; il les déshonore, il les diffame avec une sorte d'épouvantable gaieté. Quelles régions maudites que celles où habitent les Andoche Finot, les Lousteau, les Bixiou, les Vignon, les Félicien Vernou, les Hector Merlin, les Nathan ! Toutes les dépravations de l'intelligence sont là. Ce n'est que marchandage d'articles, brocantage d'éloges ou de satires, machiavélisme d'intérêts ignobles, trafic effroyable des plus saintes religions de la conscience et de l'art. Quelle adresse pour attirer dans le cercle de feu de leur ardente corruption les naïfs et les ambitieux, les sensuels et les vaniteux, tous ces Lucien de Rubempre, dupes d'abord de leurs fausses caresses, victimes bientôt de leur atroce envie! Quelle sinistre conjuration pour flétrir en eux tous les nobles instincts, toutes les délicatesses de l'intelligence, pour les déshonorer dans des piéges infâmes, les briser et les rejeter ensuite sur le rivage de la vie bourgeoise, mais flétris, usés, talents éteints, consciences mortes, orgueilleuses impuissances, cyniques misères, semence impure de haines et de révolutions sociales!

Tout cela est bien noir, en vérité, tout cela surtout est bien faux aujourd'hui, au moins pour la mise en scène. Décidément la littérature se range. Si quelque bourgeois ingénu, tremblant sur la foi des récits de Balzac, entrait dans un de ces repaires maudits où se fabrique le journal, il serait tout étonné de trouver la réalité si differente de la peinture. Il a cru longtemps que le journal se rédigeait tantôt dans cette froide mansarde où Andoche Finot installe ses forbans, autour de ce fameux tapis vert sur lequel cinq à six rédacteurs assassinent à petits coups de poignard les plus nobles réputations, les plus belles œuvres; tantôt dans ces luxueuses cavernes du demi-monde où l'on jette Lucien de Rubempre pour qu'il y improvise son premier article, au milieu de ces flamboyantes orgies dans lesquelles éclatent pêle-mêle toutes les ironies cyniques, toutes les folies de la dépravation littéraire. Grand est son étonnement. Il trouve des bureaux honnêtes où n'apparait plus la tête menacante de Giraudeau, le spadassin attaché par Balzac à la direction de chaque journal; des salons fort simples, de petites cellules de travail, où chaque rédacteur écrit tranquillement son article et corrige ses épreuves; ici et là, sur les meubles, quelques taches, mais des taches d'encre, non d'orgie. Lousteau a gardé son talent, il a changé son langage et ses mœurs. Raoul Nathan n'espère plus éblouir personne par ses airs de Byron mal peigné. Il ressemble beaucoup plus à un honnête homme, beaucoup moins à un archange foudroyé dans la boue et privé de linge par la colère céleste. On m'assure pourtant que Félicien Vernon est resté un personnage assez malsain et qu'il ne pardonnera jamais aux autres son mariage et sa femme. On dit que M. Andoche Finot continue son petit commerce de réclames et de marchandage. On dit que plus d'une Coralie enrichit encore plus d'un feuilletoniste. On dit tout cela, mais je n'en ai rien vu et n'en veux rien croire.

Les hommes du monde sont des types assez rares dans *la Comédie humaine*. Balzac est visiblement gêné d'avoir à peindre ces qualités directement contraires à son tempérament et que, d'ailleurs, il avait eu peu d'occasions de connaître, ces dons d'élégance innée, de naturel exquis, de tact et de goût, le grand air, en un mot, mélange de distinction et de simplicité, qui donne un ton si noble et si juste à chaque trait de la physionomie, à chaque attitude, au geste, à l'accent même de la voix. La curiosité du monde pour l'auteur de *la Comedie humaine* n'alla jamais jusqu'à effacer certaines limites qui, rigoureusement maintenues, empêchèrent toute intimité et nuisirent au peintre. Balzac traversa quelques salons, mais ne s'y arrêta pas. On l'y retint assez longtemps pour qu'il pût saisir, non sans finesse, quelques physionomies éparses, les deux Vandenesse, le lieutenant général Montriveau, la force la plus terrible dans la plus élégante courtoisie, le comte Octave, M. de Grandville le procureur général, le comte de Sérisy, ministre d'État, futur chancelier de France, mais que tant de dignités ne consolent pas d'être l'amant malheureux de sa femme, les ducs de Chaulieu et de Grandlieu, les grands seigneurs de *la Comédie humaine*, les familiers du château. Balzac réussit parfois à leur donner une attitude et un ton naturels. Mais il ne faut pas que la situation se prolonge ; dès qu'elle dure, elle s'exagère et se fausse. Une énormité de langage vient tout à coup rompre la trame élégamment tissue ; tout se disperse et se brise ; cette société si fine s'enfuit épouvantée par l'odieux ricanement de Vautrin.

Balzac a du respect pour les grands seigneurs. Mais quelle admiration et quelle tendresse pour les talons rouges de *la Comédie humaine*, pour ce monde mêlé au grand monde sans y appartenir par son état social, pour tous ces roués et ces raffinés, les Benjamins de la grande famille qu'il a créée ! Goethe se délivra, dit-on, d'une passion fatale en imaginant son *Werther* qui aima, qui souffrit, qui se tua pour lui, et le suicide de son héros suffit au poète. Balzac, tourmenté d'un rêve de fortune et de volupté, réalisa sa chimère dans le monde des roués, et amusa ainsi son imagination malade, s'il ne la guérit pas. C'est là qu'il répandit tous les trésors vainement désirés par lui, dotant ses héros de la plus fascinante beauté, inspirant pour eux des passions insensées aux grandes dames, les jetant avec une sorte d'ivresse voluptueuse dans mille aventures charmantes et terribles. Leurs délices furent les siennes ; on devine s'il les prodigua.

Saluez de Marsay, le prince de *la Comédie humaine !* Bâtard du fameux lord Dudley, qui apparaît partout comme le grand type de la corruption patricienne et du sang-froid britannique, puissamment riche, admirablement beau, doué à profusion de toutes les séductions de l'esprit le plus savamment blasé, de la grâce la plus naturelle dans la plus intelligente dépravation, Henri de Marsay est le type favori de Balzac, son idéal dans la vie du monde, comme Daniel d'Arthez dans la vie littéraire. Mais aussi, voyez, rien n'a manqué à l'éducation d'Henri. Balzac l'a surveillée avec la plus minutieuse attention, pour y faire germer la corruption la plus exquise. « Son précepteur, dit Balzac avec une naïveté qu'il croit être de la force, se trouvait être *un vrai prêtre, un de ces ecclésiastiques taillés pour devenir cardinaux en France ou Borgia sous la tiare.* » Ce grand homme, nommé l'abbé Maronis, acheva l'éducation de son élève en lui faisant étudier la civilisation sous toutes ses faces; il le nourrit de son expérience, le traina fort peu dans les églises, alors fermées; le promena quelquefois dans les coulisses, plus souvent chez les courtisanes; il lui démonta les sentiments humains pièce à pièce, lui enseigna la politique au cœur des salons; il lui numérota les machines du gouvernement, et tenta, par amitié pour une belle nature délaissée, mais riche en espérance, de remplacer virilement la mère. *L'Église n'est-elle pas la mere des orphelins?* L'abbé Maronis mourut évêque en 1812, laissant un élève digne de lui.

Henri de Marsay est le plus joli Satan de *la Comédie humaine*. Quels rôles il joue, quel chemin il fait depuis son début dans l'abominable histoire de *la Fille aux yeux d'or!* Maître des femmes par sa beauté, dominateur des hommes par sa force, joignant à la dépravation italienne des Borgia le flegme d'un homme d'Etat anglais, il enchante, il terrifie, il dompte, il charme, il éblouit et fascine. Quand un homme est de ses ennemis, il le tue; quand un homme est de ses amis, et que son ami est dans une position fausse, il brise sans sourciller vingt familles pour le remettre droit. A trente ans, il a épuisé tous les caprices, toutes les intrigues, toutes les passions dont la femme peut être le prétexte ou l'objet. Il se donne à la politique et son ambition savante se déploie. Il possède à fond tous les secrets de l'alchimie sociale. Il a un pied dans toutes les capitales, un œil dans tous les cabinets;

il enveloppe l'administration sans qu'elle s'en doute. Quand il prend le portefeuille de premier ministre, il semble reprendre son bien; quand il entre en maître dans l'hôtel des affaires étrangères, on dirait qu'il rentre chez lui. Puis, le soir, entre amis intimes, chez la marquise d'Espard, au milieu d'un cercle de jolies femmes, de dandies politiques, d'artistes, de vieillards, il leur expliquera le secret de sa force : « L'homme d'État, mes amis, n'existe que par une seule qualité : savoir être toujours maître de soi, faire à tout propos le décompte de chaque événement, avoir dans son for intérieur un être froid et désintéressé qui assiste en spectateur à tous les mouvements de notre vie, à nos passions, à nos sentiments, et qui nous souffle à propos de toute chose l'arrêt d'une espèce de *barême moral.* Au point de vue sentimental, ceci est horrible, j'en conviens. Aussi, quand ce phénomène a lieu chez un jeune homme, Richelieu, Pitt ou Napoléon, si vous voulez, est-ce une monstruosité. Je suis devenu ce monstre de tres bonne heure. » Comme cela est naturel et bien dit! Imaginez-vous M. de Metternich, doublé de don Juan (il y a ces deux traits dans l'idéal de Balzac), s'analysant avec complaisance devant un public d'intimes, expliquant l'homme d'État et glissant cet aveu : « Je suis devenu ce monstre de très bonne heure. » C'est là, j'en ai peur, l'incurable niaiserie d'Henri de Marsay. Il fait à chaque instant le programme de ses dépravations. Lisez dans *le Contrat de mariage* sa lettre à Paul de Manerville, le séide de ce Mahomet du beau monde. C'est tout un code raisonné d'intrigue, un manuel de corruption réduite en axiomes. Il y a là une naïveté qui dépasse la mesure. La vraie force se doit à elle-même de ne pas s'étaler, la vraie finesse est celle qui a l'air de s'ignorer. Mépriser les hommes, à la bonne heure! Mais on ne leur dit pas à eux-mêmes qu'on les méprise. Ne croire ni à Dieu ni au droit, cela s'est vu, mais il n'y a que Stendhal et de Marsay pour s'en vanter si haut. Professer sa corruption, c'est en perdre tous les bénéfices. De Marsay expliquant sa force et raisonnant sa finesse ferait pitié à la race des grands politiques. On désavouerait ce roué bavard et vaniteux qui met sa gloire à faire parader ses vices devant un cercle de femmes et à les effrayer en disant : « Regardez-moi bien, je suis un monstre. » Le monstre n'est qu'un joli garçon qui veut faire peur, un dandy qui s'est glissé dans la peau de Talleyrand, un Machiavel de boudoir. Balzac a voulu créer un homme d'État, il a créé un fat, et s'il lui donne aujourd'hui un portefeuille, je suis bien assuré que le roi le lui retirera demain. Il y a eu des de Marsay au ministère, mais ils n'y sont pas restés.

Auprès d'Henri de Marsay, les autres roués de *la Comédie humaine* sont d'assez pauvres sires. Balzac a cependant une grande sympathie pour Eugène de Rastignac et pour Lucien de Rubempré, dégoûté de la poésie et devenu l'élève de Vautrin. Mais ce sont là des personnages en sous-ordre. Rastignac est la doublure de Marsay, il n'arrive qu'à être secrétaire général d'un ministère; Lucien de Rubempré est une jolie poupée dont le grand forçat tient les ressorts. Maxime de Trailles n'est qu'un élégant fripon. Tous les trois, parmi d'innombrables vilenies qui ne leur coûtent guère, ont la mauvaise habitude de vivre aux dépens de leurs maîtresses. Mmes de Nucingen et de Restaud pillent leur père et volent leur mari pour fournir au luxe et aux dettes de leurs amants. Lucien de Rubempré mène le train de vie le plus brillant sans s'inquiéter si c'est Esther ou Coralie qui paye ses gens et son tilbury. « Roués faméliques, anneaux brillants, dit quelque part Balzac, qui pourraient unir le bagne à la haute société; classe éminemment intelligente, ajoute-t-il le plus sérieusement du monde, d'où s'élance parfois un Mirabeau, un Pitt, un Richelieu, mais qui le plus souvent fournit des comtes de Horn, des Fouquier-Tainville et des Coignard. » C'est là un des travers, disons mieux, un des ridicules de Balzac. Il veut, à chaque instant, nous convaincre qu'il n'y a entre le bagne et la haute société que la différence du succès. L'élève de l'abbé Maronis devient premier ministre. L'élève de Vautrin pourrait le devenir, si un incident vulgaire ne l'arrêtait en si beau chemin, au milieu du faubourg Saint-Germain, où tant de grandes dames ont laissé entre ses mains leur cœur et, ce qui est plus compromettant, leurs lettres, à deux pas de l'église où le brillant disciple du bagne va conduire la fille du duc de Grandlieu. Balzac a beau faire, il est tout désorienté quand il fait manœuvrer ses épouvantables intrigues au sein du noble faubourg. Sauf de Marsay, qui est riche et auquel son illustre bâtardise ouvre toutes les portes, tous ses roués et ses raffinés ne sont que de spirituels fripons qui ne réussiraient pas à se maintenir un seul jour dans la haute société. Balzac ne se retrouve à l'aise et dans toute la liberté de sa verve que sur ces vagues terrains du demi-monde et de la bohème, dont il a été le véritable Christophe Colomb : « La bohème n'a rien et vit de ce qu'elle a. L'espérance est sa religion, la foi en soi même, son code ; la charité passe pour être son budget. Tous ces jeunes gens sont plus grands que leur malheur, au-dessous de la fortune, mais au-dessus du destin. Il se trouve dans la bohème des diplomates capables de renverser les projets de la Russie (pardon de l'anachronisme), s'ils se sentaient appuyés. On y rencontre des écrivains, des administrateurs, des militaires des journalistes, des artistes. Tous les genres de capacité et d'esprit y sont représentés. Si l'empereur de Russie achetait la bohème moyennant une vingtaine de millions, en admettant qu'elle voulût quitter l'asphalte des boulevards, et qu'il la déportât à Odessa, dans un an Odessa serait Paris. » Et quel splendide représentant de ce monde que ce fameux Édouard Rusticoli, comte de la Palférine, qui serait archiduc de la bohème, si la bohème pouvait souffrir un maître ! Quel type superbe, fièrement campé dans ses vices et dans sa misère, vraiment royal dans son insolence déguenillée !

Des roués aux femmes de Balzac, il n'y a qu'un pas. C'est dans ce monde de brillants aventuriers que les héroïnes de *la Comédie humaine* aiment ou, selon le mot de saint Augustin, aiment à aimer. Il y a déjà dans le choix de tels amants, si dangereux et si blasés, une distinction et un symptôme.

Les femmes de Balzac ! Ce nom seul soulève d'étranges curiosités. On a dit, et l'on a bien abusé de ce mot, que la femme du dix-neuvième siècle appartenait à Balzac ; ce qu'à Dieu ne plaise ! Heureusement ce prestige est bien tombé. Il est incontestable pourtant qu'il y a eu pendant plus d'une douzaine d'années, de 1830 à 1842, plus tard même, une sorte de conspiration féminine en faveur de l'auteur de *la Comédie humaine*. Cela est-il bien possible ? Personne n'a plus cruellement calomnié la femme que Balzac. Faut-il donc croire qu'il n'ait dû la rare faveur dont il a joui qu'à la triomphante idée de prolonger l'âge d'aimer, dans le roman, au delà même du terme où il s'arrête dans la vie ? Le roman, avant Balzac, donnait toujours vingt ans à ses héroïnes. Dans *la Comédie humaine*, elles aiment à tout âge. Elles ne sont jamais vieilles pour la passion. Ajouter vingt ans de bonheur à la vie des femmes, c'était mériter des autels. Que dis-je, vingt ans ? J'oublie l'âge d'Eléonore de Chaulieu. De bon compte, elle a cinquante-cinq ans passés quand le poëte

Canalis sacrifie la ravissante Modeste Mignon à la maturité de cette majestueuse idole. Ce sont là de ces sacrifices que les femmes n'oublient pas. Il y a entre elles, sur ce point unique, un esprit de corps qui a profité à Balzac. Près d'un demi-siècle d'amour accordé à chacune d'elles, c'est une flatterie un peu forte peut-être. Qu'importe ? elle a réussi.

Qui ne sait jusqu'à quel point Balzac poussa cette flatterie et quels efforts il fit pour convaincre les jeunes gens des félicités parfaites que leur réservent ces amours d'arrière-saison? Laissons de côté l'étrange physiologie que Balzac ne manque jamais d'invoquer en ces périlleuses et délicates occasions. Mais rappelez-vous le célèbre plaidoyer si souvent recommencé dans *la Comédie humaine*, rappelez-vous les traits principaux de cette apologie bizarrement passionnée, cette science du monde que les femmes de cet âge possèdent si bien et qu'elles déploient dans chacune de leurs paroles, ces dignités et ces fiertés sublimes qu'elles vous sacrifient, ces cris de désespoir, ces adieux à l'amour qu'elles savent rendre inutiles; cet art pour redevenir jeunes et se faire relever de leur déchéance en la proclamant. Une jeune femme a mille distractions, ces femmes-là n'en ont aucune; elles n'ont plus ni amour-propre ni vanité, elles ne savent qu'aimer; on ne connaît l'amour absolu que par elles. Après cela, faut-il s'étonner si Balzac a dû conquérir un si grand nombre de suffrages dans le monde des femmes? Il devait avoir pour lui celles qui vieillissent ou qui vieilliront : calculez.

Et pourtant, à bien voir les choses, Balzac n'a su ni aimer ni peindre les femmes de la seule façon qui fû honorable et vraiment flatteuse pour elles. S'il y a deux manières d'aimer, dans le roman comme dans la vie, s l'une est le plus délicat des hommages, si l'autre est un de ces hommages indiscrets et violents qui peuvent passer pour une offense, j'ai bien peur que ce soit précisément ce genre de culte que Balzac professe et qu'il pratique audacieusement dans *la Comédie humaine.* Sa manière d'aimer la femme est une idolâtrie sans respect. Sa manière de la peindre est une profanation de tout ce qu'il y a de noble ou de délicat en elle, une exagération fougueuse de la plastique, une analyse intempérante et malsaine des perversités innommées. Sauf deux ou trois types dans lesquels Balzac a fait effort pour saisir ce trait idéal de pureté qui lui échappe sans cesse, toutes les femmes tiennent, dans son œuvre, à des degrés différents et avec des nuances infinies, un rôle unique. Cela ne l'empêche ni de les admirer, ni de les adorer. Mais quelle femme honnête voudrait être admirée et adorée de cette façon-là ?

Le sentiment le plus vif que les femmes inspirent à Balzac, c'est celui de la curiosité. Tous ces portraits, si étudiés, souvent si fins, sont visiblement entachés de cette ardeur bizarre et de cette recherche du détail physiologique, si contraire à l'art quand elle se marque à ce degré. Il ne peut en quitter un seul sans laisser plusieurs de ces traits qui profanent inutilement le modèle en le révélant trop sans augmenter la ressemblance. Ce n'est plus un complément d'art, c'est une indiscrétion de toilette, et dès lors l'impression qu'il donne au lecteur n'a plus rien de littéraire. Je ne connais pas une de ses héroïnes qui soit entièrement respectée par lui. Il finit toujours par la livrer de quelque manière au jeu de notre imagination. Relisez, pour vous convaincre, un portrait de femme quel qu'il soit, et vous serez étonné de cette complaisance infinie du pinceau promené sans cesse et ramené sur tous les détails du portrait, caressant et frémissant. On n'attend pas de nous les innombrables preuves à l'appui de cette tendance visiblement dépravée du peintre. J'ai relevé dans le portrait célèbre de Camille Maupin jusqu'à soixante-dix éléments analysés, classés, commentés, depuis le teint olivâtre où l'émotion infuse de faibles rougeurs, jusqu'à l'extrémité du pied. Tout sert de prétexte ou de matière à des inductions des plus etranges, et dont l'indication même n'est pas toujours possible. Mais qui ne serait au moins charmé d'apprendre que, dans cette figure, le menton se relève fermement, qu'il est un peu gras (symptôme infaillible que les femmes sont exigeantes en amour), que l'oreille a des enroulements delicats, signe de bien des delicatesses cachées, que le buste est large, que le corsage est mince et suffisamment orné, que les hanches ont peu de saillie, mais qu'en revanche elles sont gracieuses? Je m'arrête où le pinceau ne s'arrête pas. Plus loin, qui pourrait rester indifférent aux avantages de la rivale de Camille, de Béatrix, aux impertinences souveraines de ce nez qui decrit un quart de cercle, pincé des narines et plein de finesse, aux promesses de ce menton assez gras (toutes les femmes de Balzac ont ce trait), aux splendeurs de ce dos, autrefois très plat, et qui maintenant s'est, dit-on, développé et *rembourré*, aux mésaventures de ce corsage qui n'a pas été aussi heureux que les épaules et de ces bras qui sont restés maigres, aux secrètes harmonies de ces hanches grêles, mais du plus delicieux contour. Toujours les hanches et le reste. On conviendra qu'à pousser les choses aussi loin, ce ne sont plus des portraits, ni même des bustes, ce sont des *academies*. L'art finit au moment où l'anatomie commence. Toute la science possible des saillies, du relief, des contours et du modele ne vaudra jamais un trait juste et précis de la physionomie ou du caractère, une parole émue, un cri sincère de douleur ou de passion. Ophélie, Desdémone, Juliette, et vous toutes, filles poétiques de Shakspeare, peuple idéal et charmant créé par le génie, et toi, Marguerite, immortelle amie de Faust, vous aussi plus voisines de nous, Geneviève, Valentine, Edmée de Mauprat, nous ne connaîtrons jamais les secrètes proportions de cette beauté qui a enchanté et enchantera tant de gnéérations; vous vivez pourtant, et de quelle vie splendide, vainement poursuivie, jamais atteinte par tous les efforts de la plastique et de l'anatomie conjurée! Tant de détails accumulés obscurcissent notre imagination, au lieu de l'éclairer. Pas une figure de femme, dans Balzac, n'a pu atteindre à cet éclatant relief que George Sand a su donner à deux ou trois de ses héroïnes, immortalisées par l'art le plus puissant et le plus délicat.

Ni réserve dans la peinture, ni chasteté, même de langage, dans le modèle. A de rares exceptions près, les femmes de Balzac ont toutes des instincts, des habitudes, des manières de parler où se révèlent, dans leur intrépide impudeur, des imaginations effrénées. Mme de Beauséant a pressenti dans son amant je ne sais quelle inquiétude de l'avenir ou quelle lassitude du passé, dont elle devine aisément la cause. Elle écrit à M. de Nueil pour lui offrir sa liberté et réclamer de lui la vérité. Quel que doive être l'aveu, n'a-t-elle pas d'ailleurs sa consolation? Cette consolation, elle la puise, dit-elle, dans une pensée de femme : « N'aurai-je pas possédé de toi un Gaston que nulle femme ne peut plus connaître et de qui j'ai délicieusement joui? » Et voici la digne, la fière Claire de Bourgogne, marquise de Beauséant, qui rappelle, en un style de courtisane affolée, les agaceries enfantines de son Gaston, les gentillesses si jeunes dont il l'a enchantée, les grâces du corps, ces *rapides ententes de volupté*, enfin tout l'adorable cortége qui suit l'amour adolescent. Quels souvenirs, et dans quelle âme et dans quel moment ! Si c'est là véritablement une pensée de femme. j'aime à croire que c'est une de ces pensées rapides et confuses qui peuvent faire rougir les plus honnêtes, mais qu'une singulière dépravation peut seule retenir au passage et analyser dans ce style curieux de toutes les sensualités.

Femmes ou jeunes filles, elles sont du même sang. Louise de Chaulieu vient de sortir du couvent. Elle écrit à son amie, Renée de Maucombe ; elle lui raconte ce qu'elle découvre devant son miroir, toutes les ressources et toutes les espérances de sa beauté. « J'ai fait comme les duellistes avant le combat, dit-elle, je me suis exercée à huis clos ; je me suis examinée et jugée ; j'ai passé la revue de mes forces. » Et elle recommence pour le plaisir de son amie. Elle raconte qu'elle s'est consolée de la maigreur de ses épaules par une certaine suavité de linéament dans ces creux qu'une chair satinée viendra poteler, arrondir et modeler. Et après une description où nous serions indiscret de la suivre : « Je suis un très joli fruit vert, » dit-elle. N'est-ce pas le plus étrange examen de conscience auquel se soit jamais livrée une virginité savante ?

Et quelle précocité dans ces jeunes filles ! Elles nourrissent toutes, dans leur for intérieur, des audaces de pensée et de passion à faire trembler leurs maris futurs. Philomène de Watteville est un beau type, selon le cœur de Balzac, de ces instincts sauvagement passionnés et de cette perverse grandeur. Modeste Mignon a bien du charme ; mais a-t-on vu souvent pousser aussi loin l'esprit d'aventure et les fantaisies d'une imagination amoureuse du péril ? Et quand elle s'est horriblement compromise, quand son père, le meilleur des pères, lui en fait des reproches assurément trop indulgents, Modeste trouve de ces mots hardis qui peignent bien les jeunes âmes virginales de *la Comedie humaine.* « J'ai lu vos lettres, dit Charles Mignon; mais à ce propos, je dois te faire observer que ta dernière serait à peine permise à une fille séduite, à une Julie d'Etanges! Mon Dieu! quel mal nous font les romans! — On ne les écrirait pas, mon cher père, *nous les ferions;* il vaut mieux les lire. Il y a moins d'aventures dans ce temps-ci que sous Louis XIV et Louis XV, où l'on publiait moins de romans. — J'ai lu vos lettres, répéta le père en interrompant sa fille; une demarche que pourrait se permettre une femme à qui la vie est connue et qu'une passion entraînerait, chez une jeune fille de vingt ans est une faute monstrueuse. — Une faute pour des bourgeois, qui mesurent la vie à l'équerre. *Ne sortons pas du monde artiste et poetique, papa.* » Je recommande à la méditation d'Ernest de Brière, qui épousera Modeste, ce mot superbe : *Ne sortons pas du monde artiste et poetique, papa.* Il y a tout un avenir de femme dans ce mot-là, un avenir de femme à la Balzac.

Faut-il s'étonner si à de pareilles jeunes filles le mariage n'a rien à apprendre? Sabine de Grandlieu fait en cette occasion d'étonnantes confessions à sa mère. Imaginez, si vous pouvez, ce rabelaisien, ce graveleux conteur, cet analyste curieux des perversités secrètes, Balzac, racontant, dans le style qu'on lui connaît, ces premières et mystericuses impressions qui demanderaient, pour être indiquées, une grâce si délicate, tant de réserve et de sous-entendus, tout cet art et ces instincts d'une âme vraiment virginale, troublee mais encore naive, et si difficile à saisir dans ses ravissantes et pudiques fiertes. Je ne connais pas de contraste plus amusant que celui de Balzac prenant pour un instant le rôle de Sabine et adressant à la noble duchesse de Grandlieu les confidences d'une jeune mariée. Et pourquoi pas? Balzac nous dit, avec un aplomb transcendant qui n'est qu'à lui, que les jeunes filles du faubourg Saint-Germain, quand elles sont spirituelles, sont déjà femmes par la tête, qu'avant le mariage elles ont reçu du monde et de leur mère ce qu'il appelle le *baptême des bonnes manières*. Les duchesses, jalouses de léguer leurs traditions, ignorent souvent la portée de leurs leçons quand elles disent à leurs filles. « Tel mouvement ne se fait pas. On ne se jette jamais sur un divan, l'on s'y pose. » A pareille école, les jeunes filles se forment vite. Tout est en harmonie : on a une démarche, on se souvient des mouvements de jupe de son aïeule, qui n'y touchait jamais. Aussi que de bourgeois critiques ont injustement refusé de l'innocence et des vertus à des jeunes filles qui sont uniquement, comme Sabine, des *vierges perfectionnées* par l'esprit, par l'habitude des grands airs, par le bon goût, et qui, dès l'âge de seize ans, savaient se servir de leurs jumelles. Tout cela n'est que finesse innée et dons de race. Comme *ces dons de race* se déploient vite dans la situation nouvelle que le mariage crée ! « Vous ne m'avez pas caché les difficultés de ma conduite, écrit Sabine. Hélas! elles sont plus grandes que vous ne le supposiez. Toutes vos recommandations sont devenues inutiles, et vous devinerez comment par cette seule phrase : *J'aime Calyste comme s'il n'était pas mon mari.* » Elle commence bien, elle continue. « Hélas ! avoue-t elle dans la lettre suivante, plus je deviens femme, plus je me fais *fille;* je suis affreusement lâche avec le bonheur, je ne tiens pas contre un regard de mon seigneur. » Je ne sais si je ne préfère pas encore cette candide effronterie de Sabine à l'équivoque diplomatie d'une autre jeune mariée, Renée de Maucombe. Celle-ci n'est plus *fille*, mais elle trouve un autre moyen d'être courtisane dans le mariage. Elle ne s'abandonne pas, elle se refuse. Ce n'est plus de l'instinct, c'est un art, et quel art savant! quelle expérience de femme, même avant de l'être! « Louis, dit-elle à son fiancé, il ne tient qu'à vous de faire de ce mariage de convenance un mariage auquel je puisse donner mon consentement entier. Laissez-moi mon entière indépendance. Donnez-moi le désir de vous abandonner mon libre arbitre et je vous le sacrifie aussitôt. Si pendant que vous ne me plaisez point, mais en vous obéissant passivement, j'avais un enfant, croyez-vous que j'aimerais cet enfant autant que celui qui serait fils d'un même vouloir? » Certes, voilà parler pour une jeune fille. Elle agira de même. Sa vie conjugale est réglée comme un protocole. La conférence de Zurich ne fera pas mieux pour fixer les limites des deux royaumes que l'imperieuse Renée ne fait pour stimuler son libre arbitre : « L'amour conjugal comme je le conçois revêt une femme d'espérance, la rend souveraine, et lui donne une force inépuisable. » Plus tard, si elle sacrifie un instant ce fameux libre arbitre, elle le reprend aussitôt après. Et surtout, si elle a été heureuse de ce sacrifice d'un instant, elle se gardera bien de mettre son mari dans la confidence de son rapide bonheur. « Même en appartenant à un mari, adorée ou non, je crois que nous perdrions beaucoup à ne pas cacher nos sentiments et le jugement que nous portons sur le mariage. » Tout cela est effrayant de finesse. On se demande si cette attitude mystérieusement négative, pleine de vagues promesses et d'habiles refus, captieuse et calculatrice, appartient à une honnête femme ou à une baronne d'Ange. Qu'est-ce donc que de parcils programmes, arrêtés avec cette audacieuse sagacité, ponctuellement suivis, sinon la théorie de la séduction appliquée au mariage? Renée de Maucombe ne sent-elle pas qu'elle échange les plus délicates vertus de la femme contre les grâces irritantes et les abandons prémédités de la courtisane? *Les bons maris* de Balzac, comme le vicomte de Lestorade, n'échapperaient-ils au demi-monde que pour le retrouver chez eux?

Presque toutes les femmes de Balzac en sont là ou à peu près. On me citera, je le sais, Eugénie Grandet, Ursule Mirouet, Pierrette, Mmes Claes, Firmiani, de la Chanterie, Graslin, dont les noms rappellent ou de nobles passions, ou de fortes vertus, ou de sublimes délicatesses, ou de grands repentirs. Mais ce sont là bien moins des personnages de la *Comédie humaine* que des figures épisodiques, des créations isolées dans l'œuvre. Ce sont des femmes, ce ne sont pas des types. Exceptions héroïques ou charmantes, mais qui ne représentent qu'elles-mêmes, non l'espèce. La preuve en est qu'elles font à peine partie du monde de Balzac. Elles n'y paraissent qu'une fois tout au plus, et se hâtent de rentrer dans cette pénombre mystérieuse de leur vertu dont quelque hasard les a fait sortir un jour, un seul jour. Elles n'appartiennent pas à ce tourbillon de vices splendides et de passions effrénées où Balzac a précipité ses éternels damnés, hommes ou femmes, tous ceux qui tiennent les grands rôles d'un bout à l'autre de la *Comédie humaine.* Florine, Coralie, Esther, Mme de Val-Noble, Tullia, la Schontz, Mmes Marneffe, de Nucingen, de Restaud, d'Espard, de Langeais, de Sérisy et de Maufrigneuse, Camille Maupin, Béatrix, voilà les vrais personnages, les vraies femmes de ce grand drame conduit par Balzac, avec une espèce de verve furieuse, à travers tant de situations variées, neuves et terribles.

Que Mme de Val-Noble, Florine et leurs joyeuses amies, fassent en conscience leur métier, je n'y trouve assurément rien à redire. Elles sont dans le droit de leur rôle, sinon dans leur droit absolu. Elles sont déesses de par la mythologie de Balzac; qu'elles soient déesses. J'aurais bien à relever quantité de ces idées monstrueuses et de ces délires de style faux, si souvent imités par notre jeune littérature. J'avoue à la face des Marguerite Gautier de tout l'univers et de leurs innombrables poursuivants, que je ne puis rencontrer sans rire, dans Balzac ou ailleurs, une de ces phrases niaisement sentimentales : « Au milieu de l'orgie, l'actrice profita d'un moment d'obscurité pour porter à ses lèvres la main de Lucien, et la baisa en la mouillant de pleurs. Lucien fut ému jusque dans la moelle de ses os. *L'humilite de la courtisane amoureuse comporte des magnificences morales qui en remontrent aux anges.* » Mais là n'est pas la question. S'il fallait noter toutes les aberrations de conscience et de goût dont fourmille l'œuvre de Balzac, ce serait une tâche sans fin. Que la Schontz finisse par se faire épouser par l'intrigant du Ronceret, que Tullia, l'ancienne Tullia du corps de ballet, devienne Mme du Bruel, j'y applaudis de grand cœur. Du Ronceret et du Bruel n'ont chacun que ce qu'ils méritent. Je regrette sincèrement qu'un plus grand nombre de roués et de coquins de la *Comedie humaine* ne trouvent pas leur châtiment naturel dans ces mariages assortis. Que la Providence, qui est juste, même parfois dans le grand drame de Balzac, ait donné à cet épouvantable Marneffe une femme comme la sienne, dont le nom résume toutes les dépravations de la luxure bourgeoise, à la bonne heure. Mais, de grâce, pourquoi, sous des noms différents, toujours des Florine, des Tullia, des dames du Ronceret, ou Marneffe, même dans le monde, dans le vrai monde? Quelle société que celle qui ne reunit que des baronnes de Nucingen, des marquises d'Espard, des duchesses de Maufrigneuse!

La loi qui régit ce monde est résumée par l'auteur lui-même; il n'a fait que l'appliquer indéfiniment avec une patience infatigable. C'est la grande loi des contraires, laquelle détermine presque toutes les crises du cœur humain. Les courtisanes, dit-il, conservent toutes au fond du cœur un florissant désir de recouvrer leur liberté, d'aimer purement, saintement et noblement un être auquel elles sacrifient tout, comme Esther pour Lucien de Rubempré. Elles éprouvent ce *besoin antithetique* (pardon du mot) avec tant de violence qu'il est rare de rencontrer une de ces femmes qui n'ait pas aspiré plusieurs fois à la vertu par l'amour. Au contraire, les femmes contenues par leur éducation, par le rang qu'elles occupent, enchaînées par la noblesse de leur famille, sont entraînées secrètement vers les régions tropicales de l'amour. Ces deux natures de femmes si opposées ont donc au fond du cœur, l'une un désir de vertu, l'autre un désir de libertinage. Il n'y a pas une femme peut-être qui ne se demande sérieusement un jour si son éducation est complète. Le vice, c'est peut-être le désir de tout savoir. Or, Balzac peut se rendre cette justice que l'éducation qu'il donne à ses marquises et à ses duchesses est des plus complètes et qu'elles finissent par ne rien ignorer.

De cette loi des contraires, qui, pour être vraie dans une certaine mesure, demande à n'être touchée qu'avec une infinie délicatesse, mais qui aux rudes mains de Balzac est devenue un effroyable paradoxe, résulte un étrange effet d'optique morale. Presque toutes les courtisanes de Balzac ont (pour parler comme lui) *des côtés imprévus, sublimes*, des grandeurs ineffables, des aspirations magnifiques. Presque toutes ses grandes dames ont *des côtés impurs, honteux*, des imaginations et des artifices inouïs, des curiosités de dépravation à faire rougir des femmes et frémir des hommes. Ses courtisanes sont des anges, et, par un juste retour des choses d'ici-bas, ses duchesses sont des courtisanes. Voilà le bel effet de la loi des contraires, l'oracle secret ou avoué de toute *la Comédie humaine.* Faut-il s'étonner après cela si toutes les perversités de la femme ont leur type dans la haute société de Balzac? Un type domine les autres et résume ces perversités, Mme de Maufrigneuse. On ne peut peindre cette femme-là qui est la plus grande dame de *la Comédie humaine,* et qui mourra princesse de Cadignan; honorée selon Balzac et son monde, belle encore, on ne peut la peindre et l'imaginer que par des extraits de sa conversation. Elle apprend que son amant est au secret, à la Conciergerie, et que ses lettres vont tomber aux mains de la justice. « Ah! mes lettres! s'écrie-t-elle. Sommes-nous stupides d'écrire!... Mais on aime! On reçoit des pages qui vous brûlent le cœur par les yeux, et tout flambe! Et la prudence s'en va! Et l'on répond.... — Pourquoi répondre, quand on peut agir? dit la prudente bourgeoise, Mme Camusot. — Il est si beau de se perdre! reprit orgueilleusement la duchesse. C'est la volupté de l'âme. Je me suis juré de ne plus jamais écrire. Mais je conserverai les lettres de Lucien jusqu'à ma mort! Ma chère petite, c'est du feu; on a besoin quelquefois.... — Oh! madame, pour ma récompense, laissez-moi les lire.... — Peut-être, dit la duchesse. Vous verrez alors qu'il n'en a pas écrit de pareilles à Léontine. » Et la scène continue chez le duc de Grandlieu qu'elle vient implorer. « Chère enfant, soyez donc sage, lui dit l'excellent duc, n'écrivez jamais. Les lettres ont causé tout autant de malheurs particuliers que de malheurs publics. Ce qui serait pardonnable à une jeune fille, aimant pour la première fois, est sans excuse chez.... — *Un vieux grenadier qui a vu le feu,* dit la duchesse en faisant la moue au duc. Sommes-nous sauvées? demanda Diane qui cachait ses anxiétés sous ses enfantillages. — Pas encore, dit le duc de Grandlieu, vous ne savez pas combien les actes arbitraires sont difficiles à commettre. C'est pour un roi constitutionnel comme une infidélité pour une femme mariée. C'est son adultère. — Son péché mignon, dit le duc de Chaulieu, qui se trouvait présent. — Le fruit défendu! reprit Diane en souriant. Oh! comme je voudrais être le gouvernement! *car je n'en ai plus, moi, de ce fruit, j'ai tout mangé.* — Oh! chère, chère! dit la pieuse Mme de Chaulieu, vous allez trop loin. » Il était temps que quelqu'un intervint; le dégoût faisait tomber ma plume. — Cela s'appelle une duchesse dans la *Comedie humaine*, et voilà une conversation du grand monde. — J'oublie un trait qui achève cette figure. Cette Messaline titrée envoie ses amants chez les usuriers, bien plus loin même, s'il faut en croire Balzac, qui nous raconte dans *le Cabinet des antiques* comment le marquis d'Esgrignon se ruina, fit un faux et mit le pied sur le seuil du bagne, *pour les beaux yeux qui le faisaient mourir d'amour.* Tout cela n'empêche pas Balzac de l'admirer, bien au contraire. Elle a un trait qui sauve tout et qui enchante Balzac. Quand elle se donne à un amant, elle sort de toutes les conditions ignobles et bourgeoises des femmes ordinaires; *elle deploie une grandeur inouie; elle n'a pas besoin de le dire, cette union est entendue entre eux noblement.* Dans cette phrase, tout est vague comme une promesse, doux comme une espérance, *certain comme un droit.* Ces sortes de grandeurs n'appartiennent, ajoute Balzac, *qu'à ces illustres et sublimes trompeuses*, elles restent royales encore là où les autres femmes deviennent sujettes. Telles sont les grandeurs de Diane de Maufrigneuse, princesse de Cadignan, et je me tiens pour assuré que Balzac a poursuivi d'un etrange amour ce type infâme et splendide dont il est comme fasciné. C'est plus qu'un bonheur littéraire que Balzac recherche dans la société de ces singulières grandes dames. On dirait qu'il les crée à la guise de ses monstrueuses fantaisies. C'est comme un sérail qu'il se donne et dont il jouit moins en artiste qu'en pacha.

IV

Tel est ce monde extraordinaire. Si cette exposition a été fidèle à l'esprit même de notre critique et au sentiment qui l'inspire, à peine est-il besoin de faire voir par où excelle l'œuvre immense de Balzac, par où elle périra si elle doit périr. Tous nos lecteurs ont senti d'eux-mêmes la disproportion manifeste qu'il y a entre l'imagination et l'art dans *la Comedie humaine*. La variété d'invention, le don de création, l'instinct de la réalité moderne, l'intelligence des grandes forces sociales, voilà qui est merveilleux dans Balzac. Ce qui lui manque presque entièrement, c'est le sentiment des proportions, la mesure.

Deux ou trois fois seulement, Balzac, mieux inspiré par le hasard ou par un grand effort, amena son œuvre aussi près que possible de la perfection que comportent le genre du roman et le talent de l'homme. Je ne parle pas de certaines esquisses, nouvelles ou etudes, telles que *le Bal de Sceaux*, *Madame Firmiani*, *la Fausse maîtresse*, *une fille d'Eve*, *la Grenadiere*, où la brièveté même du genre semble préserver Balzac de son exagération habituelle et de sa fatigante prolixité. *La Grenadière* surtout est une œuvre presque parfaite de sincérité d'émotion et de justesse d'accent. A peine trouverait-on à reprendre, en ces pages rapides, empreintes d'une grâce si mélancolique, une ou deux notes fausses, comme dans ces lignes où il célèbre, non sans un léger pathos, l'adultère, *le plus doux des crimes, un crime toujours puni sur cette terre, pour que ces anges pardonnes entrent dans le ciel.* Parmi les grandes œuvres, je ne vois guère que la *Recherche de l'absolu* et *Eugénie Grandet* qui se rapprochent de ce point idéal où la forme se trouve dans une juste proportion avec son objet, l'art avec l'imagination. La peinture effrayante de deux passions, celle de l'or et celle de la science impossible, l'étude profonde de deux caractères, le caractère de l'avare, tragiquement renouvelé après la comédie de Molière, le caractère du savant à la recherche de l'absolu, l'émotion croissante des situations, l'anxieté douloureuse de ce drame de famille, la touchante abnégation des deux femmes, Mme Grandet et Mme Claes, premières victimes de ces passions destructrices de la famille, l'admirable grandeur d'Eugénie, honorant son père dans sa sordide infamie, et de Marguerite pardonnant les crimes innocents du pauvre et sublime fou, voilà, certes, les eléments d'une belle œuvre. On peut sourire ici et là de ces entassements de millions qui donnent le vertige à Balzac, et qu'il a prodigues follement entre les mains de l'avare, ou bien encore de ces descriptions quelque peu extravagantes des richesses d'art accumulées dans la féerique maison de Balthazar Claes. Ce sont là des détails secondaires. L'ensemble a de la simplicité et de la grandeur. L'observation est profonde, la trame du récit solide et habilement nouée, le drame sort naturellement du conflit des caractères, le detail n'absorbe pas l'idée, tout y marche et s'y déduit par la logique innée des passions. L'œuvre est vraiment harmonieuse et forte.

Partout ailleurs je n'aperçois dans son œuvre que des ébauches ou des ruines, ébauches de monuments gigantesques, commencés avec une vigueur extraordinaire, jetés avec une singulière hardiesse dans les airs, interrompus par un caprice de l'artiste ou terminés par quelque épisode d'une architecture grossière et dissonante ; ruines cyclopéennes, blocs amoncelés, assises énormes, ou bien encore piédestaux vides de leurs statues, statues incomplètes, marbres qui auraient pu être divins et dont un coup de ciseau maladroit a déformé la beauté naissante. Partout l'image d'une puissance aveugle et non maîtresse d'elle-même, un esprit pesant mais vigoureux qui se tend pour s'élever et qui retombe plus lourdement à terre du haut de son effort impuissant; partout des fantaisies colossales venant à la traverse des plans les mieux combinés, la logique fiévreuse du rêve se substituant à l'observation et à la vie; tout devenant démesuré, les caractères, les situations, les passions; tout s'altérant, se décomposant, prenant je ne sais quelle teinte fantastique comme sous l'action d'un prisme énorme; une fécondité exubérante et sans règle, la force dans le chaos. On dirait parfois les jeux de l'imagination d'un Titan ivre. Parfois aussi tels fragments nous livrent l'empreinte d'une conception grandiose. Qu'a-t-il manqué à Balzac pour en faire une œuvre impérissable? Le goût.

Ce serait un travail des plus intéressants s'il n'était presque infini, que de marquer dans chaque œuvre le point juste où l'imagination se dérègle, où le type s'exagère, où la situation se tend jusqu'à se rompre, où les proportions primitives s'altèrent et atteignent à ce degré d'invraisemblance qui fatigue et révolte. Une situation se dessine, un caractère s'annonce, le roman marche. Il semble à ce moment qu'une divinité jalouse s'empare du cerveau de l'auteur et le trouble. Ce qui n'était qu'un ridicule va devenir bientôt un vice odieux; le vice va devenir une épouvantable passion, la passion une maladie forcenée. La plus mince rivalité se transformera peu à peu en une lutte d'abominables intrigues et de scélératesses. Les caractères grandissent, grandissent avec ces situations nouvelles : ils deviennent excessifs, gigantesques, absurdes. Toutes les folies échappées de Bicêtre entrent en lutte avec tous les crimes évadés du bagne. C'était tout à l'heure une sérieuse étude d'art, profondément observée et prise au cœur même de la réalité et de la vie; c'est maintenant une étude de médecine légale et de clinique. Lisez *les Paysans* et *les Parents pauvres*. C'est là que vous saisirez toutes les transformations possibles d'une idée. Vous admirerez comment une simple donnée, qui contenait une vue si fine sur l'histoire des mœurs, peut se surcharger et se compliquer à outrance; comment Balzac, partant d'une observation juste, la fausse à plaisir, emporté par une sorte d'ivresse qu'il ne peut maîtriser. A un certain moment, tout se trouble et oscille devant la pensée du lecteur; la réalité a fui pour toujours, l'hallucination commence.

Quel art que celui de concevoir chaque chose en sa vraie mesure, d'ordonner son œuvre dans l'harmonie parfaite des éléments dont elle se compose, de s'arrêter à propos au point juste où le but est atteint, plutôt même en deçà s'il est possible, pour éviter le double risque ou de manquer l'effet en l'exagérant, ou de dénaturer l'idée première en la surchargeant! Cet art, c'est celui des maîtres. Pour y atteindre, ce n'est pas trop du goût le plus exercé, joint à l'instinct le plus délicat; il faut aussi une volonté maîtresse, se possédant et dominant son idée, sans vertige, sans trouble. Balzac ne se possède pas; c'est son idee qui le domine, l'obsède, l'enivre, l'entraîne en des épisodes sans raison et sans mesure; c'est elle qui l'épuise par une deplorable fertilité d'incidents compliquant l'action sans la dénouer, qui le tourmente et le perd par le désir de mettre telle figure, tel type dans un relief plus saisissant, d'en augmenter la force et l'éclat par des traits nouveaux, d'accentuer plus vivement la situation, si bien qu'en fin de compte l'idée primitive disparaît, le plan est bouleversé, les lignes se brisent, la toile elle-même cède sous la pression d'une main impérieuse et violente, le cadre éclate, tout se heurte et se confond. Que de fois, en lisant Balzac, on voudrait lui dire : « Assez! assez! » Le démon d'une fantaisie désordonnée est le plus fort. Tout est perdu, l'émotion exagérée se glace, le goût se révolte. Ce monde qu'il crée si puissamment, et qui vous avait d'abord saisi par la terreur ou la sympathie, devient je ne sais quel Charenton immense où tout est faux, outré, grimaçant, burlesque : c'est un monde de maniaques et d'hallucinés. Que de fois ce changement à vue se produit dans *la Comédie humaine!* J'ouvre un volume. Je tombe par hasard sur un des épisodes de *la Femme de trente ans*. Balzac y dessine une situation neuve et forte. Par une longue et sinistre soirée d'hiver, il met en présence l'une de l'autre, dans le contraste d'une attitude calme au dehors, agitée au dedans, sous le regard du père de famille qu'un geste peu mesuré, un mot trop vif avertiraient, deux femmes, la mère et la fille, coupables toutes deux, chacune ayant conscience de son crime et pressentant vaguement le crime de l'autre : une sorte de haine inavouée, muette, les sépare; la mère se sent jugée par sa fille, la fille se croit condamnée par Dieu; elle pense que les conditions de la vie ordinaire ne sont plus faites pour elle; elle juge sa mère, mais elle se juge elle-même. L'atmosphère de ce salon si élégant, si riche, est lourde et comme surchargée de terreur et de mystère. C'est toute une tragédie de famille, silencieuse, rapide, indiquée en quelques traits énergiques qui prennent l'imagination. Par malheur, l'effet ne dure pas. La simplicité de la situation s'altère, le romanesque entre par la porte, par la fenêtre, par toutes les issues qui lui sont ouvertes ; c'est l'invasion de l'absurde. Un assassin arrive, on ne sait d'où, couvert du sang de sa victime ; on le reçoit. La jeune Helène reconnaît là comme un appel mystérieux de la fatalité. A une fille coupable il faut pour époux un criminel. Elle s'enfuit avec lui, sans le connaître, sous les yeux de son père et de sa mère qui la laissent faire. L'assassin est fou ; Hélène est folle. La même folie n'épargne ni le père ni la mère. Le roman, qui pouvait être une œuvre si puissante d'analyse, se dénoue par une sorte d'épidémie de demence. Tout devient extravagant, les actions et les paroles. Ce n'est plus un roman, c'est un cauchemar.

J'imagine quelquefois un de ces maîtres dans le genre tout moderne des nouvelles, genre difficile qui demande tant de précision et de rapidité, tant de sobriété et de force, un de ces écrivains accomplis, M. Mérimée, par exemple, prenant à son compte quelqu'une des idées de Balzac qui en a tant d'excellentes, l'idée, si l'on veut, du *cure de Tours*. Ce serait tout un enseignement d'art exquis et de goût delicat de voir la même idée se developper entre des mains si differentes. Certes, malgré ma vive admiration pour M. Merimée, je doute qu'il eût trouvé rien de plus aimable, de plus doucement gai que le debut de la nouvelle de Balzac, la rentrée furtive du bon abbé Birotteau au logis de la sévère hôtesse, devenue son ennemie, cette longue station sous la pluie, devant une porte qui s'obstine à ne pas s'ouvrir, à la merci d'une servante qui s'obstine à ne pas entendre, et les pantoufles qui ne sont pas prêtes, et le feu qui n'est pas allumé, et tous ces symptômes sinistres qui se pressent, s'accumulent, s'aggravent d'heure en heure, de jour en jour, et cette hostilité d'abord sourde, qui se change bientôt en une persécution declarée, et les mille petites causes qui amènent ces grands désastres et troublent si profondement la vie du bon abbé. Tout ce début est d'un ton parfait de justesse et de naturel. Mais comme M. Mérimée aurait craint d'exagérer le tragique de cette situation! Je m'assure qu'il se serait arrêté à ces préliminaires. Tout au plus aurait-il obligé l'abbé Birotteau à reprendre sa place d'esclave à la table de boston de la douairière, ou à changer de logis. C'eût été un dénouement dans le ton du début. Mais Balzac ne pouvait se satisfaire à si peu de frais. La persécution pateline de la vieille dévote va se changer en une immense opération, en une campagne entreprise par l'abbé Troubert, et qui se développe, par des procès scandaleux, des hostilités effroyables, des incidents énormes. Ce n'est plus une rivalité de vieux célibataires, c'est une conjuration de parti. L'abbé Troubert ne dispute que pour la forme à l'abbé Birotteau sa pauvre chambre et son fauteuil de cuir. Il mène bien d'autres desseins. Il est l'agent secret d'une secte redoutable; il devient, en très peu de pages, d'humble prêtre archevêque de Tours. Mais à mesure qu'il grandit, je cesse de m'intéresser à l'œuvre. Je venais, au spectacle de *la Comédie humaine*, m'égayer et sourire des mésaventures de la vie d'un célibataire; c'était le prétexte d'un agréable vaudeville. Par malheur, le vaudeville se termine en gros mélodrame, bien noir, bien sombre. Au lieu de légers ridicules, je rencontre de vrais crimes; au lieu de ces petits malheurs dont on peut honnêtement rire, de vraies infortunes. Toute ma gaieté, doucement excitée par les premières pages, s'enfuit; l'auteur prend plaisir à déconcerter l'impression qu'il m'avait d'abord donnée. Il y a là une sorte de violence faite au lecteur et tout à fait contraire à l'art. Sans doute les grands conteurs ne s'astreignent pas à cette condition rigoureuse de l'unité de ton dans leurs récits, mais avec quel art discret et fin ils le varient; quelle industrie naturelle dans les nuances des impressions qu'ils veulent exciter; comme tout, chez eux, est plein de ménagements heureux et délicats! et comme à travers ces nuances, variées à l'infini, ils savent pourtant faire prédominer une impression unique, ramener à propos la note fondamentale qui maintient le caractère et l'unité de l'œuvre!

Le style de Balzac est, comme son art, plein de brusqueries et de disparates, immodéré, exorbitant. Pour le bien définir, il faudrait l'imiter. Il faudrait avoir recours à toute sorte d'excentricités et de violences de langage, de comparaisons et d'images forcenées, prises dans tous les ordres de la réalité ou de la science. Il faudrait se risquer comme lui dans les mille aventures des substantifs suspects, des verbes impossibles, des adjectifs qui n'ont jamais existé que dans les dictionnaires chimériques des académies de la bohème. Il faudrait jeter sa pensée dans le profond et sinueux torrent de ces périodes où tout se précipite confusément, idées principales et accessoires, tout ce qui flotte à la surface de l'esprit, tout ce qu'entraîne l'imagination répandue sur les deux rives, roulant pêle-mêle l'or, le gravier, la boue, dans un flot bruyant et troublé. Nous n'essayerons pas ce jeu dangereux. Qu'il nous suffise de rappeler quelques traits de ce style, un des plus singuliers de notre époque, un des plus individuels, à coup sûr. Sa puissance descriptive, d'abord. Cette puissance est démesurée, cela est trop vrai; je n'ignore pas quels scandales elle donne, quelles répugnances elle inspire aux esprits delicats. Je sais qu'elle est accablante de lourdeur, irritante de prolixité; mais aussi, parfois, quel énergique instrument d'assimilation et de reproduction entre les mains de Balzac! Comme ce style arrive à d'etonnants et vigoureux reliefs! Ce sont vraiment des effets de stéréoscope littéraire. Art inférieur, si l'on veut, mais réel et puissant. Rappelez-vous tant de tableaux d'existences de province ou de petites villes : Nemours dans

Ursule Mirouet, Saumur dans *Eugénie Grandet*, Angoulême et le Houmeau, la haute et la basse ville, dans les *Illusions perdues*, le Havre dans *Modeste Mignon*. Rappelez-vous encore, en ce genre, ces intérieurs si fortement dessinés qu'ils se gravent dans les mémoires les plus rebelles : l'appartement neuf qui coûta si cher à César Birotteau, le salon de Mme de Nucingen, la maison Claes, les cinq à six domiciles de Mme Marneffe, l'étude d'un avoué dans *le Colonel Chabert*, un bureau de ministère dans *les Employés*, enfin cette hideuse pension bourgeoise de Mme Vauquer, où se rencontrent pour la première fois plusieurs des personnages illustres de *la Comédie humaine*, Bianchon et Rastignac, le père Goriot et Vautrin. Dans un genre plus élevé même, ne serait-il pas injuste de dénier à Balzac une faculté de style propre à saisir les grands aspects de la nature? D'ordinaire, la nature sollicite médiocrement son attention. Ce n'est pas que ce sens lui manque, mais la réalité sociale l'absorbe et l'entraîne. Parfois, cependant, le sens de la nature, comprimé chez cet infatigable observateur de la vie, se relève non sans force ni sans éclat. Quelques paysages de la Bretagne et de la Touraine lui ont porté bonheur. L'admirable vallée du Couesnon, tout ce beau pays de Fougères, noyé dans un océan de verdure, est décrit avec une singulière verve dans le roman des *Chouans*. On ne peut oublier, quand on a lu *Béatrix*, l'impression mélancolique de cette jolie et triste ville de Guérande, des marais salants qui l'entourent, de la mer qui domine tout. Les admirateurs de Mme de Mortsauf vantent beaucoup le paysage où se passe sa vie, cette vallée qui lui donna son nom, qui commence à Montbazon, qui finit à la Loire, une magnifique coupe d'émeraude au fond de laquelle l'Indre se roule par des mouvements de serpent. Enfin, quelque peu de sympathie qu'on puisse avoir pour le sexe équivoque de *Séraphitus-Séraphita* et pour les douteuses clartés de ses discours, personne ne niera que Balzac n'ait tracé, dans les premières pages du *Livre mystique*, un tableau saisissant de l'hiver dans le Nord, des fiords de la Norwège, de cette nature si sereine et si puissante dans sa calme beauté et dans son sommeil sous la neige. Balzac ne s'est jamais approché davantage du grand style et du grand art, dont il avait parfois l'instinct confus et comme un aveugle pressentiment.

A la puissance descriptive, Balzac joint une qualité qu'on lui a trop souvent déniée, au moins par omission, l'esprit. Esprit inégal, tant qu'on voudra, excessif, divagatoire; c'est de l'esprit pourtant, et le style de Balzac en est saturé. Une verve intarissable de plaisanteries et de sarcasmes, une gaieté luxuriante, débordent de toutes parts dans ses œuvres. Il a des inventions folles, des définitions du plus haut comique, des bonnes fortunes incroyables d'idées et de mots plaisants. En l'arrêtant à propos, ou en choisissant dans les conversations qu'il prête à ses personnages, surtout dans les célèbres orgies littéraires de *la Peau de chagrin* et des *Illusions perdues*, on reconstruirait des fragments étincelants. Mais ici, comme ailleurs, il semble prendre plaisir à tout gâter, à tout perdre. La verve la plus heureuse ne se soutient jamais chez lui. Il devient burlesque, et le charme s'enfuit.

Pas de délicatesse, pas de savoir-vivre dans ce style qui veut tout dire et qui semble ne pas se douter que tout ne doive pas ou ne puisse pas être dit; un pédantisme insupportable. l'abus des mots techniques dans tous les sujets que le hasard lui offre ou que sa fantaisie recherche, l'étalage à tout propos d'une science indigeste qui vient d'être acquise dans le *Codex* de pharmacie, dans un dictionnaire de medecine, dans un recueil de jurisprudence, et qui a l'empressement puéril de se montrer; un effort acharné pour saisir les nuances les plus insignifiantes et les plus petits aspects des choses, au point d'imiter, pendant des volumes entiers, l'effroyable jargon de Nucingen, la prononciation peu mélodieuse du musicien Schmucke, le patois de cet affreux Auvergnat Rémonencq; au point de numéroter pendant plusieurs pages les lignes collatérales de la parenté du cousin Pons ou d'analyser les phénomènes psychologiques de sa digestion; avec cela, un mépris absolu pour les convenances et les habitudes de la langue française, une indépendance farouche à l'égard de la grammaire, l'incorrection poussée au dernier degré de l'insolence et du sans-façon : ce sont là autant de griefs irrémissibles, dont le génie même n'absoudrait pas Balzac. Et malgré tout, il y a dans ce style une puissance de sensualisme, plus encore que de réalisme, qui vous domine et vous entraîne, malgré les révoltes du goût. A travers cette incorrecte et laborieuse prolixité, ces trivialités recherchées, cette affectation du détail ignoble et bas, on sent dans ce style une verve intérieure, intarissable, et dans l'écrivain ce qu'on a si bien appelé *le diable au corps*. Et si *le diable au corps* ne donne à personne ni la grande éloquence, ni la grande poésie, il peut donner, il donne à Balzac, dans tout ce qu'il écrit, je ne sais quelle impérieuse magie et quel prestige qui domptent les esprits les plus rebelles et s'imposent irrésistiblement à la curiosité, sinon à la sympathie.

IV

Quelle influence cette œuvre si vaste de détails, si complexe d'inspiration, a-t-elle exercée pendant les vingt années que Balzac a remplies de son immense labeur et de sa gloire équivoque? Quelle influence est-elle appelée à exercer encore sur les imaginations et sur les esprits de notre temps? Nous répondrons brièvement à cette question; mais nous ne pouvons l'éluder, sous peine d'enlever à cette étude sa conclusion et sa moralité. A tort ou à raison, nous croyons fermement que la seule critique vraiment utile est celle qui conclut. Nous n'ignorons pas, du reste, quels sont les avantages de la méthode contraire. On se fait la réputation d'un esprit très élevé, très impartial, capable de tout comprendre, et, en n'aventurant jamais dans la mêlée sa doctrine personnelle, on ne donne pas de prise sur soi ni d'armes contre soi.

Sur cette délicate question qui prête tant à la controverse des partis littéraires, à la colère des admirateurs de Balzac, au sarcasme des indifférents, je n'hésiterai donc pas, puisque je le dois, à conclure en termes aussi nets que possible. Dans son ensemble, et si l'on met à part quelques épisodes qui s'en détachent facilement, l'œuvre de Balzac est une œuvre malsaine d'inspiration, malsaine d'influence. Balzac est, à mes yeux, le plus grand corrupteur d'imaginations qu'ait produit le demi-siècle littéraire qui s'achève à sa mort.

Je me range pleinement et sans respect humain du côté de ceux qui croient à l'immoralité de l'œuvre de Balzac; mais je tiens à définir, à expliquer cette immoralité à ma manière. Je me sépare des autres adversaires de Balzac sur ce point. Aucun d'eux, à mon avis, n'a montré les vraies raisons de cette immoralité, et, si éloquents qu'ils puissent être, ils ne réussissent ni à me satisfaire ni à me convaincre entièrement. J'essayerai donc de faire autrement qu'eux, évitant avec grand soin tout ce qui pourrait ressembler à un réquisitoire. Je ne fais pas à

Balzac son procès, j'analyse seulement le genre d'impressions qu'il produit sur ses lecteurs.

Un homme d'un profond et charmant esprit, qui me voyait dernièrement préoccupé de cette question, la résolut par une simple remarque. Chaque époque a son genre spécial d'immoralité. Le vice est éternel, mais il change de forme selon les temps. Sur ce thème, il me développa une théorie très ingénieuse des péchés capitaux, appliquée à la littérature. Tous les péchés capitaux, disait-il, ne sont pas au même degré d'effervescence à la même époque et dans la même société. Il y en a qui sont en activité ; ils servent d'aliment, de pâture aux intérêts et aux passions de la vie sociale. Les autres sont en disponibilité, sans doute parce qu'ils ne répondent pas aussi bien aux tendances de l'heure présente. Or, un auteur a une influence d'autant plus dangereuse qu'il flatte précisément et qu'il irrite les péchés capitaux de l'epoque où il écrit.

Parmi les péchés capitaux les plus actifs de notre époque, on conviendra qu'il en est deux en première ligne : l'un qui poursuit l'or, l'autre le plaisir. Ils portent, dans le langage théologique, de gros noms tout nets et tout francs, qui disent bien ce qu'ils veulent dire; mais nous épargnerons le nom à notre pudibonde génération, qui connait si bien la chose et qui ne veut pas du mot. Ces deux passions, celle de la richesse et celle du plaisir, semblent être précisément l'inspiration souveraine de Balzac, l'âme de son œuvre. On a dit avec une parfaite justesse que personne n'a fait faire autant de rêves d'or et de volupté aux jeunes gens et aux femmes. N'est-ce pas Mme Sand elle même qui l'a dit, et l'aveu ne vous semble-t-il pas curieux à recueillir? Si notre critique craignait de paraître prude, ce témoignage, au besoin, pourrait la rassurer. — On pourrait appliquer à *la Comédie humaine* ce que Balzac dit si brutalement de Paris : « C'est un vaste champ incessamment remué par une tempête d'intérêts sous laquelle tourbillonne une multitude d'hommes dont les visages contournés, tordus, rendent par tous les pores l'esprit, les désirs, les poisons dont sont *engrossés* leurs cerveaux ; non pas des visages, mais des masques, masques de faiblesse, masques de force, masques de misère, masques de joie ; tous exténués, tous empreints des signes ineffaçables d'une haletante avidité. Que veulent-ils tous ? De l'or et du plaisir ! Qui donc domine en ce pays sans mœurs, sans croyance, sans aucun sentiment ? D'où partent et où aboutissent tous les sentiments, toutes les croyances et toutes les mœurs ? L'or et le plaisir. » Parcourez tous les cercles de cet enfer social dont Balzac est le nouveau Dante. Quelle puissance détruit tous ces visages de damnés qui s'agitent, qui hurlent ? La passion, et la passion moderne, selon Balzac, se résout par deux termes : l'or et le plaisir.

Faire fortune, c'est la fureur de tous les jeunes gens de Balzac ; c'est celle d'Eugène de Rastignac et de Lucien de Rubempré ; c'est celle de Raphael Valentin ; ce serait celle d'Henri de Marsay, s'il n'était pas né avec cent mille livres de rentes. Que de jeunes cervelles Balzac a troublées par ces mirages insensés d'une fortune immense et soudaine ! « Paris, s'écrie-t-il à chaque instant, est le pays d'où jaillit le plus abondamment la fortune. Le Potose est situé rue Vivienne ou rue de la Paix, à la place Vendôme ou rue de Rivoli. En toute autre contrée, des œuvres matérielles, des sueurs de commissionnaire, des marches et des contre-marches sont nécessaires à l'édification d'une fortune ; à Paris, les pensées suffisent. Ici tout homme, même médiocrement spirituel, aperçoit une mine d'or en mettant ses pantoufles, en se curant les dents après dîner, en se couchant, en se levant. »

L'horreur, l'humiliation de la pauvreté, les joies vives, la puissance que donne la richesse, voilà le contraste dont use et abuse le roman de Balzac. Souvent il se plaît à rapprocher, comme par magie, dans la même existence, ces deux extrémités, la détresse et le luxe, la faim et l'orgie. Voyez-le, dans la *Peau de chagrin*, armant Raphael de son talisman, et le précipitant, après une journée sinistre, affamé et désespéré, dans les joies folles de la plus splendide débauche ; ou bien encore, dans les *Illusions perdues*, conduisant un pauvre poète par une série de rapides hasards, de la mansarde où il grelotte sous son habit râpé, dans ces boudoirs insolents de luxe, pleins de parfums et de lumières, où tout semble n'être qu'ivresse et joie, où la vie semble affranchie par l'or de la rude servitude du travail et du devoir. Ces brusques transitions dans la vie de ses jeunes amis enchantent Balzac ; il s'enivre avec eux de ces vins, de ces parfums, de ces femmes ; c'est pour son propre plaisir qu'il étale tout ce luxe et toute cette folie ; c'est une orgie qu'il se donne à lui-même.

Le travail n'est pas le moyen ordinaire dont se sert Balzac pour enrichir ses héros. Sauf quelques rares figures de savants, indiquées dans un coin de *la Comedie humaine*, les jeunes gens de Balzac n'ont que deux moyens pour s'enrichir, les femmes et l'intrigue. Quelquefois ces deux moyens sont séparés, le plus souvent ils sont réunis. L'essentiel, c'est de réussir, de réussir le plus vite possible, et la concurrence est grande. Paris, dit Balzac, est comme une forêt du nouveau monde, où s'agitent vingt espèces de peuplades sauvages, vivant du produit des différentes chasses sociales. Il y a plusieurs manières de chasser les millions, mais il y en a de lentes, et ce sont les moins bonnes. Une rapide fortune est le problème qu'agitent à chaque heure cinquante mille jeunes gens qui se promènent, en fumant leur cigare, sur l'asphalte de Paris. Jugez des efforts que chacun doit faire et de l'acharnement du combat. *Il faut se manger les uns les autres, attendu qu'il n'y a pas cinquante mille bonnes places.* Il n'y a pas cinquante mille ministères, et de Marsay veut devenir ministre; ni cinquante mille maisons ducales, et Lucien veut être le gendre d'un duc; ni cinquante mille ambassades, et Maxime de Trailles veut être ambassadeur. Il faut donc entrer dans cette masse d'hommes comme un boulet de canon, ou s'y glisser. N'est-ce pas la leçon même qui ressort de *la Comédie humaine*, dégagée de la forme ignoble que lui donne Vautrin? En est-elle meilleure et plus saine pour cela? Balzac semble réaliser à la lettre dans son œuvre le célèbre axiome de Hobbes : *Homo homini lupus.* On pourrait l'inscrire en lettres de feu au frontispice de *la Comédie humaine.* La société est une collection de bêtes feroces. Il faut s'y faire sa place à tout prix. Quand on n'est pas le plus fort, il faut être le plus fin. Et l'on voit tous ces jolis jeunes gens *se glisser*, selon l'attique expression de Balzac, l'un par la protection d'une baronne de la finance pour laquelle il feint de l'amour, l'autre sous l'apparence d'un luxe emprunté à quelque archiduchesse du demi-monde, un autre enfin sous la tutelle d'un forçat de génie. Presque tous arrivent. Un seul reste en chemin, et par sa faute : Lucien de Rubempré se tue dans une heure d'épouvante et de désespoir. Un jour de plus, et il était sauvé, et sa fortune était au comble. De tels exemples ne sont-ils pas pour éblouir et fasciner des esprits faibles que protège si mal contre leurs propres penchants l'incertaine moralité de la société et du temps où nous vivons?

S'il irrite dans les veines de la jeunesse la fièvre de l'or, Balzac n'irrite pas moins vivement dans les imaginations la fièvre de la volupté. Il a comme un secret fatal pour ameuter les plus mauvaises curiosités autour de son œuvre ; il a un art pour les exciter à l'âpre curée du vice humain.

Si je voulais définir le genre de curiosité que provoque la lecture de Balzac dans la plupart des esprits, même honnêtes, qui s'y livrent sans défiance, je dirais que c'est une curiosité ardente et voluptueuse. Balzac n'est pas le plus passionné des écrivains de notre temps, mais il en est, à coup sûr, le plus sensuel. Tout est sensuel en lui, l'imagination et le style. Il a une manière de tracer le portrait des femmes, de les faire agir, de les faire parler, d'analyser le manège secret de leur coquetterie ou le naïf développement de leur passion, de scruter leurs intentions inavouées, leurs paroles, leur silence même, de créer des situations, de dessiner des attitudes, et, pour rendre tout cela, il a un choix de mots où éclate une sensualité à la fois violente et raffinée, d'une singulière puissance sur l'esprit et d'une contagion presque irrésistible. Si je ne redoutais d'employer ces abominables mots de la science médicale, dont abuse si souvent Balzac, je ne serais pas aussi embarrassé que je le suis pour rendre ma pensée, et je pourrais alors désigner avec précision cette maladie des nerfs qui envahit son imagination tout entière et l'agite convulsivement. C'est une sorte d'électricité moins littéraire que physique, dont l'étrange courant s'établit instantanément et qui saisit le lecteur inexpérimenté du même feu que l'auteur lui-même.

S'il me fallait des exemples, je sais bien où j'irais les prendre. Je me garderais bien d'aller les chercher dans ce repaire élégant où se cache l'abominable Mme Marneffe, non plus que dans ce salon où trône Mme de Maufrigneuse dans la royale impudeur de son vice. Non, j'irais dans le boudoir discret de la duchesse de Langeais et je montrerais par quel art perfidement voluptueux cette chaste duchesse irrite à la fois l'imagination de Montriveau, son amant malheureux, et celle de Balzac, son peintre obstiné. J'irais surtout dans le fameux castel de Clochegourde, là où fleurit dans toute sa gloire le Lys de la Vallée; car c'est l'etrange effet des raffinements de la sensualité, chez Balzac, qu'il rend l'exemple de la vertu féminine plus dangereux et plus corrupteur que l'exemple de la perversité, tant il multiplie autour de ses prétendues saintes les tentations, les désirs, les demi-aveux retirés aussitôt, les demi-chutes palliées à propos, les occasions de faillir refusées par la volonté de l'héroïne, mais recherchées par son imagination et par celle du lecteur. Ses courtisanes de la basse et de la haute société ne se laissent pas analyser ainsi dans le détail irritant du désir ou du vice. Il n'y a qu'une scène toujours la même dans cette monotone comédie du sentiment facile. Il y en a mille dans cette tragédie larmoyante qui se joue tour à tour sur la terrasse de Clochegourde, sous le vieux noyer, dans le bateau qui entraîne les deux amants à la dérive du flot, dans la chambre à coucher du comte de Mortsauf mourant, dans cette voiture qui emporte Henriette sous la tempête et la pluie à la rencontre de lady Dudley, enfin dans cette chambre parée et fleurie, sur ce lit orné avec une sorte de coquetterie funèbre où cette Henriette si pudique et si noble va mourir de sa vertu qu'elle deteste, pleurant, dans une heure d'affreux désespoir, les joies perdues que lui offrait hier l'amour, et que la vie qui s'en va lui retire aujourd'hui. Ici la scène recommence toujours, parce qu'elle ne finit jamais. Balzac a l'art singulier de rendre ainsi plus immoral l'exemple d'une femme en la montrant douloureusement chaste, qu'en la montrant perverse ou faible. Ajoutez que dans ce roman du *Lys dans la Vallée* se mêle je ne sais quelle émanation de mysticisme voluptueux qui devient comme un attrait de plus pour les imaginations curieuses et un excitant pour le goût blasé.

On voit par là, on pourrait voir par mille autres exemples que ce n'est pas la perversité plus ou moins grande des types de *la Comedie humaine* qui fait l'immoralité de l'œuvre. C'est mal poser la question que de la réduire à une comparaison banale des personnages qui peuplent et animent ce monde, de compter les representants du vice et de les opposer avec horreur à la minorité imperceptible qui représente la vertu. C'est vraiment faire trop beau jeu aux enthousiastes de Balzac, que de se borner à faire le dénombrement des criminels, des hypocrites et des dépravés, et dans chacun d'eux, des crimes, des hypocrisies et des dépravations que Balzac accumule sur leur tête avec une sorte de plaisir furieux. Balzac aurait pu multiplier encore le nombre des infâmes, et dans chacun aggraver l'infamie ; il aurait pu représenter encore plus de Hulot, de Marneffe, de Bridau, imaginer des princesses de Cadignan encore plus savamment corrompues; il aurait pu faire tout cela impunément, si dans son œuvre, sans fausse indignation, sans déclamation, sans anathème, s'était fait jour par quelque endroit cette simple chose si humble, si vulgaire, si pénétrante pourtant et si forte, qu'on appelle le sens moral. Or, ce qui frappe à la lecture de cette œuvre immense, c'est tantôt le silence absolu, tantôt la perversion de ce sens, ou paralysé ou singulièrement déformé par une sorte de corruption intellectuelle, fatale à la rectitude des instincts.

Ce que je crois saisir le plus souvent et le plus nettement chez Balzac, c'est le silence absolu de cet instinct, c'est l'indifférence complète au bien et au mal. Il n'y a qu'une qualité à laquelle il se montre constamment sensible, c'est la force, c'est la grandeur. Peu lui importe, du reste, à quoi s'applique cette force, d'où cette grandeur procède. Il ne s'inquiète ni du but ni du résultat de la puissance; il la constate partout où il la rencontre, avec la même vénération. Le *moyen social* est tout pour lui, la nature de l'*effet social* n'est rien. La force peut se montrer unie au bien, il l'adore; elle peut se montrer unie au mal, il l'adore également. Son œuvre nous offre de nobles types dans lesquels une grande puissance éclate, et consciencieusement Balzac les admire. Elle nous offre des types épouvantables dans lesquels l'énergie surabonde, et Balzac les caresse avec une sorte d'amoureux orgueil. Certes, Mme de la Chanterie est une grande et sainte figure : mais est-ce sa vertu ou sa puissance que Balzac admire? Ce qu'il poursuit d'une si curieuse analyse, n'est-ce pas l'incalculable portée de cette active association dont Mme de la Chanterie est l'âme, et qui change, à son gré, tant de destinées? La preuve en est que Balzac lui associe dans une admiration au moins égale l'impure et scélérate grandeur de Vautrin. Vautrin, le forçat, est au moins, dans son œuvre, sur la même ligne que Mme de la Chanterie, l'héroïque chrétienne. Balzac est bien près de nous proposer, dans la complicité de Vautrin avec Lucien de Rubempré, le beau idéal de l'amitié dévouée, bien que de temps en temps il laisse percer à nos yeux quelque soupçon du genre de dépravation qui explique et déshonore ce hideux dévouement, et que le roman devrait laisser au bagne.

Il faudrait analyser presque toute l'œuvre de Balzac pour montrer les innombrables exemples de cette interversion du sens moral, les faux héroïsmes, les fausses grandeurs, les indélicatesses révoltantes qu'on nous donne comme d'admirables sacrifices. Que dire de la lettre d'*Honorine* mourante, cette singulière victime qui mêle au repentir d'une conscience si délicate les scrupules d'une physiologie qui l'est si peu; ou de Mlle Destouches aimant chastement le jeune du Guénic et feignant d'être sa maîtresse pour lui procurer l'amour de Béatrix, *rôle horrible et sublime, infâme grandeur*, s'écrie Balzac enthousiasmé; ou bien encore de Mme du Guénic, la pieuse et sainte mère de Calyste, se faisant la confidente, plus que cela même, la complice de son fils, et humiliant sa maternité jusqu'à prendre avec lui des attitudes et des grâces de courtisane pour avoir ses secrets? Nous évitons de citer mille autres exemples qui s'offrent en foule et de tous les côtés. Mais peut-on omettre les deux plus saintes passsion du cœur humain déshonorées à plaisir par une de ces maladroites inventions, par un de ces raffinements faux et pervers qui dénaturent la grandeur morale en voulant l'exagérer, Mme Hulot allant s'offrir à l'infâme Crevel par amour pour son mari, et le père Goriot, par amour paternel, favorisant les amours de Rastignac avec Delphine de Nucingen, meublant à ses frais un appartement pour l'amant de sa fille et lui demandant, à mains jointes, la permission de venir quelquefois le soir *en tiers avec eux?* Si c'est là un type, c'est le type de la paternité abrutie, réduite du sentiment à l'instinct; cette dégradation nous révolte, et si elle nous émeut, c'est de dégoût.

Voilà, selon nous, la vraie manière d'entendre la question si souvent controversée de l'immoralité de Balzac. Cette immoralité n'est pas, comme on l'a dit trop souvent. dans la perversité exagérée des types; elle est tout entière dans la nature des impressions que Balzac impose à l'imagination de ses lecteurs, soit dans l'etrange perturbation des idées du juste et du vrai qui se révèle à chaque page de son œuvre par des héroïsmes compris à rebours, appliqués à des choses monstrueuses, par l'apothéose de roueries étranges, de raffinements dangereux de passions, celébrés sous le nom des plus beaux sacrifices, des plus délicates et des plus fières vertus. Il manque à Balzac dans l'ordre des sentiments, quelque chose d'analogue à ce qui lui manque dans l'ordre des idées, dans l'art et dans le style. Il restera comme un phénomène littéraire étonnant, mais incomplet. Une imagination extraordinaire, une faculté incomparable d'observation, une rare vigueur de travail, tout ce qui fait les grands artistes, les grands poètes, les grands écrivains, lui a été donné ; tout, sauf ces deux choses : le sens moral, cette conscience de l'honnête ; le goût, cette conscience du beau. Disons mieux, ces deux sens si délicats, Balzac les avait reçus des mains de la nature ; il les a faussés en lui par je ne sais quel excès ou quel abus de la pensée qui, en voulant raffiner la nature, l'a déformée, et, en voulant corriger la raison, l'a pervertie.

TABLE DES MATIÈRES

17504 — Imprimerie A. Lahure, rue de Fleurus, 9, à Paris.

www.ingramcontent.com/pod-product-compliance
Lightning Source LLC
LaVergne TN
LVHW010831120826
845149LV00016B/407

* 9 7 8 2 0 1 2 8 2 7 0 3 5 *